장자중독 — 소요유

1판 1쇄 찍음 2023년 4월 17일
1판 1쇄 펴냄 2023년 4월 28일

지은이 박원재, 유병래, 이 권, 정우진

주간 김현숙 | **편집** 김주희, 이나연
디자인 이현정, 전미혜
영업·제작 백국현 | **관리** 오유나

펴낸곳 궁리출판 | **펴낸이** 이갑수

등록 1999년 3월 29일 제300-2004-162호
주소 10881 경기도 파주시 회동길 325-12
전화 031-955-9818 | **팩스** 031-955-9848
홈페이지 www.kungree.com
전자우편 kungree@kungree.com
페이스북 /kungreepress | **트위터** @kungreepress
인스타그램 /kungree_press

ⓒ 박원재, 유병래, 이 권, 정우진, 2023.

ISBN 978-89-5820-827-3   93150

현대 한국 4인 장자 주해

장자중독

莊子重讀

소요유

박원재 · 유병래 · 이 권 · 정우진

궁리
KungRee

일러두기

1. 이 책의 순서는 편 해제, 원문, 원문번역, 문단요지, 문구해설로 되어 있다.

   1) 이 책에서 사용하는 『장자』 원문의 저본은 곽경번의 『장자집석(莊子集釋)』(중화서국, 2013)으로 한다. 단, 문단과 문구의 분절 및 표점은 『장자집석』을 그대로 따르지 않았다.

   2) 원문번역은 주석자들의 공동번역이다. 개별 주석자가 번역에 대해 이의가 있는 경우, 문구해설에서 자신의 입장을 밝혔다.

   3) 문단요지에서는 문단의 대의를 밝혔고, 문구해설에서는 문구의 의미와 관련된 자의(字義) 등을 설명했다.

   4) 주해에서 인용된 참고문헌의 서목(書目)은 책 말미에 참고문헌란을 두어 일괄 소개하였다. 주해에서 저자 인명만 거론된 경우 해당 주장이 담긴 주해서는 이 참고문헌란에 소개된 저자의 논저를 가리킨다.

2. 주석자의 견해는 가나다 순으로 배열하였으며, 약어 표시는 다음과 같다.

   박: 박원재, 유: 유병래, 이: 이권, 정: 정우진

3. 인명표기: 신해혁명(1911)을 기준으로 삼아, 그 이후 태어난 사람은 현대 중국어 발음으로 표기했다.

서문

사람은 말의 존재다. 말은 사람됨의 핵을 이룬다. 그러나 이것이 말 너머에 공포스러운 허무가 있다는, 즉 아무것도 없다는 것을 의미하지는 않는다. 장자는 말 너머 혹은 말 이전의 세계를 이야기한다. 그는 그러므로 단순한 해체론자나 회의론자가 아니다. 말을 넘어서거나 말의 뒤로 내려가야 하는 그의 손에는, 그러나 오직 말이 있을 뿐이다. 말로 말을 극복해야 하는 딜레마 때문에, 그는 주로 은유를 그리고 종종 역설을 사용한다. 말 너머 혹은 말 이전에 있으므로, 그것은 직접 지칭될 수 없고 오직 은유와 역설을 통해서만 이해될 수 있을 것이다. 이런 사정으로 장자는 우화 철학자의 대명사가 되었고 그와 그의 후학이 지은 책은 심오하면서도 재미난 그러나 일상적 언어에 익숙한 이들에게는 몹시 어려운 철학서가 되었다.

일상적 표현에서 벗어나 있다는 사실에서, 그리고 은유와 역설이 만들어내는 풍부한 함의에서 비언어적 이해와 깨달음이 생겨났다. 그러나 오해도 생겨났다. 오해는 시간이 걸리지만 극복되기 마련이다. 그러나 유감스럽게도 장자에 대한 오해가 장자라는 책의 골격을 이뤘으므로, 바로잡기가 쉽지 않다. 장자를 오해라는 거푸집 안에 밀어 넣은 이는 중국 서진(西晉) 시기 현학가인 곽상(郭象)이다. 상수(向秀)의 해석을 계승했을 것으로 보이는 곽상은 개체의 경계를 넘어 자유해방의 통쾌함을 선사하고자 하는 장자를 다시 개체의 경계 안으로 밀어 넣었다. 그리고 마치 우울과 불안을 넘어서기 위해 공감을 추구해야 하는 이에게 항우울제를 투약하는 것처럼, 개체 안에서의 자족이 주는 행복과 자족하는 개체가 만들어내는 장엄하고 아름다운 조화를 치밀하게 묘사했다. 그러나 자유해방을 꿈꾸는 장자를 경계가 분명한 개체 안으로 밀어 넣었으므로, 장자 원문의 의도적 왜곡이 선명하게 드러나는 경우가 부지기수다. 그럼에도 불구하고 그의 오해는 극복하기 어려웠고, 현재도 그렇다. 무엇보다 그가 바로 장자라는 책의 편집자라는 사실이 이런 사태를 정당화한다. 그는 50편이 넘었을 것으로 보이는 장자를 33편으로 산정(刪定)했다.

오해를 전제해보자. 그가 제한 20편 정도의 분량에는 참으로 장자다운 내용이 들어 있었을 것이다. 그러나 편집자의 위상은 공고하고 강력하다. 그 뒤로도 장자는 자주 유학자나 불교도를 통해 소개되었다. 그 와중에 크고 작은 오해와 왜곡이 있었다. 어쩔 수 없었다. 불교의 도입에 대한 응전으로 혹은 자체의 동력에 의해, 도가가 종교화되었기 때문이다. 마치 싯다르타의 가르침이 인도전통의 윤회사상과 결합하는 것처럼 도가는 대중의 요청에 응해 세속적 종교

즉, 도교로 변모했다. 내관존사(內觀存思)와 내단(內丹) 등의 신비주의적 수행법을 핵심으로 하는 도교는 지나치게 세속화되었다. 그 결과 사상의 주요 지형도에서 도가는 왜소해졌다. 도가의 가르침은 문학으로 예술로 그리고 동양과학으로 흩어져 들어갔지만, 불교나 유가에 대등한 지위를 차지하는 도가사상의 계승자는 사라졌다. 도가의 종교화로 인한 노장의 본래적 가르침이 희석되는 사이에, 불교도와 유학자들이 노장을 해석했다. 성리학 전통이 동양철학을 대표한 역사적 경험으로 인해 한국의 도가 연구는 더 쪼그라들었다. 많은 이들이 뛰어난 통찰력과 직관력 그리고 성실성으로 장자의 미묘하고 난해한 얽힘을 풀어내려 했으나, 한계가 있었다.

누적된 연구역량을 결집해서, 한국 장자학의 토대를 닦고 싶었다. 그러나 장자의 풍부한 함의 때문에 그리고 누적된 역사를 개관할 수 있는 안목이 있어야 했으므로, 나의 협소한 지식으로는 이 과제를 성취할 수 없다는 것을 분명히 알고 있었다. 모든 것은 의지와 인연의 결집에 의해 결정된다. 자주 만나 뵙고 배움을 받던 이권, 유병래 선생은 각각 한국의 1~2세대 도가를 대표하는 연세대학교 이강수, 동국대학교 김항배 선생의 제자다. 처음에는 이권 선생을 만나서 어설프게 내 생각을 여쭸고, 그 자리에서 나의 조야했던 구상을 우리의 거대한 구상으로 만들 수 있었다. 며칠 후 유병래 선생을 만나 동참을 요청했다. 유병래 선생은 진지하게 고민하신 후 흔쾌히 참여를 결정하였다. 이후, 마찬가지로 한국의 1~2세대 도가를 대표하는 학자 중 한 분이셨던 김충열 선생의 제자, 박원재 선생의 참여가 필요하다는 데 의견이 모아졌다. 약간의 해프닝이 있었지만, 박원재 선생도 기꺼이 참여하기로 하였다. 이후 이어진 회의에서 우리는 원문을 공동으로 번역하고 의견이 나뉘는 경우 다수결로 정하기로 했다. 그리고 다른 의견은 각자의 주해에서 소개하기로 했다. 이로써 장자를 여러 관점에서 읽어내는 저서의 골격이 뚜렷해졌다.

이것이 '장자중독(莊子重讀)'이라는 책명으로 이어졌다. 되짚어보면 이 책의 인연 씨앗은 이미 2016년도에 뿌려졌다. 2016년 초 이권 선생님과 함께 대만을 여행한 일이 있었다. 내가 방문학자로 머물고 있던 타이동커지따슈에(臺中科技大學)가 있는 타이동(臺東)에서 출발해서 카오슝(高雄)과 컨딩(墾丁)을 방문한 후, 타이동을 거쳐 뤼다오(綠島)를 방문했다가 다시 타이동으로 돌아오는 여정이었다. 한국은 겨울이었지만, 겨울이 없는 대만은 아! 봄이었다. 사람들은 다정했고 음식은 소박했으며 자연은 아름다웠다. 외딴 섬 뤼다오에서의 경험은 황홀했다. 오토바이 렌트비를 아끼기 위해 나른한 분위기의 관광안내소에서 브레이크가 고장 난 두 대의 자전거를 빌려 타고 뤼다오의 경사가 심한 해변을 달리기도 했다. 우리는 해변에서 길에서 숙소에서 깊은 이야기를 나눴다. 애틋하면서도 흥미진진한 여정이었다.

타이동으로 건너가기 전 우리는 컨딩의 게스트하우스에서 머물렀다. 컨딩의 해변은 백수와 노인 그리고 아이의 공통점이 있다면 그와 유사한 모든 이들을 위한 곳처럼 느껴졌다. 백수와 다를 바 없던 우리는 햇살의 온기가 전하고 전해져 온 해안의 모래밭에서 대만의 싸구려 맥주를 다섯 캔쯤 딴 후, 인문학이 하나의 사실을 다른 관점과 입장에서 중층적으로 이해하고 해석하는 안목을 길러주는 학문이라는 데 동의했다. 회고하건대 그리고 장담하건대 그날의 대화가 자라고 자라 6년 뒤에 '장자중독'이라는 과실을 맺었으리라. 씨앗은 우리 둘, 셋, 그리고 넷이 뿌렸지만, 결실을 맺게 한 것은 누구의 뜻도 아니다.

장자중독의 '중(重)'은 중의적이다. 우리는 '중'의 '거듭하다'라는 의미를 살려 '여러 사람의 관점'이라는 생각을 우선 넣었지만, 독자들이 어디에도 있지 않을 컨딩의 고혹적인 해변을 상상할 수 있다면 그 외의 의미도 찾을 수 있을 것이다. 그러나 무엇보다도 한국 도가철학계의 3세대에 속하는 연구자들이 그동안 국내에서 축적된 장자의 연구성과를 바탕으로 자생적인 장자 해석의 길을 열어 가보자는 것이 우리의 본래 취지였다. 한국의 도가철학연구는 김경탁(金敬琢, 1906~1970) 선생을 1세대로 한다. 1949년 고려대 철학과 교수로 부임한 김경탁 선생은 특유의 생성철학적 관점에서 노자의 도(道)를 해석하였다. 이를 이어 도가철학 연구의 다음 세대를 구성하는 분들이 앞서 언급한 김충열, 김항배, 이강수 세 분과 성균관대에 재직하셨던 송항룡 선생 등이다.

김충열(金忠烈, 1931~2008) 선생은 한국의 2세대 동양철학 연구자 그룹의 선두에 있는 학자다. 6·25 참전 후 대만대학으로 건너가 현대신유가의 대표자인 방동미(方東美) 교수 밑에서 공부했고, 「천인화해론(天人和諧論)」(1974)으로 중국국가박사학위를 취득하였다. 이후 경북대학교와 계명대학교를 거쳐 1970년부터 1996년까지 고려대학교 철학과 교수로 봉직하면서 유(儒)·도(道)·불(佛)을 넘나드는 깊이 있는 강의와 저술 활동으로 동양철학계를 이끌었다. 장자철학을 심미철학의 관점에서 해석하는 등, 도가철학에도 일가를 이루어 3세대 연구자들의 공부에도 많은 영향을 미쳤다.

김항배(金恒培, 1939~2021) 선생은 동국대학교 대학원에서 「노자(老子)의 도(道)와 덕(德)에 관한 연구」(1982)로 박사학위를 취득하였다. 이후 동국대학교 철학과 교수로 봉직하면서, 노장철학을 불교와 비교하는 연구를 깊이 수행하였다. 또한 철학적 고전을 축자적으로 천착하기보다는 근본정신을 깊이 사색하고 일상에서 그런 경지를 구현하는 것을 중시했으며, 이를 통해 거시적 관점에서 얻은 정신적 통찰을 소박한 목소리로 늘 표현하고자 하였다. 장자가 추구한 이상적 인간은 대해탈(大解脫)의 실현을 통해 일체의 대립을 초월함으로써 우주적 생명을 주체적으로 자기화한 인격이라고 보았다.

이강수(李康洙, 1940~2022) 선생은 고려대에서 김경탁 선생의 가르침을 받은 뒤 국립타이완대학 철학연구소에서 석사학위를, 고려대 대학원 철학과에서 「장자의 자연과 인간의 문제」(1883)로 박사학위를 취득하였다. 우리 학계의 장자(莊子) 연구 개척자로서, 유가와 불교가 동양철학의 중심이었던 국내 학계에 노장철학 연구에서 선구자적 역할을 하였다. 연세대 철학과 교수로 봉직하면서, 선진 제자학 원전들에 대한 강의까지 망라함으로써 동양철학 연구의 폭을 넓혔다. 특히 『장자』 33편을 3학기에 걸쳐 대학원에서 학생들과 함께 완독하고, 그 성과를 『장자』 완역본(전3권)으로 출간하였다.

우리의 학맥은 이처럼 한국 도가철학계 앞세대들과 직·간접적으로 연계되어 있다. 그렇다고 이 책에 담긴 생각이 이들 선학(先學)들의 장자 이해를 그대로 반영하고 있다는 뜻은 아니다. 공부도 생물이다보니 이분들 문하를 떠난 뒤로 외람되지만 우리도 몇 걸음 자신의 길을 걸은 부분들이 있을 터이기 때문이다. 하지만 각자의 학문 여정에서 이분들이 드리운 그늘이 워낙 크고 길어 그 알량한 보폭이 얼마나 독자성을 이루어냈을지는 의문이기는 하다. 이렇듯 아직도 홀로서기의 길 위에 서 있는 우리의 장자 해석 관점을 밝혀 독자의 이해를 돕고자 한다.

박원재는 기본적으로 사회철학적 시각에서『장자』를 읽어내려 한다. 일반적으로 장자사상은 일체의 외부 조건[外物]에 구속되지 않는 '절대적 자유'를 추구하는 사유로 많이 해석된다. 그런데 그런 '절대적 자유'가 '사회적으로' 어떻게 가능할 수 있을까? 장자사상에서 '진인(眞人)'은 '사람 사는 세상[人間世]' 속에서 살아간다. '사람 사는 세상'은 곧 '타자'와 조우하는 세상이고, 이런저런 제도와 이념 아래 부대끼는 세상이다. 그렇다면 그런 '사람 사는 세상'에서 살아가면서 어디에도 매이지 않는 절대적 자유가 어떻게 가능할까? 이것이 박원재가 장자사상을 사회철학적 관점에서 새롭게 읽어내려 시도하는 이유이다. '탈정치적'이라고 평가받는 장자사상의 특징을 올바르게 조명하기 위해서는 역설적으로 그것의 '정치적' 측면을 제대로 해석해내는 것이 무엇보다 필요하다는 문제의식이다.

유병래는 김항배 선생의 지도 아래 노자철학으로 석사학위 논문을 준비하던 중, 장자철학에 관심을 갖게 되었다. 1991년 김항배 선생이『장자철학정해(莊子哲學精解)』의 원고를 모 출판사에 넘겼는데, 그 필체가 매우 독특하여 조판 담당자는 도무지 알아볼 수 없다고 난감해하자 그래도 본인은 그것을 알아볼 수 있었기에 원고를 일

일이 정서하는 일을 자임하였다.(이 책은 후에 다른 출판사에서 출간되었다.) 그때『장자』에 관해 본격적인 관심을 갖게 되었고 또한 많은 의문도 품게 되었고, 이것이 학문적 여정을 바꾼 계기였다. 유병래는 장자를 삶에 대한 치열한 문제의식과 따뜻한 마음을 지닌 철학자로 이해한다. 그리고『장자』를 가급적『장자』 자체로 읽고 해석하는 '이장해장(以莊解莊)'의 방법을 취한다. 물론『장자』의 내편과 외ㆍ잡편 간에는 여러 다른 점이 있다. 그러나 외ㆍ잡편이 내편과 가장 가까운 시기의 저술이라는 점에서 비록 상대적이기는 하지만 장자의 철학정신을 근사(近似)하게 담고 있는 것이라고 본다. 요컨대,『장자』를 '하나'의 텍스트로서 대하는 입장이다.

이권은 다음과 같은 입장과 방법론에 기초해서 장자를 풀이하였다. 첫째, 장자의 도(道)는 '하나[一, 獨]'다. 그래서 장자철학은 심미적 경험에서 가장 잘 드러난다. 북송(北宋) 시대 소식(蘇軾)이 그의 시문에서 장자의 철학 정신을 잘 구현한 이유도 여기에 있다. 그렇지만 심미적 표현이 장자의 철학 정신을 잘 보여준다고 해서 장자의 도가 경지 차원에 그치는 것만은 아니다. 심미적 경험은 장자가 말하는 세계의 근원과 다르지 않기 때문이다. 장자철학에서 '하나'는 세계의 근원이자 수양의 대원칙이며, 수양을 통해 도달한 경지다. 둘째,『장자』를 읽을 때, 내편과 외ㆍ잡편의 글을 구분할 필요가 있다. 내편이 장자의 철학 정신이 발휘된 글이라면, 외ㆍ잡편은 장자가 남긴 문제를 전개하고 발전시킨 글이다. 그런데 외ㆍ잡편 가운데 특히 본체론 및 생성론과 관련된 글들은 대부분 내편의 정신을 제대로 보여주지 못한다. 외ㆍ잡편의 내용으로 내편을 이해할 때 주의해야 할 점이다. 셋째, 내편 안에서도 각 편의 맥락 안에서 개념과 내용 및 의미를 파악해야 한다. 이것을 이른바 '이편해장(以篇解莊)'의 태도라고 할 수 있다. 편 자체의 맥락에 따라 『장자』를 읽는 방법론이다. '이편해장'의 반례로 곽상(郭象)의 『장자주(莊子注)』가 있다. 곽상은 「소요유」를 주석하면서 「제물론」의 논리를 적용하였다. 그 결과 「소요유」에 등장하는 대붕은 땅에 붙어사는 작은 새들과 마찬가지 처지로 전락한다. 그러나 대붕은 작은 새들과 전혀 다른 세계, 위대한 세계를 상징하는 존재다. 요컨대 곽상은 「소요유」의 맥락을 벗어난 관점에서 풀이하였기 때문에 그의 『장자주』는 장자의 사상과 멀어지게 되었다는 평가이다.

정우진은 이 책의 기획자로 처음에는 주해 작업에 참여하지 않으려 했으나, 세 사람의 강력한 권유로 말석에 이름을 올리게 되었다. 장자철학을 현대적으로 이론화해야 한다고 보는 정우진은 구성주의적 입장에서 장자를 읽는다. 이곳에서 말하는 구성주의는 체험이 단순히 객관적으로 존재하는 실재세계에 대한 반영에 불과하다는 생각과 양립하지 못한다. 체험이 없다면 세계는 존재 자체가 무의미해진다는 전제 위에서, 구성주의는 세계자체의 구조에 체험의 고유한 양식이 관여한다는 뜻이다. 그러므로 구성주의는 세계의 창조로 오해되어서는 안 된다. 장자는 공명과 언어적 처리의 두 단계를 통해 체험이 형성되는 바, 언어적 처리과정에서 세계는 끝없이 분절되고 결국 공명의 원시적 생명력을 잃는다고 보았다. 따라서 장자는 언어적 인지의 주체로서 언어적 자아에 대해 비판적이었다. 장자가 성심(成心)으로 표현하는 언어적 자아는 사회문화적 가치의 편향을 담고 있는 존재로서, 사태와의 여여한 공명을 방애하고 심지어 왜곡하기도 하기 때문이다. 대상의 정체성을 그 대상에 부여된 기호에서 찾는 언어적 자아는 대상에 특정 역할을 부여하는 즉, 특정한 유용성에 얽매인 존재이기도 하다. 언어적 자아에 의해 부여된 정체성에 구애되는 것을 장자는 물화(物化)라고 본다. 감정의 전염에서 쉽게 확인할 수 있는 공명은 생명체뿐 아니라, 물질 사이에서도 발생한다. 공명하는 물질은 단순히 수동적인 존재가 아니라, 공명의 행위자이기도 하다. 장자의 존재론에 죽은 존재는 없다. 일기는 장자의 이상적 경지로서 세계와의 경계 없는 공명에 도달한 상태를 이르는 말이고, 그 상태에서의 행위를 무위(無爲)라고 할 수 있다.

장자중독은 이처럼 『장자』를 바라보는 결이 조금씩 다른 네 명의 해석이 모두 들어가므로 장자 전체를 한 권으로 묶는 것은 불가능했다. 이 때문에 우리는 『장자』 각 편을 각각 하나의 책으로 출간하고자 했다. 만약 33편을 모두 섭렵한다면 이 작업은 10년이 넘게 소요될 것이 틀림없었다. 당랑거철(螳螂拒轍) 같은 구상을 실현하기 위해서는 함께 세월의 무게를 견딜 수 있는 단단한 출판사를 찾아야 했다. 2022년 봄, 이권 선생과 함께 장자중독의 구상을 구체화하고 있을 때, 궁리출판사의 이갑수 사장님을 뵐 수 있었다. 이갑수 사장님은 흔쾌히 출간을 맡아주셨다. 2022년 초여름에 모든 준비가 끝났다. 그로부터 학기 중에는 한 달에 두 번, 방학 중에는 매주 1회씩 화상회의를 통해 공동번역을 준비하고 각자의 해설을 달았다. 같은 시기에 시작된 약 20여 분의 동양철학 전공자들이 참여하는 장자강독 모임에서도 토론이 이어졌다. 2022년 가을경에 원고를 넘겼고,

이제 출간하게 되었다. 우리가 기획하고 저술했지만, 결국 일이 되게 하는 것은 하늘의 뜻이다. 장자중독의 어설픈 구상을 처음 드러낸 사람으로서 첫 책인 「소요유」 편의 서문을 쓰게 되었다. 영광스러우면서도 조심스러운 일이다. 저자들이 치열한 고민을 통해 찾아낸 장자의 사유를 독자와 함께 누리고 싶다.

2023년 봄 남양주 송촌리 산방에서
저자들을 대표하여 정우진 씀

차례

『장자』 해제

❈

천의 얼굴을 가진 고전

· 박원재 ·

1

『장자』는 '천의 얼굴'을 가진 고전이다. 시대를 넘나드는 해석의 다양성은 모든 고전에서 발견되는 보편적인 특징이기는 하지만, 『장자』의 경우 이 점은 특히 두드러진다. 그것은 제자백가(諸子百家)의 치열한 사유들이 빚어낸 중국 선진(先秦) 철학사의 정수가 녹아 있는 철학서로 읽히는가 하면, 각박한 현실로부터 상처 받은 삶을 치유해주는 지혜로 가득 찬 우화집으로 받아들여지기도 하고, 특유의 도가적 상상력으로 포장된 신화적인 사유의 보고로, 또 그런 주제들을 탁월한 레토릭으로 버무려낸 한 편의 뛰어난 문학서로, 그도 아니면 현실의 권력투쟁에서 패배한 몰락한 기득권 세력의 아큐(阿Q) 식의 패배주의적인 넋두리로 치부되기도 한다.

이 가운데 어떤 시각이 『장자』를 제대로 읽는 방식인지는 잠시 논외로 하더라도, 하나 분명한 사실은 있다. 『장자』를 읽는 관점이 이처럼 다양하다는 것은 그것에 담겨 있는 사유의 스펙트럼이 그만큼 다채롭다는 것을 의미한다는 점이다. 『장자』에서 발견되는 사유의 다충성은 멀리 중국 송(宋)나라 때부터 이미 지식인들 사이에서 논의되던 주제이다. 주로 내편과 외 · 잡편 사이에서 발견되는 이질성에 근거를 둔 이와 같은 문헌비평적 관심은 근래에 들어와 좀더 세밀한 분석으로 이어져 『장자』를 종합적으로 이해하는 데 긴요한 길잡이 역할을 한다.

로겐저(羅根澤), 관펑(關鋒), 류샤오간(劉笑敢), 추이다화(崔大華), 그레이엄(A.C. Graham), 강신주 등 이 분야에서 선도적인 작업을 수행한 연구자들의 견해를 종합하면,[1] 『장자』에 퇴적되어 있는 사유의 단층들은 대체로 다음과 같이 나눌 수 있다. 우선은 장자 본인의 저작으로 인정받는 단편들인데, 내편이 그 중심이라는 데 대해서는 연구자들 사이에 거의 이견이 없다. 내편에 비하여 외 · 잡편의 지층은 복잡하다. 외 · 잡편의 단편들은 거기에 담겨 있는 사유의 색깔에 따라 다음의 다섯 가지 유형으로 다시 분류된다. 첫째는 내편에 담겨 있는 장자의 사상을 충실히 부연하는 장자 후학의 저작들이다. 둘째는 노자의 사상을 통치술로 발전시킨 이른바 황로도가(黃老道家) 계열의 저작들이다. 셋째는 일체의 정치적 권위와 그에 수반되는 제도 및 가치를 배격하는 아나키즘적 색채를 띠는 저작들이다. 넷째는 자연으로부터 품부 받은 생명의 온전한 보존을 최고의 가치로 표방하는, 양주(楊朱) 계열의 개인주의적 성향을 대표하는 그룹의 저작들이다. 다섯째는 전국말기부터 본격 유행하기 시작하여 후대에 도교(道敎)로 모습을 갖추어 가는 신선술(神仙術) 계열의 성향을 반영하고 있는 저작들이다.

외·잡편에서 확인되는 이같은 사유 지층의 다양성은 『장자』가 역사적인 장자, 즉 '장주(莊周)' 본인을 비롯한 전국시대 도가 계열 사상가들의 집단 저작물임을 의미한다. 그렇다면 이와 같은 지층들은 어느 시대에 걸쳐 이루어진 것일까? 일단 그 상한선은 아무리 올려잡아도 장자가 활동하던 B.C. 4세기 후반 이전으로까지 가지는 않을 것이다. 내편은 장자 본인의 저작일 확률이 높다는 학계의 주류적인 시각을 받아들인다면, 외·잡편의 단편들은 일단 내편이 성립된 이후에 '장자'에 가탁하여 하나씩 덧붙여진 저작들일 가능성이 농후하기 때문이다. 『장자』의 성립 하한선은 한(漢)나라 초기인 B.C. 1세기 초반으로 추정된다. 이 시기에 활동한 유향(劉向)·유흠(劉歆) 부자에 의해 제자서(諸子書)에 대한 대대적인 정리가 이루어지고, 이에 따라 『장자』 역시 기본 편제가 확정되었을 것이라는 것이 그 근거이다. 일부에서는 『회남자(淮南子)』를 탄생시킨 회남왕 유안(劉安: B.C. 179~B.C. 122)의 문하에서 정리가 이루어졌다고 보기도 하는데, 그렇게 되면 하한선은 B.C. 2세기까지로 올라간다.

정리하면, 『장자』는 장자가 활동하던 B.C. 4세기 후반부터 시작하여 한나라 초기에 걸쳐 이루어진 전국시대 도가 계열 사상가들의 집단 저작물이다. 여기에는 이 일련의 과정에서 일종의 뿌리 역할을 한 장자 본인의 저작을 필두로 전국 중·후기에서 한초에 이르는 시기의 다양한 사유의 지층들이 종으로 횡으로 교직되어 있다. 『장자』를 읽는다는 것은 이들 지층들의 관계도 늘 염두에 두어야 하는 일이다.

2

성서(成書) 과정이 이렇듯 복잡다단하다 보니, 『장자』의 편제(編制)에 대한 논의도 간단치 않다. 현재 우리가 보는 통행본(곽상본) 『장자』는 내편 7편, 외편 15편, 잡편 11편 등 모두 33편으로 구성되어 있으며 분량은 64,606자이다.[2] 그러나 이는 후대에 여러 번의 편집과정을 거치며 확정된 편제와 분량일 뿐 『장자』 본래의 면모는 아니다. 이를 확인할 수 있게 해주는 가장 빠른 자료는 『사기』 「장자열전(莊子列傳)」이다. 「노자한비열전(老子韓非列傳)」 안에 노자 · 신불해(申不害) · 한비자와 함께 묶여 있는 장자의 열전에서 사마천(司馬遷)은 '장자의 저서'가 '10여 만자[十餘萬言]'에 달한다고 말한다. '장자의 저서'란 곧 『장자』를 가리키므로, 사마천 당시에는 『장자』의 분량이 통행본과 비교하여 거의 3만 5천여 자 더 많았다는 이야기이다. 이는 다른 말로 하면, 통행본 『장자』는 사마천 당시의 판본과 비교하여 1/3 정도가 줄어든 분량임을 뜻한다.

이를 뒷받침하는 전거가 또 있다. 『한서(漢書)』 「예문지(藝文志)」의 기록이다. 후한(後漢)의 역사가 반고(班固: 32?~92)는 「예문지」를 서술하면서 제자백가의 저술들을 소개하는 '제자략(諸子略)'의 '도가(道家)' 대목에서 '『장자』 52편'이라고 기록하고 있다. 역시 33편인 통행본보다 얼추 1/3이 많은 분량이다. 「예문지」의 이 '『장자』 52편'이라는 언급은 『여씨춘추(呂氏春秋)』와 『회남자(淮南子)』의 주석을 남긴 후한 말기의 학자 고유(高誘)의 주석에서도 확인된다.[3] 이를 감안하면, 후한 시대에는 『장자』의 편수가 '52편'으로 통용되었던 듯하다. 나아가 사마천이 말하는 '10만 여자'와 반고가 말하는 '52편'

이 통행본과 비교할 때 분량상 서로 통하는 점이 있다는 점을 고려하면, 내용상으로도 두 판본 사이에 큰 차이가 없었을 것이라는 추론도 가능하다.

'52편본『장자』'에 대한 기록은 이후에도 이어진다. 당나라 때 훈고학자인 육덕명(陸德明: 약 550~약 630)이 지은『경전석문(經典釋文)』과『수서(隋書)』「경적지(經籍志)」에서 이를 확인할 수 있다. 육덕명은『경전석문』의 서문에 해당하는 「서록(序錄)」에서 "『한서』「예문지」에 '『장자』 52편'이라 하였는데, 사마표(司馬彪)와 맹씨(孟氏)가 주를 단 것이 이것이다."라고 하면서, 역대의『장자』관련 주해서 및 음의서(音義書)를 다음과 같이 정리하였다.

저자명	저서명	분 량	구성(편제)	비 고
최 선(崔 譔)	주(注)	10권 27편	내편 7, 외편 20	저서명에서 '주(注)'란 곧『장자주(莊子注)』를 가리킨다. '집해(集解)'와 '의소(義疏)'의 풀네임 또한『장자집해(莊子集解)』와『장자의소(莊子義疏)』이다.
상 수(向 秀)	주(注)	20권 26편	27편 또는 28편이라는 설도 있음. 음 3권	
사마표(司馬彪)	주(注)	21권 52편	내편 7, 외편 28, 잡편 14, 해설 3, 음 3권	
곽 상(郭 象)	주(注)	33권 33편	내편 7, 외편 15, 잡편 11, 음 3권	
이 이(李 頤)	집해(集解)	30권 30편	35편이라는 설도 있음. 음 1권	
맹 씨(孟 氏)	주(注)	18권 52편		
왕숙지(王叔之)	의소(義疏)	3권		
이 궤(李 軌)	음(音)	1권		
서 막(徐 邈)	음(音)	3권		

『경전석문』과 거의 같은 시대에 저술된[4]『수서』「경적지」에는 표제로 올려져 있는 서목을 기준으로 할 때 모두 19종의『장자』주해

서 및 음의서가 수록되어 있다. 그리고 이들 서목에 대한 주석에는 『경전석문』「서록」에서 언급된 주해서들에 대한 내용도 모두 들어 있는데, 이들 서책의 현존 여부에 대한 내용도 들어 있어 진전된 정보를 제공한다. 이에 따르면,「경적지」가 찬술되던 당시 최선과 맹씨, 왕숙지, 세 사람의 주해는 이미 실전(失傳)된 상태였고, 상수와 사마표의 주해서는 일부만, 그리고 곽상과 이이의 주해 그리고 이궤와 서막의 음의는 전부가 전승되고 있는 상태였다.[5]

『경전석문』과 『수서』「경적지」의 이와 같은 기록은 한나라 이후 『장자』 편제사에 중요한 변화가 있었음을 말해준다. 그것은 기존의 '52편본『장자』'와 다른 판본들이 등장하기 시작했다는 점이다. 최선과 상수, 곽상, 이이 등의 주해본이 이에 해당한다. 이런 사실은 『장자』가 『주역』, 『노자』와 함께 이른바 삼현서(三玄書)의 하나로 받들어지던 위진현학 시기에 접어들어 『장자』에 대한 연구가 그만큼 활성화된 결과로 추정된다.

『장자』 편제와 관련하여 마지막으로 검토할 문제는 통행본과 같은 '33편본『장자』'의 성립과정이다.[6] 이에 대해서는 앞의 표에서 보듯이 곽상에 의해 '33편본『장자』'가 편집되었다고 보는 것이 일반적이다. 그런데 이 곽상본에 대해서는 예로부터 논란이 있어왔다. 곽상본은 상수본을 표절한 것이라는 주장이 그것이다. 단초는 『세설신어(世說新語)』「문학(文學)」 편의 기사이다.「문학」 편에서는 상수가 최선의 주를 저본으로 하여 『장자주』를 저술했는데, 상수가 죽은 뒤 곽상이 이를 몰래 취하고는 상수가 미처 완수하지 못한 「추수(秋水)」와 「지락(至樂)」 편의 주를 완성하고 나머지 일부 편들의 문구를 교정하여 자신의 주해서로 삼았다고 전한다. 한마디로 곽상본은 상수본을 표절한 것이라는 이야기이다. 현재 상수본이 온전히 전하지 않아 이 기사의 진위를 확인할 수는 없으나, 『세설신어』의 성서 연대가 곽상의 시대와 100여 년 정도밖에 차이가 나지 않는다는 점을 고려하면 전적으로 무시하기 어려운 면이 있다. 그러면 내·외·잡편의 구분은 언제 이루어졌을까? 이것 역시 곽상에 의해서라는 견해가 통념이지만 일부에서는 전한(前漢) 시기 선진시대의 전적을 분류·편집하는 일을 주도했던 유향·유흠 부자를 당사자로 지목하기도 한다.[7]

3

그렇다면 이처럼 복잡하면서도 장대한 성립사를 지닌 『장자』라는 서책의 단초를 연 '장자'는 어떤 사람일까? 이를 살펴볼 수 있는 전기(傳記) 자료는 많지 않다. 크게 두 가지로 대별되는데, 하나는 『장자』에 서술되어 있는 장자 본인에 대한 내용들이고, 다른 하나는 사마천이 지은 열전이다. 『장자』에는 장자와 관련된 다양한 일화들이 존재한다. 하지만 열에 아홉이 '우언(寓言)'이라는 『장자』의 표현법을 염두에 둘 때, 어디까지가 팩트이고 어디까지가 픽션인지를 판가름하는 것이 쉽지 않다. 이 때문에 장자의 전기를 다룰 때는 주로 사마천이 남긴 『사기』의 「장자열전」을 기본 자료로 많이 취한다. 이것을 토대로 장자의 전기를 간추리면 다음과 같다.

장자는 몽(蒙) 지방 사람이고 이름은 주(周)이다. '몽'은 전국시대 송(宋)나라에 속한 땅으로 알려져 있는데, 오늘날 위치로는 중국 하남성 상치우시(商丘市) 동북 지역에 해당한다. 여기서 장자는 한때 옻나무 농장을 관리하는 관직을 지냈다.[8] 열전에는 장자의 생몰년을 추정할 수 있는 간접 자료로 전국중기에 활동한 세 명의 왕 이름도 등장한다. 양혜왕(梁惠王)과 제선왕(齊宣王)과 초위왕(楚威王)이 그들이다. 사마천은 열전의 서두에서 장자가 양혜왕과 제선왕과 같은 시대 사람이라고 말하고, 초위왕이 장자를 재상으로 초빙하려 했던 일화도 말미에 덧붙였다. 『사기』「육국연표六國年表」에 의거하면, 이들 세 군주의 재위 연도는 차례대로 B.C. 370년~334년(양혜왕), B.C. 342년~324년(제선왕), B.C. 339년~328년(초위왕)이다. 따라서 열전의 이 기록이 맞다면 장자가 주로 활동하던 시기는 B.C. 4세기 후반에 해당한다. 이를 감안한다면 장자의 생몰년은 B.C. 4세기 중반에서 B.C. 3세기 초반, 연대로 하면 대략 B.C. 360년 내외에서 290년 내외로 볼 수 있을 듯하다. 참고로, 「장자연표(莊子年表)」를 쓴 마서륜(馬敍倫)은 B.C. 369년~B.C. 286년으로 추정한다.[9]

장자의 사상적 특징에 대해서 사마천은 "그 학문은 두루 미치지 않은 바가 없으나 그 요점은 노자의 학설로 귀결"되며, "공자의 일파를 비방하고 노자의 학술을 천명하였다."[10]라고 평하였다. 장자와 노자의 관계에 대해서는 익히 공인된 사실이니만큼, 이견이 없을 것이다. 그러나 장자사상이 궁극적으로 노자의 학설에 귀결된다고 할 수 있을지에 대해서는 논란의 여지가 있을 수 있다. 이와 관련하여 사마천 당시의 도가는 오늘날 우리가 생각하는 '노장' 계통이 아니라 통치술적 성향이 강한 '황로도가' 계통이었다는 점은 짚을 필요가 있다.

장자의 생애와 사상형성 과정에 영향을 미친 인물로는 명가(名家)의 대표자인 혜시(惠施)도 빼놓을 수 없다. 『장자』에는 장자와 혜시가 논쟁을 벌이는 장면이 여러 군데 나오는데, 이는 역설적으로 그만큼 이 두 사람의 관계가 각별했음을 말해준다. 장자가 혜시의 묘를 지나다가 제자들에게 유명한 영인착비(郢人斲鼻)의 고사를 거론하며, 혜시가 죽은 뒤로 자신은 더불어 말을 나눌 사람이 없어졌다고 한 「서무귀(徐無鬼)」편의 일화가 이 두 사람의 관계를 단적으로 보여준다. 이 대목은 장자사상에서 발견되는 탈이성적 또는 반합리적 측면이 그냥 이루어진 것이 아니라 '혜시'로 상징되는 당시의 이성/논리주의자들과의 치열한 논전을 거치면서 숙성된 것임을 말해준다. 『장자』를 읽을 때 또 하나 염두에 두어야 할 점이다.

「소요유」해제

❖

· 박원재 ·

'소요유'는 일반적으로 '각자가 타고난 자연스러운 성정에 안주하면서, 외재적 가치에 구속됨이 없이 삶을 있는 그대의 모습으로 향유하는 것'이라는 의미로 풀이한다. 그러나 이러한 이해는 '소요유'를 가능하게 하는 삶의 조건들을 고려할 때 일면적이다. 이것은 특히 장자의 오리지널한 사유를 담고 있다고 평가받는 내편의 사상적 분위기를 고려할 때 좀더 분명히 드러난다. 장자는 '인간세(人間世)', 즉 삶의 일상성을 떠난 소요유를 이야기하지 않기 때문이다.

삶의 일상성은 타자와 절연된 고립계에서 이루어지지 않는다. 그것은 언제나 타자와 연계되어 있고, 또 그런 점에서 불가피하게 정치적인 측면을 포함한다. 이 점을 도외시하면 '소요유'에 대한 이해는 자신에게 주어진 삶의 한계를 편안히 여기고 거기에 자족한다는, 이른바 안분자족(安分自足)의 덫에 빠진다. "큰 것과 작은 것이 비록 다를지라도 스스로 만족하는 경지에 놓아둔다면 사물은 각자의 본성에 따르고 일은 각자의 능력에 부합되어 모두가 자신의 한계[分數]에 합당한 삶을 살게 될 것이니, 소요라는 점에서는 한 가지이다. 그 사이에 어찌 우열이 있을 수 있겠는가!"[1]라고 한 곽상(郭象: 약 252~312)의 시각이 대표적이다. 이런 시각은 삶이란 기본적으로 내적 조건과 외적 조건이 씨줄과 날줄로 직조되어 있는 사건이라는 사실을 외면하거나 특정한 목적을 위해 의도적으로 왜곡하는 데에서 비롯된다. 곽상에게 있어 그 '특정한' 목적은 당시의 신분질서를 정당화하고자 했던 그의 이른바 적성설(適性說)의 자연주의적 정당화이다.

장자는 이와 달리 「소요유」에서 '외물(外物)'에 매이지 않고 타고난 성정 그대로를 향유하는 삶을 이상으로 제시하되, 이를 위한 선결조건의 하나로 그런 삶을 가능하게 하는 새로운 '정치'에 대한 전망을 함께 녹여내고 있다. 이 부분은 「소요유」, 나아가 장자철학의 기본 색깔을 새롭게 읽어 들어갈 때 주목해야 하는 부분이다. 이 점을 염두에 두고 이 편의 구성을 살펴보면 다음과 같다.

전체적으로 세 단락으로 이루어져 있다. 첫째 단락은 대붕의 비상 우화에서 "지인무기(至人无己), 신인무공(神人无功), 성인무명(聖人无名)"까지이다. 이것은 다시 세 문단으로 나뉘는데, 처음부터 "이후내금장도남(而後乃今將圖南)"까지가 첫 번째 문단이다. 장자가 지향하는 최고의 삶의 경지와 거기에 이르기 위한 조건을 대붕(大鵬)의 비상 우화를 통해 이야기한다. 두 번째 문단은 "조여학구소지왈

(蜩與學鳩笑之曰)"에서 "차소대지변야(此小大之辯也)"까지이다. 대붕과 학구 등의 대비를 통한 '작음과 큼의 구별[小大之辯]'이 주제이다. 세 번째 문단은 "고부지효일관(故夫知效一官)"에서 마지막까지이다. '소대지변'을 인간세에 대입하여 세계의 근본적인 질서의 원리를 통찰하고 그 질서를 추동시키는 변화의 리듬에 자신을 맡기는 삶을 이상으로 제시하는 한편, '지인무기, 신인무공, 성인무명'으로 문단을 끝맺음으로써 다음 단락의 주제를 그런 삶을 가능하게 하는 '정치질서의 재구축'이라는 방향을 자연스럽게 돌린다.

둘째 단락은 "요양천하어허유(堯讓天下於許由)"에서부터 "요연상기천하언(窅然喪其天下焉)"까지이다. 역시 세 문단으로 나뉜다. 요(堯)와 허유(許由)의 대화를 통해 소요유의 삶을 가능하게 하는 정치의 조건에 대해 논하고 있는 것이 첫 번째 문단이고, 견오와 연숙의 대화가 두 번째 문단이며, "송인자장보(宋人資章甫)" 이하가 세 번째 문단이다.

마지막 셋째 단락은 혜시(惠施)와 장자의 대화로 이루어진 두 문단으로 구성된다. 둘째 단락의 주제를 이어받아 기성의 사회적 문법에 예속되지 않는 삶의 방식이 주제이다. 첫 문단에서는 이 주제를 '무용지용(無用之用)'으로 풀어간다. '무용지용'은 기성의 질서가 요구하는 '쓸모[用]'에 수렴되지 않는 삶을 말한다. 어떤 것이 '쓸모있다'는 것은 곧 주어진 자리-기표들의 체계에 순치되어 있음을 의미한다. '무용지용'은 이 체계를 거부하는 삶이다. 둘째 문단은 '무용지용'을 가능하게 하는 실천적 태도를 제시한다. 여기서 그것은 '먹줄에 맞아들지 않고[不中繩墨]' '그림쇠와 곱쇠에 맞아들지 않는[不中

規矩]' 삶으로 표현된다. 종합하면, 「소요유」는 바람직한 삶의 이상(첫째 단락)과 그것의 정치적 맥락(둘째 단락) 그리고 그것의 구현을 위해 요청되는 삶의 방식(셋째 단락)이라는 구조로 의미가 구성되어 있다.

· 유병래 ·

소요유(逍遙遊)는 '소요하는 방식으로 노닒[逍遙以遊]'이라는 구조로서, 본향에서의 인간 삶이 어떤 것인지를 보여주려는 뜻을 담고 있다. 노닒은 구속적 의지에서 비롯되는 상호 간의 상해가 없고 생활상의 갖가지 장애가 해소되어, 목적의식조차 없이 살아간다는 의미에서의 '신적(神的)' 자유로움이다. 이 편에서는 '유(遊)'가 먼저 2회 사용되었고, '소요(逍遙)'는 끝에서 1회 사용됐다. '유'가 궁극의 경지임을 분명히 하고, 이것을 구현하는 예시 중의 하나로 '소요'를 제시한 것이다. 『장자』 전체에서도 '소요(逍遙)'와 '유(遊 또는 游)'를 사용한 횟수 간에 현격한 차이가 있다. 『장자』의 주안점이 '유(遊)'라는 궁극의 경지에 있다고 보는 데는 이론의 여지가 없다. 이것은 자기 변화(變化)와 연속적 역발상을 통한 관점의 대전환으로써 대지(大知) · 무대(無待) · 무기(無己) 차원에 도달해야 가능한 일이다. 이런 경지를 언표한 것이 '천지의 바름[正, 즉 一氣]을 타고 육기(六氣)의 변화를 몰아서 무궁한 세계를 자유자재로 날아다님'이며, 그 접근 또는 구현 방식을 가시적으로 제시한 것들이 '부유(浮遊) · 소요(逍遙) · 방황(彷徨)'이다.

이 편은 단 하나의 논지를 두 축으로써 구성하고 있다. 글의 시작에서부터 '지인무기(至人無己), 신인무공(神人無功), 성인무명(聖人無名)'을 도출하는 것까지가 전반부고, 나머지가 후반부다. 후반부는 '성인무명' 문제에서 시작하여 '신인무공'으로 들어가고, 다시 '지인무기' 차원에 이르는 역순으로써 성인·신인·지인의 의미를 상관성 속에서 설명해간다. 본 번역과 해설에서는 이것을 세 단락으로 나누어 살핀다. 첫째 단락은 전반부 전체고, 둘째 단락은 후반부 중의 '견오문어연숙(肩吾問於連叔)' 문단까지이며, 셋째 단락은 '혜자위장자왈(惠子謂莊子曰)'부터 끝 문단까지다. 굳이 셋째 단락을 두는 까닭은 '지인무기'의 경지가 현실의 삶에서 구현되는 방식을 강조하기 위함이다.

첫째 단락에서는 주로 인간이 아닌 동식물을 등장시켜 고해적(苦海的) 인간 삶의 근본 문제가 무엇인지를 넓고 깊이 돌아보도록 만든다. 대자(大者)인 대붕과 소자(小者)인 작은 존재들을 극도로 대비하는 것을 통해 작음[小]과 큼[大]의 수준 차이를 공간·시간·앎이라는 측면들로 설명하면서 일관되게 '큼'을 지향한다. 이것을 '소대지변(小大之辯)'이라 한다. 여기에 일련의 역발상과 관점의 획기적 전환이 개입하는데, 그 내용에는 확실히 제물(齊物) 관점이 들어 있다. 하지만 장자가 '소대지변' 논의 자체에만큼은 제물 관점을 적용할 수 없다고 극구 명시한 것을 무시하고 왜곡한 자들은, 『장자』를 정신적 괴물로 둔갑시켜왔다. 소대지변을 거쳐 근원의 세계에 마주하는 대지(大知)를 가져야만 열리는 것이 제물 관점이다. 이런 점을 분명히 하는 말이 「대종사」의 "진인이 있은 연후에야 진지가 있다

[有眞人而後有眞知]”이다. 마지막 문단에서는 이 단락의 전체 내용을 단계적 구도로 정리하여,『장자』전체의 가장 큰 서사 구도를 일목요연하게 보여준다. '한 나라 내의 관료들 수준, 천하를 대상으로 하는 송영자 수준, 천하를 넘어서는 열자 수준, (대붕 차원), 무궁한 세계에서 노니는 지인 · 신인 · 성인 차원'이 그것이다. 대지(大知) · 대년(大年)을 바탕으로 한 지인 · 신인 · 성인이라는 하나의 이상적 인격은 무궁한 세계에서 노닌다. 따라서 이 편은 물론,『장자』전체에서도 '지인무기, 신인무공, 성인무명'이 핵심 문장이다.

둘째 단락에서는 '성인무명'과 '신인무공'에 관해 예를 들어 설명한다. 성인 · 신인은 자기 관념을 관철하고자 천하정치에 몰두하는 요임금과 대비되는 존재다. 장자는 성인이 천하의 제왕이라는 허명(虛名)을 추구하지 않는다는 점을 허유의 캐릭터를 통해 설명한다. 그리고 신인은 한 차원 더 들어가 그 어떤 열악한 외물에도 상해를 입지 않을 뿐 아니라, 세상에 풍년이 들도록 하는 적극적 공능을 발휘하는 자라고 한다. 천하의 밖에서 노닐면서도 천하만물의 생명에게 근원 차원에서 순기능적 영향을 주는 대공(大功 즉 無功)을 이루는 존재가 신인이다. 이것을 접여와 연숙의 말을 통해 설명한다. 이에 반해 천하정치에 골몰하고 외물(外物) 추구를 일삼는 요임금은 소공(小功)에 집착하는 자에 불과하다. 그런데 이 단락의 끝에서는 요임금이 결국 신인들이 거처하는 곳을 지향함으로써 '천하를 잊게 되었다'라고 말한다. 이는 요임금이 유명(有名)과 유공(有功)을 잊고 무기(無己) 차원에 접근하였음을 시사한다. 여기서 장자의 새로운 정치관을 엿볼 수 있다. 천하정치에서 가장 경계하고 극복해야 할 것이 유명·유공 의식이다.

셋째 단락에서는 '지인무기' 경지를 설명하기 위해 장자가 혜자와 더불어 진정한 유용과 무용이 무엇인지에 대해 생살(生殺) 문제를 놓고서 논변하는 방식을 취한다. 혜자의 '봉지심(蓬之心)'에 대해, 장자가 큰 것[大瓠·大樹]을 제대로 사용하는 관점을 제시하는 데도 역발상적 전환이 적용되고 있다. 장자는 강호에서 부유하며, 무하유지향과 광막지야에서 방황하고 소요하는 방식을 제안한다. 이렇게 해야 외물과 자기 모두가 서로를 상해하지 않을 수 있다. 이런 '무용의 대용[無用之大用]' 근저에 자리하는 것이 무기이다. 그 '무기'는, 혜자의 '봉지심'이 종국에는 타자들을 상해하고 자신마저 상해를 입고 만다는 점과 확연히 대비된다. 서로를 상해하지 않음, 이것이 사랑하기[仁, 恩]보다도 앞서 회복해야 할 노닒[자유]을 위한 절대적 조건이다. 노닒이라는 궁극의 경지와 관련하여 이 편을 일관하는 것은 외적 환경의 대역량 확보와 내적 대지를 갖춤이다. 즉 스스로 큰 존재로 변화하여 대지 차원에서 큰 것들을 응대(應待)하면서 생활하는 것이 자유로움의 방식이다. 이는 한 나라나 천하 범위를 넘어서는, 즉 '사해지외(四海之外)'·'육극지외(六極之外)'라는 무궁하고 무한한 시공간의 유기적 전체성을 전제한 속에서의 삶이다.

그러면 이런 삶의 방식은 기성의 천하정치가 드러낸 구속성을 온전히 극복한 것일까, 이것도 여전히 일종의 정치 차원에 있는 것일까? 이런 물음은 독자 스스로 '지금-여기'의 현실 상황을 더 깊고 먼 수준에서 돌아보도록 만드는 화두가 될 수 있다. 아무튼 그 누가 그 어떤 의도를 가지고서 『장자』의 「소요유」를 재편집하고 해설하

든, 장자의 신적(神的) 체험에서 우러난 자유의 몸짓과 언표는 그 자
체로 어엿이 있는 것이다.

· 이 권 ·

「소요유」는『장자』 33편의 첫째 편이다. 장자가 일상에 매몰되
어 왜소한 삶을 사는 독자에게 전하는 메시지다. 우리 인생은 곤란
한 일을 당하면서 괴롭기만 한 게 아니다. 그렇게 살지 않을 수 있고,
그렇게 살지 말아야 한다. 구만리 창공을 날아올라 남쪽으로 가려는
대붕을 보라. 대붕은 참새 같은 미물들이 사는 세상과는 질적으로
다른, 위대한 세계를 지향한다. 인간 세상에도 위대한 세계 속에서
소요하는 위대한 인물들이 있다. 그네들은 살면서 곤란을 겪거나 괴
로울 일이 없다는 것이다.

'소요'는 성현영(成玄英)의 정리에 따르면 세 가지 해석이 있다.
첫째, 고동백(顧桐柏)은 '소'를 '녹이다(銷)'로, '요'를 '멀다(遠)'로 보
았다. 그에 따르면 소요는 유위(有爲)의 번거로움을 완전히 녹여서
무위(無爲)의 이치를 드러내는 것이다. 둘째, 지도림(支道林)[12]에 따르
면 사물을 사물되게 하지만 사물에 의해 사물되지 않으므로 유유자
적하여 나에게 의존하지 않는다. 현묘하게 감응하여 서두르지 않아
도 빠르므로 되지 않는 일이 없다. 이로써 천하에서 노닐므로 소요유
라고 하였다. 셋째, 목야(穆夜)[13]에 따르면 소요란 대개 멋대로 하여
스스로 만족하는 것을 이름한다. 지극한 덕이 안에 가득해서 때맞춰
쾌적하지 않음이 없으며, 속에 품은 것을 잊어버리고 사물을 대하니

어디에나 통한다. 이로써 천하에서 노니므로 소요유라고 한다.

서진(西晉)부터 동진(東晉) 중엽까지는 곽상(郭象)의 『장자주(莊子注)』가 유행하였다. 명교(名教)를 중심으로 자연과 명교의 일치를 모색했던 곽상은 적성소요설(適性逍遙說)을 주장한다. 그에 따르면 사물은 크고 작음의 차이가 있더라도 자기 성질과 분수에 맞으면 모두 소요할 수 있다. 다른 사물에 의존하는 사물도 소요할 수 있다는 것이다. 적성설의 관점에서 보면 구만리를 날아오르는 대붕과 나뭇가지 사이를 옮겨 다니는 작은 참새는 크기만 다를 뿐, 모두 소요할 수 있는 존재다.

곽상과 달리 지도림은 불교에서 말하는 공(空)이 현상에 즉해 있다[卽色]는 관점에서, 소요를 성인의 마음을 밝힌 것으로 보았다. 그는 「산목(山木)」의 '사물을 사물되게 하지만 사물에 의해 사물되지 않는다.'[14]는 관념으로 소요유를 해석하였다. 소요란 사물을 사물로 대하면서도 마음이 사물에 부려지지 않는 경지다. 소요는 지족(至足), 즉 지극한 만족의 상태다. 지족이란 만족하는 바에 만족하는 것이며, 그러면 상쾌하여 천진스럽게 된다는 것이다.

「소요유」에는 장자가 직접 소요를 말한 대목이 있다. "천지의 올바름을 타고서 온갖 기운의 변화를 부림으로써 무궁에서 노닌다."[13]는 구절이 그것이다. '소요유'는 세계의 근원과 같아지고 내가 만나는 세상의 변화를 조정할 줄 알아서, 무(無)의 세계에서 노니는 경지다. 이 구절은 「산목」에 나오는 내용과 정확하게 일치한다. '천지의 올바름'이란 사물을 사물되게 하는 것이고, '온갖 변화를 부린다'는 것은 사물에 의해 영향받지 않음을 말한다. [15]

지도림은 소요유의 의미를 잘 드러내었지만, 대붕은 멀리 날아가느라 쾌적함[適]을 잃어버렸고, 작은 참새는 자신을 뽐내는 마음이 있었기 때문에 둘 다 소요하지 못한다고 보았다. 지도림의 오해는 대붕 이야기를 은유로 읽지 않은 데서 비롯한다. 대붕의 우화는 '소대지변(小大之辯)'을 말하기 위해 장자가 마련한 장치다. '소대지변'이란 위대한 존재와 왜소한 것 사이에는 질적인 차이가 있다는 말이다. 대붕은 참새가 알 수도 없고 도달할 수도 없는 세계를 상징한다. 대붕의 비유가 끌고 오는 위대한 세계란 무(無)의 세계다.

장자는 무의 세계에서 소요하는 인물들을 지인(至人)과 신인(神人)과 성인(聖人)으로 말하고, 그들의 경지를 무기(無己)와 무공(無功)과 무명(無名)으로 묘사한다. 소요는 절대의 자유, 무대(無待)의 소요로 표현되곤 한다. 사물을 사물되게 하는 경지라는 점에서 소요를 절대의 자유라고 말할 수 있다. 그러나 '무대'는 장자의 용어가 아니라 곽상의 철학 범주다. 뿐만 아니라 곽상의 무대는 사물의 세계에 대해 말한 것이지만 장자의 소요는 무의 지평에서 제시된 것이었다.

곽상의 철학에서 무대의 성인은 여전히 유(有), 개별자들의 세계에 머물러 있다. 따라서 소요에 무대라는 수식어는 적절하지 않다. 소요는 무대가 아니라 무의 경지다. 또한 「소요유」의 내용을 제물론에서 구사하는 논리로 해석해서는 안 된다. 붕새 이야기나 무용(無用)에 대한 이야기가 전하는 메시지는 제물론과는 맥락이 다르다. 「소요유」는 보통의 일상과는 전혀 다른, 위대한 세계와 위대한 인물이 가능함을 독자에게 일깨워주기 위해 기획된 편이다.

　곽상 이전에도 몇 종의 『장자』 판본이 존재했던 것으로 보인다. 다양한 판본을 하나의 책으로 편집한 이가 곽상이다. 『장자』는 곽상의 책이다. 『한서』 「예문지」에서는 장자 52편이라고 기록되어 있다. 『한서』 「예문지」는 유향과 유흠 부자의 『칠략(七略)』을 거의 그대로 옮겨 실은 것이다. 기원년 즈음의 『장자』는 52편이었을 것이다. 현행본 『장자』는 33편이다. 본래의 판본에서 약 20편 정도가 없어진 셈이다. 곽상은 『장자』의 선본을 만들었다는 공과 장자철학을 자신의 안목에 맞게 정리하면서 왜곡시켰다는 과를 지니고 있다. 편집자로서의 권위 때문에 우리는 주눅 들고 왜소해져서 그의 주장 앞에서 슬며시 꼬리를 내리곤 했다. 현재도 이런 흐름은 이어지고 있다.

　우리는 그의 적성설을 따라 각자의 분수를 지키면서 살 때의 자족감을 소요라고 해석한다. 그처럼 자신의 본성을 지킴으로써 봄철 온갖 생명이 생기를 발현할 때 세계는 참으로 아름다울 것이라고 생각하면서 화엄의 세계를 연상한다. 그것은 너무나 그럴듯해서 장자의 본의가 바로 이것이다라고 탄성을 지르기도 한다. 그러나 좀 더 생각해보면 삐걱거리면서 장자철학과 맞지 않는 지점이 있다. 가장 두드러지게 드러나는 쟁점은 질적 변화다.

　곽상의 적성설에 따르면 특별한 경지는 존재하지 않는다. 곽상의 적성설은 자신을 고양함으로써 질적으로 다른 존재 즉, 성스러운 존재가 될 수 있음을 부정한다. 그러나 장자는 분수를 지키고 삶을 영위함으로써 자족하라는 유의 철학을 말하지 않는다. 외려 분수를 벗어남으로써 새로운 경지로 나아갈 수 있음을 주장한다. 적성설은 전체 속에서 부여받는 개별자의 위상을 벗어날 수 없다고 간주한다. 이것은 개별존재의 정체성을 그것의 기능에서 찾는 태도다. 그러나 기능개념은 인공물에서 연유한 것이다. 문화와 문물을 창조한 사람들을 성인으로 받드는 이들이 문물 즉, 인공물의 기능개념으로 본래의 것인 자연을 규정했다. 장자는 이처럼 자연을 문물화하는 태도에 대해 비판적이다. 곽상은 장자에 토대해서 장자의 취지를 뒤집었다. 교묘한 인물이다. 그의 해석을 벗어나야 한다. 「소요유」는 장자의 경지를 세밀하게 묘사하는 글로서, 장자철학의 목표를 명시적으로 그리고 함축적으로 보여준다.

전통적으로 「소요유」는 세 부분으로 되어 있다고 전해진다. 하나는 대붕 이야기이고 둘은 무공(無功)과 무명(無名) 즉, 공이 없고 이름이 없다는 성인의 특성에 관한 예시이며, 셋은 유용과 무용에 관한 내용이다. 이런 구분은 설득력이 있지만 사실 유용·무용의 개념이 무공이나 무명과 무관하지는 않다. 모두 대붕적 존재의 특성을 묘사하기 위한 것이다. 따라서 「소요유」는 장자의 이상적 경지와 그런 경지에 이른 이의 특성, 보다 구체적으로 말하자면 그런 경지에 도달한 이가 추구하는 삶의 기술을 여러 측면에서 접근하는 글이라고 할 수 있다.

소요에 이른 이가 세상과 교류하는 방식은 일반인들과 분명히 구분된다. 일반인들은 문화적 가치와 성향에 종속되어 있다. 장자는 그것을 성심(成心) 혹은 시비(是非)라고 표현한다. 성심과 시비는 당시의 주류철학이었던 유학의 '명(名)'에 대응한다. 유학의 명은 사람들에 의해 구성된 체계로서 단순히 지칭만을 함의하지 않는다. 유가적 가치, 인위적 문화, 그리고 그런 문화가치를 구현하고 전달하는 수단으로서의 상징을 포괄한다. 이것을 나는 '명적 체계'라고 부른다. 사람들은 특정 문화권에서 성장하는 중에, 그 문화권에 특수한 명적 체계를 내화한다. 그 결과 특정한 기준을 소유하고 특정한 성향을 강화한다. 기준과 성향을 소유함으로써 사람들은 소요하지 못한다. 이 모든 해로움의 근저에는 상징과 기호를 다룰 수 있는 우리 인간의 능력이 있다.

물론 우리는 참으로 인간다운 특성이라고 할 수도 있는 이 상징을 다루는 능력을 포기할 수 없다. 그러므로 핵심은 상징을 마치 장인이 특정한 상황에서 찾아낸 가장 적합한 문제풀이 방식처럼 사용할 수 있는가이다. 그리고 그 이전에 상징을 매개하는 소통 외에 다른 소통방식이 있는 가이다. 정보를 전달해주는 감각기관과 표상적 사유를 하는, 장자가 심(心)이라고 칭한 마음은 생명이 진화과정에서 획득한 인지를 담당하는 기관이다. 당연히 그 외에 다른 인지방식이 존재할 가능성이 있다. 그 중 하나는 몸의 인지다. 몸으로 획득한 앎은 비언어적으로 비표상적으로 사용되며, 상황의존적이다. 자판을 두드리는 경우를 생각해보라. 장자는 이런 인지방식을 중시했다.

그러나 또 다른 인지, 기(氣)를 통한 인지에 관해서도 말했다. 그것은 몸의 인지와 밀접하게 관련되어 있지만, 사실 그 이상이다. 무엇인가에 몰입해 있을 때 작동하는 그것은 세계와 끝없이 공명하며 '물 자체'를 전달해준다. 타자의 행위가 아니라 행위의 느낌, 의도, 목적을 전달해준다. 그것은 지각된 것에 근거해서 사태를 판별하는 것이 아니다. 사태에 따라 공명함으로써 사태를 직접 체험하는 것이다. 기의 인지방식을 통해 세상과 소통할 때 우리는 세계를 그 자체로 체험할 수 있다. 그 체험을 나는 '순수체험'이라고 부른다. 순수체험에 이르는 방식과 순수체험의 특성 및 양상의 총합을 장자의 도라고 간주하며, 그러한 도를 내재화한 이가 갖추게 되는 사람들을 이완시키는 힘을 덕이라고 생각한다. 그리고 이런 이들이 사용하는 공명을 깨지 않은 채 마치 장인의 동작과 같이 행해지는 언어를 시적 언어라고 칭한다.

대붕은 덕을 갖춘 존재다. 그는 표상매개적이지 않은 방식으로 세상과 소통하면서 세계와 하나가 되고 세계와 공명함으로써 세계 전체를 자신으로 체험한다. 「제물론」의 모두에서 이 장면이 세밀하게 묘사된다.

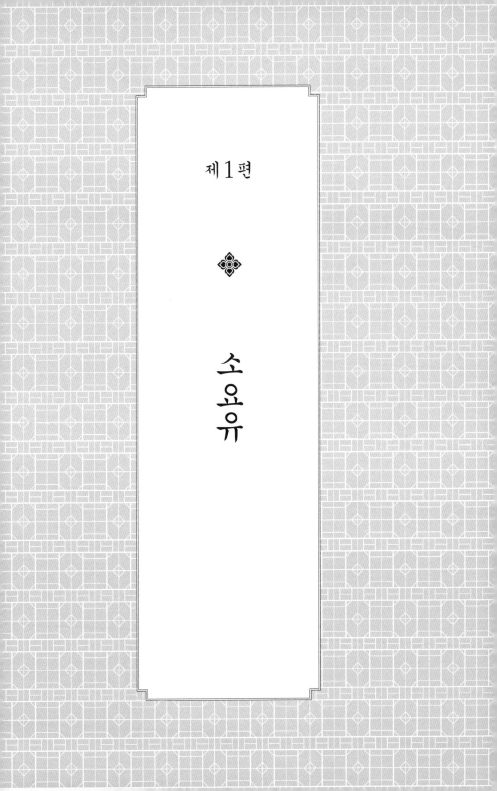

제 1편

소
요
유

·원문 1·

곤이 변화하여 대붕이 되다

北冥有魚, 其名爲鯤. 鯤之大, 不知其幾千里也. 化而爲鳥, 其名爲鵬.
鵬之背, 不知其幾千里也. 怒而飛, 其翼若垂天之雲. 是鳥也, 海運則
將徙於南冥. 南冥者, 天池也.

·번역·

북쪽 바다에 물고기가 있으니, 그 이름은 곤이다. 곤의 크기는 몇천 리
나 되는지 알 수 없다. 곤이 변화하여 새가 되니, 그 이름은 붕이다. 붕의
등은 몇천 리나 되는지 알 수 없다. 솟구쳐 날아오르면 그 날개가 마치
하늘에 드리운 구름과 같다. 이 새는 바다가 움직이면 남쪽 바다로 옮겨
가려 한다. 남쪽 바다는 천연의 못이다.

박 장자사상의 중심 주제를 압축적으로 담아낸 우화이다. 북명
에 사는 곤이 붕으로 화하고, 그 붕이 다시 북명에서 남명으
로 날아가는 이야기를 통하여 「제물론」에서 말하는 자기중심
적 경향성, 즉 '성심(成心)'을 해체하고 만물제동(萬物齊同)의
새로운 인격으로 비상하는 과정을 그리고 있다.

유 첫째 단락은 네 문단으로 구성되어 있다. 셋째 문단까지는 대
붕의 거대함[大]을 입체적으로 부각시키는 이야기고, 넷째 문
단은 대붕 이야기를 인간사와 무궁한 세계에까지 확장적으
로 적용하면서『장자』전체의 핵심 내용과 큰 구도를 제시하
는 것이다. 첫 번째 대붕 이야기는 장자 자신이 간략하게 정
리해 놓은 것이고, 두 번째는『제해』를 인용하면서 장자 자신
의 견해를 더한 것이며, 세 번째는 '탕임금과 그의 신하인 극
간의 대화 내용'을 인용하고 장자 자신의 의취(意趣)를 분명
히 한 것이다. 대붕 이야기 시리즈는 장자다운 글쓰기를 대변
한다. 대곤(大鯤)과 대붕(大鵬)이 등장하는 이야기를 종합해
서 보면, 역발상과 전환이 무려 다섯 차례나 긴박하게 이어지
고 있음을 알 수 있다. 운명[命]을 그만큼 바꿔 타서 천연(天
然)에 이른다는 뜻이다. 이 문단은 그 가운데의 첫 번째 것이
다. '북쪽 바다'란 북녘의 극지와 맞닿은 바다다. 그 바다에서
사는 거대한 물고기가 거대한 새로 변화해 바다 기운이 휘돌
아 움직일[海運] 때 그것을 타기도 하고 몰기도 하여 남쪽의

'천연한 못[天池]'으로 옮겨가려고 한다는 얘기다. 형체상의 변화와 광활한 공간에서의 차원 변경적 이동을 선명하게 보여준다. 거기에 '거대함[大]'과 '변화[化]' 그리고 '북쪽 바다로부터 출발해 구만리 상공으로 비상하였다가 남쪽 바다로 내려앉는 여정'을 담고 있다. 이것들의 상호연관성이 『장자』 전체의 가장 큰 구도에서 일부를 이룬다. 이 여정은 곧 수양의 과정이다. 세 가지 대붕 이야기는 정형적이지 않다. 세부적으로 구도상에서 엇박자를 일으키는가 하면 새로운 개념을 추가해 내용을 확장하기도 한다. 장자는 왜 하나의 이야기로 종합해 간명하게 구성하지 않고 셋으로 나누고 또한 설명을 덧붙이는 방식을 취한 것일까? 언뜻 난삽한 글이라고 느껴질 수도 있겠으나, 이런 변주를 통해 독자에게 충격을 주면서도 여유를 갖게 하는 문학적 창안 속에서 충분한 상상과 모종의 묘미를 불러일으키며 신빙성까지 확보하려는 게 장자의 의도이지 않을까. 그런데 왜 하필 육지 또는 천하(天下)가 아니라 바다와 하늘을 무대로 삼은 것일까? 이들은 천하를 둘러싸거나 덮어주는 동시에 천하를 벗어나는 경계 구역이다. 여기에 세 가지 고민이 내재한다. 각종의 장애로 인한 고뇌의 현실과 자유자재로 노니는 이상적 세계! 안주할 것인가, 벗어날 것인가, 양쪽을 아우르면서 현실을 다른 차원으로 변화시킬 것인가? 이것이 장자 자신의 거대한 철학적 문제의식이다.

이
—

『장자』 첫 편인 「소요유」의 첫째 단락 가운데 첫 번째 문단이다. 첫 번째 단락은 유명한 대붕 이야기로 시작한다. 북쪽 바다에 있는 대붕이 하늘로 비상하여 남쪽 바다로 간다는 대붕 이야기는, 이어지는 두 문단과 함께 세 가지 버전이 계속된다. 첫 번째 문단의 주제어는 '변화[化]'고, 주제문은 '변화해서 새가 된다[化而爲鳥]'이다. 첫 번째 대붕 이야기는 두 가지 특징을 지닌다. 하나는 대붕의 등장이다. 대붕은 그 크기를 가늠할 수 없을 정도로 큰 존재다. 장자는 대붕을 등장시킴으로써 독자의 눈앞에 상식을 뛰어넘는 세계를 펼쳐놓는다. 대붕의 이미지는 이제 막 『장자』를 읽기 시작하는 독자를 순식간에 새롭고 위대한 세계로 이끈다. 다른 하나는 대붕의 탄생 방식이다. '물고기가 변해서 된 새'라는 표현은 대붕이 변화로 탄생한 존재임을 의미한다. '변화'가 아니라면 대붕은 존재할 수 없다. 첫 번째 대붕 이야기는 위대한 존재가 되기 위해서는 먼저 변화해야 한다는 메시지를 전한다.

정

장자가 깨달음의 경지와 단계를 설명하기 위해 차용한 대붕 이야기다. 「소요유」에는 모두 세 가지 버전의 대붕 이야기가 등장한다. 각기 깨달음 혹은 그 깨달음에 이르기 위한 과정의 다른 측면을 드러낸다. 곤과 대붕의 크기는 경이의 감정을 불러일으킨다. 장자는 경이의 체험을 통해 독자의 변화를 유도한다. 경이는 상식의 붕괴를 함의한다. 언어개념으로 직조된 세계와 그런 세계의 모든 기준을 당연시하던 상식이 붕괴하면, 감각기관과 언어개념의 과도한 중앙화 때문에 은폐되었던 기(氣)라는 존재가 드러난다. 곤은 가능성으로서의 기다. 곤은 무한한 가능성을 가지고 있지만 아직 세상과 소통하지 못하는 존재다. 가능성으로서의 곤이 현현하여 대붕이 된다. 대붕이 소요하는 이상향이 따로 존재하지 않는다. 이곳에서는 도착지로 묘사된 천지가 뒤의 다른 버전의 대붕 이야기에서 출발지로 묘사되는 까닭이다.

| 1 | 北冥有魚, 其名爲鯤. 鯤之大, 不知其幾千里也. |

박 '명(冥)'은 깊이를 알 수 없을 정도로 어둡다는 의미를 내포한다. 이 점에서 이것은 내편의 마지막 「응제왕」 제일 끝에 나오는 '혼돈(渾沌)'의 이미지와 수미일관적 관계를 이룬다. '곤(鯤)'은 전통적으로 '물고기 새끼[魚子]'를 뜻하는 글자로 풀이한다. "곤은 물고기 새끼[魚子]이다."라고 한 『이아(爾雅)』 「석어(釋魚)」의 풀이가 대표적이다. 따라서 이것은 인간 존재의 양면성, 즉 인간은 성심에 갇혀 사는 극소적 존재이면서, 동시에 자기 변형[化]을 통해 그 틀을 깨고 전혀 새로운 인격으로 비상할 수 있는 가능성을 지닌 극대적 존재이기도 하다는 점을 복합적으로 나타낸 것으로 볼 수 있다. "곤의 크기는 몇천 리나 되는지 알 수 없다."라는 말은 극소적 존재로서 곤이 함장하고 있는 가능성의 크기에 대한 은유이고, '붕(鵬)'은 그 가능성이 현실화되는 것을 의미한다.

유 '명(冥)'은 명(溟)과 통하는 글자로서 바다[海]를 뜻한다. 이들을 합쳐서 '명해(冥海)' 또는 '명해(溟海)'라고도 쓴다. 초횡(焦竑)은 "명(冥)이란 바다이다. 바닷물이 검은색을 띠는 것을 명(冥)이라 이른다."[16]라고 하였다. 북쪽 바다에서 사는 어떤 물고기의 크기가 상식을 훨씬 초월할 정도로 '큰[大]'데, 그 이름을 곤(鯤)이라고 부른다는 것이 골자다. '곤'은 본래 물고기의 알을 총칭하는 글자라고 한다.[17] 글의 시작에서부터 그런 '곤'을 거대한 존재로 상정하는 데는 장자의 역발상과 상식을 충격적으로 전환하려는 의도가 담겨 있다. 빅뱅 또는 천지가 개벽하는 순간에 어떤 소리가 있었다면, 그것은 아마도 바로 이런 일성(一聲)과 유사한 것이지 않았을까? 그런데 인간으로서의 장자가 인간을 위해 저술을 하였다면, 그 무엇을 말할지라도 그것은 인간의 생활과 연관되는 것일 수밖에 없다. 따라서 여기의 '북쪽 바다'는 장자 당시의 사회적 여건을 비유하는 것이고, 거대한 물고기인 '곤'은 어떤 큰 뜻을 품은 기이한 인물상을 상징하는 것이라고 보아야 한다.[18]

이 '북명(北溟)'은 북쪽 끝에 있는 바다를 말한다. '명(冥)'을 명(溟)으로 쓴 판본도 있다. '곤(鯤)'은 원래 매우 작은 물고기 알이나 치어를 가리키는 글자다. 장자는 곤을 크기를 알 수 없을 정도로 거대한 물고기로 바꿔 썼고, 이로부터 우화가 시작한다.

정 북쪽은 밝은 남쪽에 대해 어두운 지역이고, 바다도 어두운 곳을 가리킨다. 북명은 어두운 지역에 있는 어두운 곳이다. 깊고 어두운 바닷속 물고기의 이름이 곤인 것에는 특별한 함의가 있다. 곤은 아직 성어가 되지 못한 가능성만으로의 존재를 상징한다. 가능성으로서의 존재에 불과하지만, 그것은 매우 크다. 그것 즉, 내 몸 안에 담겨 있는 기를 통해 우주와 공명할 수 있고 그럼으로써 우주가 될 수 있기 때문이다. 기를 지니고 있지만 아직 기를 통해 우주와 공명하는 단계에 이르지는 못한 곤은 경이로운 가능성의 존재다.

2   化而爲鳥, 其名爲鵬.

박
—
'화(化)'는 성심에 갇혀 사는 왜소한 개체가 그 틀을 스스로 깨고 전혀 새로운 인격으로 비상하는 '자아의 변형'을 의미한다. 『장자』 내편의 용례에서 '화'는 기본적으로 하나의 사태가 다른 사태로 이행하는 것을 의미하되 양태적으로는 두 가지 측면으로 나뉜다. 하나는 존재론적 차원에서 하나의 존재가 다른 존재로 근원적으로 '변화(change)'하는 것으로, 이를테면 생명을 가진 존재의 '죽음'이 곧 이에 해당한다. 용례상으로는 「대종사」에 등장하는 자사(子祀)·자려(子輿)·자리(子犁)·자래(子來) 네 사람의 대화와 맹손재(孟孫才)의 일화에 나오는 '화'가 대표적이다. 다른 하나는 수양론적 차원에서 개별 존재자의 내면에서 진행되는 '화'로서, 그의 삶이 근본적으로 다른 양태의 삶으로 '변용(transformation)'되는 경우이다. 여기에 나오는 '화'와 「제물론」의 '나비 꿈[胡蝶夢]' 우화에 나는 '물화(物化)' 그리고 그 연장선상에 있는 「인간세」의 '심재(心齋)' 단락에 나오는 '화' 개념 등이 이에 해당한다. 정리하자면, 하나는 존재자들 사이에서 일어나는 '화'이고, 다른 하나는 개별 존재자 안에서 일어나는 '화'이다. 앞의 것이 존재 차원의 변화라고 한다면, 뒤의 것은 삶 자체의 변용이라고 할 수 있다. '곤'이 '붕'으로 화하는 과정은 이 가운데 후자에 해당한다. 그것은 곤에 내포되어 있는 극대적 측면이 자기 변형의 과정을 거쳐 실제로 구현된 상태이다.

유 거대한 물고기가 변화하여[化] 거대한 새로 되었다. '하늘로 날아오르는' 존재로 변화하였다는 것이 핵심이다. 에셔(Maurits Cornelis Escher: 1898~1972)의 두 판화인 〈하늘과 물(Sky and Water)(1938)〉을 연상케 한다. 이 두 번째의 역발상과 전환인 '변화' 개념은 『장자』에서 '물화(物化)'와 함께 큰 의미를 지닌다. 다음으로 유념할 것은, 어째서 인간이 아닌 상상의 거대한 물고기와 새를 주인공으로 삼았는가이다. 이 우화에서 이들 존재는 단연코 '자유로움'을 상징한다. 고대인의 생활 여건에서 장애를 일으키는 대표적인 것이 넓고 깊은 물과 높고 험준한 산이었음은 주지의 사실이다. 그 일상인들이 보기에, 이런 것들이 장애물로써 작용하지 못하는 존재는 큰 물고기와 큰 새였다. '꿈속에서 새로 되기도 하고 물고기로 되기도 한다.'[19]라는 식의 이야기는 이런 것에 대한 염원의 반영일 터다. 그런데 장자는 대곤의 모습을 그대로 유지할 게 아니라 대붕으로 변화하는 삶을 살아야 한다고 주문한다. 대붕은 일상인의 상상을 넘어서는 차원에 있는 절대적 자유의 세계를 지향하는 것의 상징물이다. 여기에서 이미 '소요유'가 담고 있는 의미가 무엇일지를 어느 정도 짐작하게 된다.

이 대붕은 물고기가 변해서 된 새임을 말했다. 변화해야 위대한 존재가 될 수 있다는 것에 대한 은유다.

정 곤이라는 잠재태적 존재가 현실태적 존재로 바뀌는 과정을 보여준다. 가능성으로서의 물고기가 새가 되는 것은 질적으로 다른 존재가 된다는 것을 암시한다. 우리는 소통의 방식 즉, 인지방식을 바꿈으로써 질적으로 다른 존재가 된다. 감각 기관과 마음을 통한 소통에서 몸과 기(氣)를 통한 소통으로 바뀌었다.

3 鵬之背, 不知其幾千里也. 怒而飛, 其翼若垂天之雲.

박 스스로 성심을 해체하고 자아의 변형을 이루었을 때 향유될 수 있는 삶의 모습을 '크기[大]'의 면에서 그 압도적 스케일을 묘사한 것이다. '노(怒)'는 그 의미를 '힘쓰다[勉]'는 뜻으로 새긴 『광아(廣雅)』「석고(釋詁)」의 풀이를 참고하여, '힘껏' 또는 문맥적 뉘앙스를 살려 여기서처럼 '솟구쳐' 정도로 옮기면 무방하다.

유 '노(怒)'는 '떨쳐 일어남'이라는 의미, 즉 스스로 온 힘을 다해 바다에서 솟구쳐 오르는 상태를 뜻한다. 고공으로 날아오른 상태에서의 대붕의 날개는 마치 하늘에 떠 있는 구름처럼 드리운다. 어찌 보면 장자가 출연시킨 대붕은 구름의 수많은 종류 중에서도 '거대한 뭉게구름'을 이상화한 것일 수 있다. 무엇엔가 달라붙어 있지도 않고 묶이거나 매달려 있지도 않은 채 수시로 형태를 바꾸면서 유유히 흘러가는 모습을 보는 것만으로도 자유로움이 어떤 것일지를 직관하게 된다. 이후로 이러한 의미가 『장자』 전편에서 '풀려남[釋]'·'해체[解]'·

'잊음[忘]'·'도외시함[外]' 등의 과정과 상태로 전개된다.

이 대붕의 크기를 묘사한 구절이다. 대붕의 크기는, 바다에서 날아오를 때 그 날개가 하늘을 뒤덮은 구름처럼 보일 정도로 거대하다는 것이다. 왕수민(王叔岷)에 따르면 '노(怒)'는 노(努)이니, '힘쓰다', '떨쳐 일어나다'이다. '노'자에 주목하면 '노이비(怒而飛)'는 특별한 노력, 이를테면 수양이 요구된다는 의미로 읽을 수 있다.

정 붕은 가능성을 구현하는 존재요, 대붕의 비행은 그런 가능성이 구현된 상태다. 가능성의 실현은 일순간에 이뤄지지 않는다. '노(怒)'는 분발심이다. 자신과 타인에 대한 부끄러움, 자신에 대한 실망감과 분노, 그리고 이 모든 사태에도 불구하고 좌절하지 않고 앞으로 나가야겠다는 즉, 자신을 고양시켜야겠다는 수행자의 굳은 의지를 상징한다. 그러한 노여움이 없다면 자신의 변화를 이끌어낼 수 없고, 가능성은 인식조차 되지 못한다. 곤은 컴컴한 바닷속에서 존재하지 않는 존재에 그치게 된다. '노하여 날아 오르다'로 번역하는 것이 더 적절하다.

---

4 是鳥也, 海運則將徙於南冥. 南冥者, 天池也.

박 '해운(海運)'은 바닷물이 크게 출렁인다는 뜻으로, '대풍(大風)'에 대한 은유이다. 대풍은 붕의 비상을 가능하게 하는 자아의 변형, 즉 수양론적 깊이와 관련된다. '남명'은 '북명'과 방향은 다르되 탈속이 아니라 입세적(入世的)이라는 측면에

서는 그 지평을 함께하는 공간이다. 따라서 이것은 대붕의 비상은 현실의 삶의 공간을 벗어난 초월적 장소를 지향하는 것이 아니라 궁극적으로 그 현실로 다시 회귀하는 것임을 암시한다. 이 점은 뒤에 나오는 탕(湯)과 극(棘)의 문답에서 북명도 남명과 같은 '천지(天池)'라고 말하고 있는 데에서 잘 드러난다.

유
—

대붕은 높은 산을 훨씬 넘어서는 구만리 위의 하늘과 남쪽의 천연한 못[호수]으로 걸림 없이 여행하는 것을 지향한다. '해운(海運)'은 다음 문단에서 '유월식(六月息)'으로 구체화되는데, 이 바람은 회오리 형태로 상승하는 것을 특징으로 한다. 이것이 뒤에서는 또 '부요(扶搖)'·'양각(羊角)'으로도 불리면서 그 모습이 다채롭게 묘사된다. 그 의미가 그만큼 심대하기 때문이다. 대붕은 물속에서 스스로 온 힘을 다해 솟구쳐 올라 날개를 편 후에는 이 회오리바람을 그냥 타기만 한다. 이것은 「제물론」에서의 '천균(天鈞)'·'도추(道樞)·환중(環中)'을 연상하게 만드는 표현으로서, 세 번째의 역발상과 전환이다. 그런데 이렇게 하는 것은 위험천만한 일, 목숨을 건 아찔한 일이다. 상식적 관점에서 일반적인 횡적 바람도 아닌 거대한 회오리바람 속으로 뛰어드는 것은 죽음을 자초하는 일이다. 이런 비장한 일을 스스럼없이 주문하는 장자의 글은 광언(狂言)으로 평가되기도 한다. 작은 존재들이 이렇게밖에 평가할 수 없는 것에 대해 장자는 비애의 심정을 갖는다. 궁극의 목적지인 '남쪽의 바다[南冥]'를 다시 '천지(天池)'라고 불렀는데, 여기서 '명(冥, 즉 海)'을 굳이 '지(池)'로 바꾼 것은 명경지수(明鏡止水)의 경지를 암시하기 위함일 것이다.

이 '시(是)'는 '이것'이다. '해운'은 바닷물이 출렁인다는 말이니, 바람이 분다는 뜻이다. '남명'은 남쪽 끝에 있는 바다다. 대붕은 바람이 불면 남쪽 바다로 가려고 한다. '천지'는 천연(天然)의 바다. 천연은 『노자』에 보이는 '자연(自然)'에 해당하는 『장자』의 개념이다. '대붕이 남명으로 갈 것'이라는 표현은 위대한 존재가 천연의 경지에 이르게 될 것이라는 은유이다.

정 바다의 움직임은 큰 바람을 함의한다. 큰 바람을 타고 대붕은 남쪽 바다로 향한다. 분발심을 일으켜 높은 경지에 도달함으로써 수행자의 일차적 목적은 완성되었다. 그 뒤에도 자전거가 쓰러지지 않게 하기 위해 페달을 밟아야 하는 것처럼, 끝없는 노력이 필요하기는 하지만 성스러운 경지에 올랐다는 것은 틀림없다. 일단 경지에 올랐으므로 그 뒤의 비행은 소요다. 소요는 목적지 없는 나들이와 같다. 목적지는 소요와 어울리지 않는다. 남명은 북명의 이칭이다. 경지에 올랐던 수행자가 하강하여 이르는 속세일 뿐 상향해서 나아가야 하는 목적지가 아니다.

대붕, 날아오르다

齊諧者, 志怪者也. 諧之言曰, "鵬之徙於南冥也, 水擊三千里, 摶扶搖
而上者九萬里, 去以六月息者也." 野馬也, 塵埃也, 生物之以息相吹
也. 天之蒼蒼, 其正色邪? 其遠而無所至極邪? 其視下也, 亦若是則
已矣.

· 번역 ·

『제해』는 괴이한 일을 기록한 책이다.『제해』의 말에 "붕새가 남쪽 바다
로 옮겨 갈 때는 물보라를 삼천리나 튀기고 회오리바람을 타고 구만리
를 올라 유월의 바람을 타고 간다."고 했다. 아지랑이와 먼지는 생물들
이 숨으로 불어대는 것이다. 하늘의 푸르디푸름이 진정한 색인가? 아니
면 멀어서 그 끝에 이를 수 없기 때문인가? 붕새가 아래를 내려다볼 때
도 이와 같을 따름이다.

박

남명으로 향하는 붕의 여정을 좀더 상세히 묘사하면서, 붕이 도달하고자 하는 남명이 현세를 벗어난 탈속적 공간이 아님을 말하고 있다. 장자가 지향하는 '소요유'의 경지가 결코 현실을 벗어나는 것이 아님을 분명히 하고 있는 문단이다.

유

두 번째 대붕 이야기에서는『제해』에 들어 있는 구절을 인용하는 방식을 취함으로써 장자 자신의 견해에 권위를 세우고자 한다. 이것이 '중언(重言)' 방식의 글쓰기다. 그러고선 인용구의 내용과 대비되는 비근한 것이기는 하지만 인간사가 아닌 사례를 장자 스스로 제시한다. 이것은 '우언(寓言)' 방식으로 되어 있다. 앞단락의 내용과 차이점을 갖는 것은, 대붕이 구만리 위의 하늘에 올랐을 때의 '관점'이 어떻게 전환될 수 있는가를 제시하는 데 있다. 대곤이 대붕으로 형체상에서 변화하는 것을 넘어, 이제는 대붕의 '관점'이 어떻게 전환되는가에 주안점을 두는 것이다. 이로써 장자는 현실을 변화시키는 데서 관점의 전환이 얼마나 중요한가를 간명하게 제시하는데, 이것이 '치언(卮言)' 방식으로 얘기된다. 이는 네 번째의 역발상이자 '대전환점'을 말하는 것이다.『장자』의 두 번째 편인 「제물론」에서는 관점의 전환 문제를 집중적으로 논의한다. 그리고 「추수」에서는 관점들의 종류와 수준 차이가 어떠한지를 조곤조곤 거론한다. 형체상의 변화와 광활한 공간에서의 거대한 이동이라는 것도, 궁극적으로는 관점에서 전환을 일으키는 것을 통해 현실을 온전한 상태로 전변시키는 것을 목적으로 한다. 요컨대 관점의 획기적인 상승 전환이 관건이다.

이 두 번째 대붕 이야기의 문단 가운데 첫 번째 문단이다. 주제어는 비상[上]이고, 주제문은 "구만리를 날아오르다[上者九萬里]"이다. 첫 번째 문단의 내용은 두 가지다. 하나는 대붕이 날아오르는 높이가 땅에 붙어서 떠다니는 아지랑이나 먼지와는 현격한 차이가 있다는 것이고, 다른 하나는 대붕이 높이 나는 이유는 막힘 없이 바람을 타기 위해서라는 것이다. 걸림 없는 존재가 되기 위해서는 일상을 까마득히 뛰어넘는 과정이 필요하다는 메시지를 전하고 있다.

정 「소요유」 편에 나오는 두 번째 대붕 이야기로, 깨달은 존재와 그렇지 않은 존재의 차이에 관해 말한다. 색은 어떤 존재가 보는가에 따라 다르게 보일 수 있다. 주관적 성질이기 때문이다. 길이나 폭과는 다르다. 장자가 색을 예거한 이유가 여기에 있다. 보는 이가 누구인가에 따라 달라질 수 있다. 이러한 이유로 색 등의 체험에는 언어의 구성력이 강하게 영향을 미친다. 자신이 특정한 언어체계에 구애되어 있음을 알지 못하는 이들은 하늘이 푸르다고 주장한다. 더 미세하게 색을 구분하는 언어개념을 지니고 있는 이들은 다르게 규정할 것이다. 장자는 당연시하던 앎을 회의하게 만든다. 대붕은 언어적 구속력을 자각하고 그로부터 벗어난 존재다. 당연히 명적 체계에 구애됨이 없어야 한다.

1 齊諧者, 志怪者也.

박 ‘제해(齊諧)’에 대해서는 예로부터 두 가지 의견이 있다. 하나
는 사람 이름으로 보는 것이고, 다른 하나는 책 이름으로 보
는 것이다. 사람 이름으로 보는 입장은 유월(兪樾)의 『제자평
의(諸子評議)·장자평의(莊子平議)』의 시각이 대표적이다. 유
월은 뒤에 ‘해의 말에 이르기를[諧之言曰]’이라는 표현이 있
고, 또 ‘제해’라고 하지 않고 ‘해’라고만 한 것을 근거로 든다.
앞에 나왔기 때문에 뒤에서는 성은 빼고 이름만 지칭했다는
뜻이다. 책 이름으로 보는 견해도 두 가지로 나뉜다. ‘제해’ 자
체를 책 이름으로 보는 것과 ‘제’를 나라 이름으로 보고 ‘해’를
책 이름으로 보아 ‘제나라의 해라는 책’으로 풀이하는 것이
그것이다. 이들 주장은 모두 나름대로 일리가 있어 어느 설이
맞다고 딱히 단정하기는 어렵다. 단, 책 이름으로 볼 경우, 앞
에서는 ‘제해’라고 하고 뒤에서는 ‘해’라고만 한 것을 감안할
때, 후자가 더 합리적으로 보인다. ‘지(志)’는 ‘지(誌)’의 의미
로 ‘기록하다’는 뜻이다.

유 『제해』의 특징은 기이한 일들을 기록한 것이라는 점에 있다.
장자가 이 책을 거론한 것은, 상식적 차원을 넘어서는 세계를
말하는 것이 자기만의 주관이 아니라는 점을 보여주기 위함
이다. 그런데 이는 『제해』의 권위를 빌리는 것이므로, 장자가

여기서 인용한 글은 '중언'에 해당한다. 장자의 글쓰기 방식 이라고 이해되는 우언·중언·치언의 의미에 관해서는 『장자』 가운데의 「우언」 및 「천하」·「제물론」의 해당 내용을 미리 참고할 수 있다. 만일 『제해』가 실재했던 것이라면, 여기의 '제(齊)'를 제나라를 가리키는 말로 보는 것이 합당할 듯하다. 맹자가 말한 "제나라 동쪽 변방 사람들의 말"[20]이 이런 부류일 수 있다. 제나라의 바닷가에 사는 사람들은 '현원한 생각 [玄想]'을 많이 하고 허탄(虛誕)한 말을 많이 하였다. 추연(鄒衍)의 무리가 대구주(大九州)를 말한 까닭도 이런 데에 있다.[21] 그런데 이 책이 실재했던 것이든 아니면 장자가 꾸며낸 가상의 책이든, '제해(齊諧)'라는 단어가 『장자』 내에서는 중의성 (重義性)을 가질 수 있다는 점도 고려할 필요가 있다. 『장자』 전체에서 '해(諧)' 자는 여기서 단 한 번 사용되었지만, '제(齊)' 자는 「제물론(齊物論)」이라는 하나의 편과 관련하여 매우 중요한 개념으로 사용될 뿐 아니라 '심제(心齊[齋])'의 의미로도 사용된다. 무엇보다도 이 문단의 마지막 구절에서 장자가 '제물(齊物)' 관점을 제시하고 있다는 점은 의미심장하다.

이 ── 성현영(成玄英)에 따르면 '제해'는 사람 이름이다. '제'는 성이고, '해'가 이름이다. 책 이름을 말하기도 한다고 하였다. 차오츄지(曹礎基)에 따르면 '제해'는 제(齊)나라의 책 이름이다. 익살스럽고 기이한 내용이 많아서 '제해'라고 하였다. 지(志)는 '기록하다[誌]'다.

정 ── 제해는 책명이요, 인명이며, 또 다른 무엇이기도 하다. 풍부한 함의를 선호하는 장자의 성향을 고려했을 때, 중의적으로 사용했을 가능성이 높다. 제나라는 바닷가에 접해 있으므로 상상력이 넘쳤던 곳이다. 고대 중국의 마법사요, 의사이며 연단술사였던 방사의 문화가 유행한 연나라와 인접해 있기도 했다. 제해는 이런 점들이 고려된 명칭이다.

2 諧之言曰, 鵬之徙於南冥也, 水擊三千里, 搏扶搖而上者九萬里, 去以六月息者也.

박 성심을 해체하는 과정의 어려움을 붕이 날아오는 것의 어려움으로 비유한 것이다. '거이유(육)월식자(去以六月息者)'는 두 가지 풀이가 있다. 첫째는 '6개월 동안 날아가 쉰다'고 해석하는 것이다. 곽상과 성현영이 대표적이다. 붕은 큰 새이므로 한 번 날아가는 데 반년이 걸리고 그런 뒤에야 비로소 쉰다는 풀이이다.(이때는 '六'이 개월 수를 나타내므로 '육'으로 독음해야 한다.) 김충열도 장자철학은 정체대원(整體大圓)을 추구하는 구조이기 때문에 붕이 북명으로부터 구만리를 날아올라 최고의 경지(그는 이를 '寥天一處'라는 말로 표현한다.)까지 도달하는 기간과 이로부터 다시 남명으로 날아가는 기간을 각각 6개월으로 보아야 하며, 이에 따라 '식(息)' 또한 '(6개월을 날아가) 쉰다'는 의미로 해석해야 한다고 말한다. 그래야만 모든 것이 완결된 '1년'이라는 대원(大圓)이 이루어지기 때문이다.[22] 둘째는 감산(憨山)이나 선영(宣穎)처럼 '유월의 바람

(계절풍)을 타고 날아간다'라고 새기는 것이다. 6월은 양(陽)의 기운이 활발해지는 계절이므로 자연스럽게 바람의 크기가 강해진다는 점에 의거한 해석이다. 관건은 '식(息)'을 어떻게 새기느냐인데, 앞의 풀이는 '쉬다'는 의미로 보는 것이고, 뒤의 경우는 '숨쉬다'는 뜻으로 보고(宣穎) 이로부터 '바람'이라는 의미를 끌어낸 것이다.[23] 바로 뒤에 이어지는 구절인 '생물지이식상취야(生物之以息相吹也)'와의 호응을 고려한다면 후자가 더 낫다. 이웃하는 구절에 함께 들어 있는 같은 단어가 서로 다른 뜻으로 쓰이는 경우는 저자의 특별한 의도가 들어가 있는 경우가 아닌 한 일상적이지 않는데, 여기서는 문맥상 그 '특별한 의도'가 딱히 눈에 띄지 않는다. 한편, '수격삼천리(水擊三千里)'는 지금처럼 '물보라를 삼천리나 튀기고'라고 옮기는 것보다 '물을 삼천리를 차고 나가'라고 하는 것이 더 매끄럽다. 덩치가 큰 물새일수록 날아오를 때 물을 차고 나가는 거리가 먼 것을 생각하면 된다.

유
—

'수격(水擊)'은 바닷물의 격랑(激浪), 즉 거대한 파도를 뜻한다. 『장자』의 다른 편에 거대한 물고기가 솟아오르는 모습을 묘사한 것이 있다. "거대한 물고기가 솟구쳐 오르면서 등지느러미를 떨치는데, 흰 파도가 산처럼 일고 바닷물이 뒤집히듯 세차게 요동친다."[24] 물고기이든 물고기가 변화한 새이든, 거대한 몸집을 가진 존재가 물속에서 솟구쳐 오를 때의 모습은 크게 다르지 않을 것이다. '단부요(摶扶搖)'에서의 단(摶)은 '둥글게 하다 · 뭉치다 · 엉기다'의 뜻이다. 이는 둥글게 휘

말아 올라가는 회오리바람에 대응하여 나래짓을 하는 게 아니라, 날개를 펴고서 그냥 회오리바람을 타기만 하는 모습[應待]을 묘사한 말이다. 대붕을 구만리 상공으로 떠올리는 외적 역량은 어디까지나 회오리바람이다. '유월식(六月息)'은 앞문단에서 '해운(海運)'이라고 한 것이 더 구체적으로 표현된 말이다. 여기의 '식(息)'은 대비되는 다음 구절[生物之以息相吹]의 내용에 맞추어 일관되게 해석되어야 한다. 다음 구절의 '식(息)'이 '쉬다 · 그치다'라는 의미가 아니라 '숨결 또는 입김[氣息]'을 뜻한다는 점은 명확하다. 『설문해자(說文解字)』에서 "식(息)은 숨 · 호흡[喘]이다."라고 한 것과 같은 의미이다. 「제물론」에서는 "저 대지가 토해내는 숨결, 그것의 명칭이 바람이다."[23]라고 하였다. 바다가 일으키는 바람[六月息], 생물들이 내뿜는 입김[息], 대지가 토해내는 숨결[噫氣]은 '바람'이라는 점에서 일치하지만, 그 크기와 역량에는 큰 차이가 있는 것들이다.[25] 「대종사」에서는 일반인들의 숨쉬기와 진인(眞人)의 숨쉬기가 현격히 다르다는 점도 말한다.[26] 바닷물에 잠겨 있던 대붕은 몸을 솟구치며 날개를 펼칠 때 바다 전체를 출렁이게 만들어 사방으로 삼천리나 퍼져가는 격랑을 일으킨다. 그 격랑이 남쪽의 바다에까지 대붕보다 먼저 퍼져갈 것이다. 거대한 몸집을 지닌 자가 요동하면 온 세상에 그만한 파동을 일으킨다는 전조이자 전령의 뜻이다. 이제 대붕은 활주하는 과정을 거치지 않고, 곧바로 회오리바람을 끌어안듯이 타고 선회하면서 수직으로 구만리 위의 하늘로 올라간다. 이는 오늘날의 거대한 비행기가 활주를 통해 비상하는 방식과는 현격히 다른 것이다. '부요(扶搖)'가 '표(飆)'로서 수직으로 올라가는 회오리바람을 뜻한다는 점이 중요하다. 이는 2차원의 수평적 날아다님이 아니라 3차원의 입체적 고양인 '날아오름'이다. 육지인 천하 내의 한 구역에서 고작 인위적이고 한정적인 작용을 하는 한 방향으로 쓸어넘김의 국풍(國風)이 아니라, 천하 전체를 정화할 수 있을 북쪽 경계 지역의 거센 해풍으로서의 회오리바람이다. 대자연의 저절로 그러한 역량인 해풍을 자신의 날개로 끌어안듯이 타고서 수직으로 상승하는 대붕은 거대한 날개를 요란스레 퍼덕이지 않는다. 그는 날개를 펴고서 균형[天均]을 잡는 것만으로도 고도의 상승을 이뤄낸다. 『장자』에서 반복적으로 중시되는 '순(循)·순(順)'·'승(乘)'·'어(御)'·'부(浮)' 등의 의미를 인용문을 통해 미리 던져놓은 것이다.

이
'수격(水擊)'은 대붕이 비상할 때, 날갯짓으로 일어나는 물보라를 말한다. 사마표(司馬彪)에 따르면 '단'은 '빙빙 돌다'고, '부요'는 위로 부는 바람이다. '단부요'는 대붕이 회오리바람처럼 선회하면서 비상하는 모습이다. '구만리'는 대붕이 극한까지 날아오름을 상징한다. 우실하에 따르면 9는 완성을 상징하는 완성수다. '유월(六月)'은 여섯 달을 말한다. '여섯 달을 날아가서 쉰다'는 표현은 새로운 세계로의 여정이 매우 어려울 것임을 암시한다.

정
수행자의 삶이 고된 것처럼 대붕의 비행도 무척 힘이 든다.

장자는 그것을 삼천리나 물보라를 일으키고 구만리나 올라간다고 표현하고 있다. 유월식은 생물이 숨으로 불어댄다고 할 때의 숨과 호응해야 한다. 바람이라고 해석하는 것이 적절하다. 앞문단의 해운(海運)이 큰 바람에 의해 바다가 움직이는 것을 묘사한다고 하면, 그에 대응하는 의미로 해석되어야 한다. 따라서 상승을 위한 회오리바람이 아니라, 이동을 위한 바람이다.

3　野馬也, 塵埃也, 生物之以息相吹也.

박　'야마(野馬)'는 아지랑이다. 말들이 들판을 달릴 때 피어오르는 먼지의 이미지를 차용하였다. 보기에 따라 이 구문은 문맥상 앞뒤 내용과 연결이 매끄럽지 않은 면이 있다. 이 때문에 그레이엄(A.C. Graham)은 후대의 주석이 본문에 잘못 끼어든 착간(錯簡)으로 보기도 한다.[27] 하지만 여기서의 '식(息)'을 앞의 '거이유월식자야(去以六月息者也)의 경우와 일관되게 '호흡', 즉 '숨쉬다'는 뜻으로 새기면, '생물지이식상취야(生物之以息相吹也)'는 "생물들이 숨결로써 서로 뿜어댄다."라는 의미가 된다. 그렇다면 붕의 비상에 필수적인 '바람'에 대한 은유적인 연관성은 물론이고, "천하를 통틀어 하나의 기가 있을 뿐이다[通天下一氣耳]."[28]라고 한 장자의 기화론(氣化論)적 세계관과도 연결시켜 생각할 수 있다.

유　조선시대의 박세당(朴世堂)은 "아지랑이와 티끌은 가볍고 미세하기가 지극한 까닭에 입김에도 불리어 날 수 있다."[29]라고 이해하였다. 장자는 대붕의 거대한 역량에 극도로 대비되는 지극히 작은 존재들의 사례를 우언 방식으로 제시하여 대붕의 일이 어떤 것일지를 비교를 통해 상상해보도록 하였다. 여기서 생물들이 내뿜는 입김[息]은 바다가 유월에 일으키는 거대한 바람[六月息]과 그 역량에서 현격한 차이를 갖는다. 이런 차이가 뒤에서 '소대지변(小大之辯)'으로 정리될 것이다. 생활세계 주변의 가물가물한 아지랑이와 티끌들이 좁은 공중에서 시도 없이 휘뚝거리며 떠도는 현상은, 작은 생물들이 입김으로 서로를 향해 일방으로 불어대는 것에 의지하고 휘둘린 것이다. 사람들은 이런 현상을 수시로 보고 있음에도 자신들의 열망과 추구가 바로 이런 수준에 갇힌 것이라는 사실을 깨닫지 못하고 있다. 아지랑이와 티끌들은 뒤에서 얘기하는 매미·산비둘기·메추라기·뱁새 등의 역량 수준, 심지어 요임금이나 일반 관료들, 견오(肩吾)와 혜자(惠子, 즉 蓬之心) 및 숙(儵)과 홀(忽)의 재빠른 간지(奸智)를 암시한다. 작은 생물들의 입김에 반해 역량이 월등한 해풍은 숨을 헐떡이지 않는다. 말도 없다. 소리를 지르는 일은 더구나 하지 않는다. 그것을 타는 대붕 또한 휘뚝대지 않고 그 누구를 비웃는 일도 없이 항상 균형을 잡을 따름이다.

이 '야마'는 아지랑이고, '진애'는 먼지와 작은 흙먼지이다. 아지랑이나 먼지는 땅바닥 가까이에서 떠다니는 것들이다. 장자는 대붕이 비상하는 높이를 부각시키기 위해 아지랑이와 먼지를 대비시켰다. 아지랑이와 먼지는 하찮은 세계에 매여 있는 존재를 상징한다.

정 야마와 진애는 뒤에 나오는 메추라기 등이 살아가는 낮은 허공을 상징한다. 뒤의 푸른 하늘과 대비된다.

---

4 天之蒼蒼, 其正色邪? 其遠而無所至極邪? 其視下也, 亦若是則已矣.

박 붕이 구만리 상공을 날아올라 가는 곳이 다른 세계가 아니라 떠나고자 했던 그 세계임을 가장 뚜렷이 암시하는 구문이다. 이것을 보여주는 장치는 두 가지이다. 하나는 출발지인 북명과 도착지인 남명이 똑같이 '천지(天池)'라고 불린다는 점이다. 앞서 말했듯이, 이 단락 둘째 문단의 '탕지문극(湯之問棘)' 구문에서는 이점을 분명히 하여 "불모의 땅 북쪽에 검푸른 바다가 있으니 천연의 못이다."라고 하고 있다. 다른 하나는 "하늘의 푸르디푸름이 진정한 색인가? 아니면 멀어서 그 끝에 이를 수 없기 때문인가? 붕새가 아래를 내려다볼 때도 이와 같을 따름이다."라고 하는 구절이다. 특히 후자는 우리가 그리는 이상적 삶은 현실의 삶이 겪는 고통에 반비례하여 그 순도(純度)를 더하지만, 막상 성심을 해체하고 그곳에 도달하고 보면 그렇게 벗어나고자 했던 현실 세계가 바로 그 이상세계임을 알게 된다는 것을 말한다. 여기서는 이점을 '~일 뿐이다/ ~일 따름이다'는 뜻을 지닌 '즉이의(則已矣)'라는 단정형

종결어미를 씀으로써 한층 강조한다. 장자는 자신이 그리는 소요유의 경지가 결코 인간세를 떠나서 이루어지는 것이 아님을 서두에서부터 이미 명확히 하고 있는 것이다.

장자 이전에 '유유창천(悠悠蒼天)'[30]이라고 표현한 것이 있기는 하다. 이는 단지 아득히 끝이 없는 새파란 하늘이라는 뜻이다. 별다른 철학적 의미를 담은 말이 아니다. 지상에서 낮게 바라보는 하늘은 그때그때 다양한 빛깔을 띤다. 상식 세계의 사람들은 자기의 욕망과 취향 추구에 따라 낮은 하늘의 다양한 빛깔들에 집착하고 자기 안목을 스스로 제한한다. 하지만 장자의 '천지창창(天之蒼蒼)'은 구름·안개·이내·노을 등이 없는 맑은 하늘이 새파랗게만 보이는 것을 뜻한다. 그러면 취향 추구의 대상이 사라진, 장애물이 없는 이런 상태에서 보이는 빛깔이 하늘만의 고유하게 고정된 색깔[正色]일까? 장자의 관심은 여기에 있지 않다. 그렇기에 그는 대체 누가 '정해진 처소[正處]', '정해진 맛[正味]', '정해진 배우자[正色]'라는 것을 알 수 있겠느냐고 반문하기도 한다.[31] 장자는 하늘의 새파란 빛깔을 바라볼 때 하늘이 멀고도 멀어 끝이 없다는 실상을 언뜻 알 수 있지 않느냐라고 단정하지 않고 반문한다. 그 끝이 없는 하늘이라는 차원에서, 즉 거꾸로 구만리 위의 하늘에서 아래의 이곳을 내려다볼 때도 지상의 잡다한 빛깔들이 '하나의 새파란 빛깔'로만 보이지 않겠느냐는 것이다. '지상의 잡다한 색깔들 역시 하나의 새파란 빛깔일 수 있다.' 바로 이것이 장자의 독특한 사유이자 대붕의 대지적(大知的)

유
—

관점이다. '하늘의 새파란 빛깔'이란 무궁하게 열린 세계의 단 하나의 통관적인 '빛깔 아닌 빛깔'을 의미한다. 이런 세계를 '무소지극(無所至極)'이라고 표현한 것인데, 뒤에서는 이 것을 '무궁(無窮)'·'무극(無極)'이라고도 부른다. 여기에서 특정한 빛깔들은 스러지고 '하나됨[爲一]'이 탄생한다. 이 하나의 세계에 동참하는 것이 바로 '노닒의 경지[遊]'이다. 이렇게 이해할 때, "역시 이와 같을 따름이다[亦若是則已矣]."는 '제해 (齊諧)'라는 글자의 실제 의미를 담고 있는 말이 된다. 이는 겨우 만물의 상대성을 말하는 게 아니라 그것들의 평등성[齊]과 고르게 조화됨[諧; 和之以天倪], 곧 '하나임'을 의미한다. 장자에게서 사물의 상대성을 인식함은 그 자체로 이미 상대성 차원을 거듭해 넘어서는 시발점이다. 왜냐하면 '하나'는 무궁한 세계에서의 끊임없는 변화를 바탕으로 하는 것이기 때문이다. 이런 세계에서의 관점의 상승적 전환, 즉 무궁한 세계의 존재자들을 있는 그대로 바라볼 수 있는 데까지 이른 관점인 대지[大知 즉 以道觀之]에는 장자의 제물 논리가 스며 있다. 이것이 이른바 '쓸모없음의 큰 쓸모[無用之大用]'라는 역발상의 원천이기도 하다. 제해는 '북쪽의 바다'라는 질곡의 현실을 벗어난 남쪽의 바다, 곧 천연의 못[호수]이라는 이상적 세계에서의 소요유적인 생활을 할 수 있는 근거이다. 대곤이 그 모습 그대로인 채로 북쪽 바다로부터 남쪽 바다로 곧장 종단해가지 않고 애써 대붕으로 변화하여 고공의 하늘로 상승한 후 남쪽의 바다로 내려앉는 과정을 거쳐야만 하는 이유는 대체 무엇일까? 장자는 그에게 무슨 역할을 맡긴 것일까? 기이하고도 기이한 대붕의 존재 이유는 무엇인가? 그 이유와 역할에 전적으로 관점의 전환, 즉 '제물 관점'이 자리 잡고 있다. 그러고 보면 대곤이 아니라 대붕이어야만 소요유의 주체가 될 수 있다. 이것이 대붕 이야기 전체의 관건이요 관절이다.

이 ― 여기서 말하려는 것은 하늘의 빛깔이 아니라, 하늘의 까마득한 높이다. 대붕이 땅으로부터 하늘 높이 날아오름을 말한 구절이다. 하늘에서 내려다봐도 까마득히 멀다는 것은 위대한 존재가 다다른 높은 경지의 비유다.

정 ― 무지개 일곱색이라고 하지만, 모든 문화권에서 무지개의 색깔을 일곱 개로 인지하는 것은 아니다. 지각은 언어로부터 많은 영향을 받는다. 특정한 색의 이름이 있는 문화권에서는 그런 색을 체험하지만 다른 문화권에서는 그렇지 못하다. 장자는 언어의 구성력에 몹시 비판적이다. 창창하다고 명명된 저 하늘빛이 본래의 빛이냐고 장자는 묻는다. 기를 통해 세계와 공명하는 대붕은 언어의 구성력에 구애되지 않는다. 따라서 아래를 보는 대붕의 시선은 이와 달라야 한다. '역약시즉이의(亦若是則已矣)'는 그런데도 여전히 언어에 구애된다면 그에게는 더 이상 기대할 것이 없다는 뜻이다.

·원문3·

비상의 조건

且夫水之積也不厚, 則其負大舟也無力. 覆杯水於坳堂之上, 則芥爲之舟, 置杯焉則膠, 水淺而舟大也. 風之積也不厚, 則其負大翼也無力. 故九萬里, 則風斯在下矣. 而後乃今培風, 背負靑天而莫之夭閼者, 而後乃今將圖南.

·번역·

물이 두터이 쌓이지 않으면 큰 배를 실을 힘이 없다. 대청의 오목한 곳에 물을 한 잔 부으면 지푸라기는 배가 될 수 있지만 술잔을 놓으면 바닥에 붙어버린다. 물은 얕고 배는 크기 때문이다. 바람이 두터이 쌓이지 않으면 큰 날개를 실을 힘이 없다. 그러므로 구만리를 날아올라 바람이 아래에 있게 된 후에야 바람을 탄다. 짙푸른 하늘을 등지고 막을 것이 없어진 뒤라야 비로소 남쪽으로 날아가려 한다.

박 '곤'이 '붕'으로 화하는 자아의 변형 과정이 얼마나 어렵고 지난한 과정인가를 물과 바람의 경우를 통해 비유하고 있다. 여기까지가 「소요유」 첫째 단락의 첫째 문단이다.

유 장자의 이야기는 여기서 인간 세상과 관련되는 것으로 접어들고 있다. 외적·내적 역량을 갖추는 것의 중요성을 비근한 대체적 예를 비유로 들어 친절하게 설명한다. '거대함[大]'의 의미를 '물의 쌓임이 두터움', '바람의 쌓임이 두터움'이라는 것들의 기능을 통해 음미할 수 있도록 하는 것이다. 이로써 대붕의 거대한 날개를 떠받칠 수 있는 외적 역량에 관해 충분히 설명하였다고 할 수 있다. 하지만 우주적 삶의 차원에서는 거대한 외적 역량만이 아니라, 거시적인 내적 관점까지 가져야만 자유로운 삶을 살 수 있다. 여기서 장자 스스로『장자』의 독해 방향을 잡아주고 있기도 하다. 외적·내적 역량을 갖추고서 차원 변경의 방향을 잡아 실행해야 한다는 것이다.

이 두 번째 대붕 이야기의 두 번째 문단이다. 대붕이 구만리나 날아오르는 이유를 설명하였다. 주제어는 '쌓임[積]'이다. 큰 배가 뜨려면 물이 깊어야 한다. 마찬가지로 대붕이 구만리를 올라가는 이유는 바람이 그만큼 두텁게 쌓이게 하기 위해서다. 구만리 두께의 바람이 쌓여야 바람을 타고 막힘없이 날 수 있다. 구만리는 막힘없는 높이를 상징하는 숫자다.

정 「소요유」에 모두 세 번 나오는 대붕 이야기의 두 번째 이야기

두 번째 문단이다. 두 번째 이야기는 다시 세 개의 문단으로 되어 있는데, 각각 깨달은 이와 그렇지 못한 이 사이의 거리, 힘의 차이, 그리고 깨닫지 못한 이의 비웃음에 관해 말한다. 첫 번째 문단에서는 깨달은 이와 깨닫지 못한 이 사이의 거리에 관해 말했고, 이곳에서는 수행을 통해 얻은 힘의 차이에 관해 말한다. 깨달은 이는 언어에 의해 구성된 세계에서 벗어남으로써, 구속되지 않고 자유로움을 누린다.

1 　且夫水之積也不厚, 則其負大舟也無力. 覆杯水於坳堂之上,
　　則芥爲之舟, 置杯焉則膠, 水淺而舟大也.

박 '차부(且夫)'는 새로운 단락의 시작이나 화제를 바꿀 때 사용
　　하는 어기사(語氣詞)로서 특별한 의미는 없다. 앞문단에서 화
　　제를 바꾸어 왜 붕이 물을 삼천리를 차고 나가고 구만리를 날
　　아올라야 하는지에 대한 설명을 새로 시작하기 때문에 쓰인
　　것이다.

유 '차(且)'를 '요차(聊且)'로도 쓰는데, 이는 '대략·정확하지 않
　　음'의 뜻이다.[32] 성현영은 '차(且)'는 가차(假借)로서 '요략지사
　　(聊略之辭)'[33]라고 하였다. 이에 따르면, 여기의 '차(且)'를 '완
　　벽하게 일치하는 것은 아니지만 그에 해당할 대략적인 예를
　　들어본다면'이라는 뜻으로 볼 수 있다. '차여(且如)'와 같은 뜻
　　이다. 박세당은 "지푸라기가 한 잔의 물에서 배로 될 수 있는
　　것 역시 아지랑이와 티끌이 입김에 의해 불리는 것과 유사한
　　것이다."[34]라고 이해하였다. 이에 견주어보면, 앞구절인 "물
　　이 두터이 쌓이지 않으면 큰 배를 실을 힘이 없다."는 대붕이
　　대풍(大風)을 타는 것과 유사한 사례라고 할 수 있다. 이 구절
　　의 전체적인 뜻은 물의 쌓임[水層]이 두터워야 부력이 크다는
　　것, 즉 역량이 커져야 한다는 것이다. 장자가 실제 생활의 주
　　변에서 관찰할 수 있는 사물의 이치[物之理]를 들어 비유적으

로 설명하는 방식을 취한 데도 나름의 깊은 이유가 있다. 이처럼 누구라도 알아들을 수 있게끔 치언 방식을 사용하여 일종의 대기설법(對機說法)을 한 것은, 장자가 상정하는 독자 또는 청자가 누구일지를 가늠케 한다. 장자는 대중에게까지 자기의 이야기가 전달되기를 바라마지 않은 것이다. 오로지 유가 · 묵가 · 혜시 등을 논적(論敵)으로 삼아 어떻게든 논파하기만 하면 그만이라는 식은 결코 아니었다.

이 '요당(坳堂)'은 마루 가운데 움푹 파인 곳이다. '개(芥)'는 작은 풀이다. 큰 배가 뜨려면 그것을 띄울 수 있을 정도로 물이 깊어야 함을 말했다.

정 물은 앞에 나왔던 그리고 뒤에 나오는 바람과 통한다. 도가의 성인은 의지적으로 행위하지 않는다. 무의지적으로 그리고 무의식적으로 행위함에도 불구하고 매 순간 내외적 조건에 구애됨이 없을 수 있는 것은 수행을 통해 쌓인 힘 덕분이다. 물은 수행자의 힘을 상징한다.

---

2 風之積也不厚, 則其負大翼也無力. 故九萬里, 則風斯在下矣.

박 앞의 물의 비유를 받아, 붕의 남행이 물보라를 삼천리나 튀기고 회오리바람을 타고 구만리를 올라가야만 비로소 가능한 이유를 설명하고 있다. '구만리(九萬里)'는 실제적인 거리라기보다 정도의 많음을 나타내는 수사적 표현으로 보는 것이 더 적절하다.

유 다시 대붕이 구만리 위의 하늘에 떠 있는 데서 외적 역량으로서 작용하는 것이 바람의 두터운 쌓임이라는 점을 말한다. "바람이 이에 아래에 있게 된다."란 회오리바람이 하늘로 올라간 끝 지점을 뜻한다. 그곳에서 대붕은 바람에 의지하는 듯 그렇지 않은 듯한 상태로 떠 있다[乘風 즉, 乘物]. 그런데 이런 외적 역량을 확보하는 것만으로 온전해지는 것은 아니다. 따라서 이것이 목적이 되지는 않는다. 이 구절의 의미는 앞에서 바람을 얘기한 것과는 차이점을 갖는다. 앞의 바람 이야기는 순전히 외적 역량을 말한 것이지만, 여기의 '물의 쌓임'이나 '바람의 쌓임'은 은연중에 자기 자신의 내적 역량을 비유하는 것으로 전환되고 있기 때문이다. 장자는 다음 문단에서부터 사실상 내적 역량을 키우는 데에 초점을 둔다.

이 바람이 두텁게 쌓여야 대붕을 띄울 수 있음을 말했다. 대붕이 구만리나 날아올라야 하는 이유는 구만리 두께의 바람을 타야 하기 때문이다.

정 바람은 앞의 물과 통한다. 구만리는 대붕이 날아오르는 높이로서, 구만리 높이의 아래에 있는 바람은 수행자의 힘을 상징한다.

3　而後乃今培風, 背負靑天而莫之夭閼者, 而後乃今將圖南.

박 '이후내금(而後乃今)'은 '이후', '그런 뒤' 정도의 의미이다. 첸구잉(陳鼓應)은 '내금이후(乃今而後)'의 도치 구문으로 보기도 한다. '막지요알(莫之夭閼)'은 어디에도 장애받지 않는다는 뜻이다. 수양론 맥락에서 말하면, 「인간세」의 '심재(心齋)'에서 말하는 '허(虛)'의 상태에 상응한다.

유
—

'이후(而後)'와 '내금(乃今)'은 같은 뜻으로서 '비로소 이제'라는 뜻이다.[35] 같은 뜻의 말을 연이어 한 것[疊韻]은 그 의미를 강조하기 위함이다. 이 말을 기준으로 하여 앞의 일이 뒤의 일의 강력한 전제나 조건이 된다. 뒤의 세 번째 대붕 이야기에서는 이들을 '연후(然後)'로 압축하였다. '배(培)'는 『설문해자』에 따르면 본래 '북돋움[培敦]'을 뜻하지만, 곽경번은 왕념손의 풀이를 인용하여 '타다[馮]ㆍ올라타다[乘]'를 뜻한다고 보았다.[36] 그렇지만 여기의 '배풍(培風)'에는 바람의 방향을 바꾸어 '몰다ㆍ부리다'라는 의미가 들어 있어야만 한다. 그래야 뒤의 '장도남(將圖南)'과의 연결이 순탄해진다. 그러므로 이것은 바람을 타는 승풍(乘風)을 넘어 '어풍(御風)'의 의미를 지닌 말이라고 볼 수 있다. '배(培)'에는 '다스리다[治]'라는 의미도 들어 있다. 이런 의미는 뒤에서 열자의 '어풍(御風)'을 말하는 것, 그리고 '승(乘)'과 '어(御)'를 함께 사용한 경우('乘天地之正, 而御六氣之辯', '乘雲氣, 御飛龍')와도 일관되는 것이다. '장도남'은 구만리 위의 하늘에 머무는 것이 아니라, 남쪽 바다로 옮겨가는 결단적 실행이 궁극이라는 점을 재차 밝히는 말이다. 이것이 장자가 대붕을 통해 보여주는 역발상이자 전환에서의 마지막인 다섯 번째 단계이다. 수직으로 상승하는 회오리바람을 이제는 횡적으로 넓히고 활강하는 방향으로 바꾸어 '몰아[御]' 남쪽의 천연한 못[호수]으로 내려앉으려 도 모한다는 것이다. 그런데 이렇게 하는 데서 '푸른 하늘을 짊 어져 제지하거나 가로막는 것들이 없음'이 필수 조건으로 작 용한다. 앞서 '하나의 새파란 빛깔'이 제물 관점을 뜻하는 것 이라고 이해하였다. 관건은 역시 두터운 바람 층 위에서 새 파란 하늘을 등에 짊어질 수 있어야[제물 관점을 견지함] 제지 하거나 가로막는 그 어떤 장애물도 없게 된다는 데 있다. 광 대한 세계에서 노니는 일에는 외적·내적으로 거대한 역량 이 요구되는데, 제물 관점이야말로 자기 자신의 내적 대역량 을 갖춤이다. 역량이 작아 좁은 공간에서만 맴도는 아지랑이 와 티끌들은 대붕과 같은 거시적 역체험·역사유를 할 수 없 기에 제물 관점을 갖지 못한다. 이들에게는 순간순간이 별개 이고 상대적일 따름이다. 이 이야기를 통해 거대한 변화와 전 환을 이루는 데는 그만한 과정적 수양[內的 積之厚]이 요구되 리라는 점도 유추할 수 있다. 『장자』의 다른 편들에서 '오상 아(吾喪我)'·'심재(心齋)'·'좌망(坐忘)'·'망아(忘我)'·'망기 (忘己)' 등이 그런 수양의 방법으로서 제시될 것이다. 이들은 모두 내적 역발상을 통한 지속적인 전환을 의미하는 것이다. 그런데 북쪽 바다에서 고공으로 상승하였다가 남쪽 바다로 날아가는 대붕의 일은 정작 바다나 하늘 자체에 관한 게 아 니다. 그가 하는 일은 천하, 즉 인간 세상을 한눈에 굽어보는 관조요 조망이다. 이를 통해 장자가 전하려는 메시지는 '천 하 내에 파묻혀 있기만 해서는 천하 전체의 복잡다단한 유기적 실정을 온전히 알 수 없다'라는 것이다. 그러나 이는 천하를 초탈해버리는 일이 아니라, 천하를 '근원적 차원'에서 위해주는 진정한 위정자의 자세를 갖는 것이다. 고려 중기의 문인 사대부였던 이규보(1168~1241)는 이런 점을 회화적으로 표현하는 「등북악망도성(登北岳望都城)」이라는 한시를 읊었다.[37] '장사어남명(將徙於南冥)'과 '장도남(將圖南)', 즉 '천연한 못[호수]'으로 옮겨가려고 하는 새로운 의지를 일으키는 것은 무슨 의미를 갖는 것일까? 장자는 아직 궁극적인 어떤 것을 아껴둠으로써 독자의 궁금증을 증폭시키기만 하고 있다. 그 세계에서의 삶의 내용이 어떤 것일지는 그렇게 살아보아야만 알 수 있을 것이다. 세 가지 대붕 이야기 모두에서 남쪽으로 옮겨가려고 한다고만 말할 뿐, 남쪽 바다의 세계가 어떠한지를 묘사하지 않는 이유이다. 하지만 장자는 독자의 궁금증이 절정에 다다를 즈음에 지인(至人)·신인(神人)·성인(聖人)의 삶으로써 그 경지의 세계를 최소한으로라도 설명해줄 것이다. 더욱이 자신이 직접 혜자와 대화하는 것을 통해 그런 경지의 세계를 현실에서 어떻게 구현할 수 있는가 하는 방식에 관해서도 실존적 차원에서 설명해줄 것이다.

이   '이후내금(而後乃今)'은 왕인지(王引之)에 따르면 이금이후(而今而後)다. 배풍(培風)의 '배'는 왕념손(王念孫)에 따르면 빙(馮)의 뜻이다.[38] '빙'은 '타다'다. 여기서는 대붕이 남쪽으로 떠나려면 바람을 타고 막힘없이 날 수 있어야 함을 말했다. 막힘이 없는 경지라야 새로운 세계가 열린다는 것을 의미한다.

정

'이후내금(而後乃今)'은 '이후에야 이제'라는 뜻이다. 직역하면 약간 어색하지만 의미는 분명하다. 바람을 충분히 쌓은 뒤에야 바람을 탄다는 뜻이다. 앞문단에서는 유월의 바람을 탄다고 했는데, 대붕은 이 단계에서 날갯짓을 하지 않는다. 바람을 타고 미끄러져 갈 때 날개는 두툼하게 느껴진다. 배풍의 주지는 바람을 탄다는 것이지만 바람을 타고 갈 때 대붕의 날개가 두툼하게 느껴지는 그 느낌도 전한다.

미물이 대붕의 경지를 어찌 알랴

蜩與學鳩笑之曰, "我決起而飛, 搶楡枋, 時則不至而控於地而已矣. 奚以之九萬里而南爲?" 適莽蒼者, 三湌而反, 腹猶果然. 適百里者, 宿舂糧. 適千里者, 三月聚糧. 之二蟲又何知!

매미와 작은 비둘기가 비웃으며 말했다. "우리는 기를 쓰고 날아도 느릅나무나 박달나무에 도달할 뿐이고, 때로는 그마저 도달하지 못하고 땅에 떨어져버린다. 무엇 때문에 구만리 높이 올라 남쪽으로 가고자 하는가?" 푸른 풀 우거진 들로 가는 사람은 세끼 밥을 먹고 돌아와도 배가 든든하고, 백리를 가는 사람은 밤새워 방아 찧어 식량을 마련하며, 천리 길을 가는 사람은 석달치 식량을 마련해야 한다. 이 두 벌레가 또 무엇을 알겠는가!

박 「소요유」 첫째 단락 두 번째 문단의 시작 부분이다. '큼과 작음의 구별'을 가리키는 이른바 '소대지변(小大之辯)'이 중심 주제이다.

유 이야기가 점차 인간의 문제로 집중되고 있다. 관점의 전환 문제를 역량의 수준 문제로 연결하고, 다시 이것을 앎[知]의 문제로 구체화하고 있으며, 더 나아가 공간상에서의 이동 수준 차이에 관해 말한다. 공간의 영역 범위, 그리고 이동하는 데서의 능력 차이를 말하면서 작은 존재[관점]는 큰 존재의 실질을 알아보지 못할 뿐 아니라 '비웃어버리는' 한계를 지닌다는 점을 명확히 한다. 여기서 특별히 주목하고 이후로도 계속 견지해야 할 것은 '비웃음[笑]'의 문제다. 이것은 결코 곁다리 잡고 샛길로 몰아가는 오도가 아니다.

이 대붕이 구만리나 날아올라야 하는 또 다른 이유를 설명했다. 여기서 주제어는 '나아감[適]'이다. 교외, 백리길, 천릿길이라는 여행거리는 비상하는 높이의 비유다. 장자는 말매미와 작은 비둘기를 등장시켜 대붕과 대비하였다. 대붕이 남쪽으로 가기 위해서는 구만리의 비상이 필요하다. 그러나 땅에 붙어 날아다니는 작은 새들은 붕새가 구만리나 비상하는 뜻을 모른다는 것이다.

정 핵심요지는 깨닫지 못한 이가 깨달은 이의 경지를 알지 못하는 까닭을 설명하는 것으로, 이 문단은 크게 두 개의 이야기로 구성되어 있다. 첫째는 깨닫지 못한 이가 깨달은 이의 경지에 놀라고 비웃는 것이다. 앞에서 깨달은 이와 깨닫지 못한 이의 차이와 힘에 관해 말했다면, 이곳에서는 깨닫지 못한 이가 자신의 식견에 갇힌 상태를 묘사함으로써, 식견이 바로 깨달음의 장애가 됨을 보여주고 있다. 이 식견을 장자는 시비(是非) 혹은 성심(成心)으로 지칭한다. 둘째는 그 힘의 준비기간과 가능성을 알지 못하므로, 깨달은 경지를 알지 못하고 당황하여 놀라고 비웃을 뿐임을 말하는 것이다.

1 　蜩與學鳩笑之曰, 我決起而飛, 搶楡枋時則不至而控於地而已
　　矣. 奚以之九萬里而南爲?

박　'학구(學鳩)'는 '작은 비둘기' 정도로 새기는 것이 일반적이
—　다. 그러나 유월(兪樾)은 『장자평의(莊子平議)』에서 '학(學)'이
　　'학(鷽)'으로 되어 있는 『경전석문』에 근거하여 '학(學)'은 '학
　　(鷽)'의 가차자이며, 따라서 '학(鷽)'과 '구(鳩)'는 두 마리 서
　　로 다른 새(까치와 비둘기)라고 말한다. '학(鷽)'에 대해 『설문
　　해자』는 "학(鷽)은 한학(鶾鷽)으로, 산까치(메까치)이다. 다가
　　올 일을 아는 새다."[39]라고 하고 있다. '창(搶)'에 대해 곽경번
　　(郭慶藩)은 『경전석문』에 의거하여 '다다르다'는 뜻을 지닌 '창
　　(槍)'으로 교감하였는데, 의미가 좀더 분명하다. "공어지이이
　　의(控於地而已矣)"에서 '이이의(而已矣)'는 나는 능력의 한계를
　　강조하기 위한 어조사이다. 앞의 '결기(決起)'와 호응을 이루
　　어 "기를 쓰고 ~하지만 ~될 뿐이다."라는 맥락을 나타낸다.

유　『장자』에서의 '소(笑)'자는 여러 의미로 사용되었는데, 여기
—　에서는 이것이 비웃음[冷笑, 嘲笑, 失笑]을 뜻한다. 장자가 자
　　신의 심정을 토로하는 '비(悲)' · '애(哀)' · '석(惜)' · '연(憐)'과
　　대비되는 의미를 담고 있다. 이 웃음에는 일말의 연민이나 동
　　정심도 들어 있지 않다. '결기(決起)'는 앞에서 '노(怒)'라고 한
　　것과 기본적으로 같은 뜻[온 힘을 다 발휘함]이지만, 역량에서

는 큰 차이를 갖는 말이다. 이는 「제물론」의 '결취(決驟)'와 유사한 의미로서 '기동력을 발휘하여 출발하는 동작의 상태'를 강조한 것이다. '搶[닿을 창]'은 본래 '槍[무기 창]'으로 되어 있는데, 이 글자의 의미를 따라서 보면 투창처럼 거의 직선으로 날아가는 것을 뜻하게 된다. 대붕이 구만리 위의 하늘로 올라가는 우회로를 거치는 것과는 반대로 지름길로 곧장 간다는 의미이다. '지(之)'는 '가다'라는 뜻으로 앞에서 '거(去)'라고 한 것과 똑같은 의미이다. '해이(奚以)~남위(南爲)'는 앞에서 '장사어남명(將徙於南冥)'·'장도남(將圖南)'이라고 한 것을 매미와 작은 비둘기가 폄훼하는 의미를 담고 있다. 이것을 '奚以A爲[어찌 A를 하겠는가]'라는 구문으로 보기도 하지만[40], 내용의 맥락상에서 보자면 여기의 '위(爲)'는 '장사(將徙)'·'장도(將圖)'[매미와 작은 비둘기가 보기에는 억지스러움]의 의미이다. 대붕이 그렇게 하려고 하는 것은 억지이고 불가능한 일로서 멍청한 짓일 따름이라는 비아냥이다. 이런 자세는 뒤에서 등장할 혜자(惠子)의 실용 관점을 대변하는 것이다. 작은 존재가 큰 존재를 알아보지 못하는 것보다도 더 심각하게 문제시되는 것은 도리어 '비웃어버리는' 일이라는 점이 핵심이다. 자기도취라는 정신상의 마취제가 일으키는 비웃음은 지적(知的) 자살에서의 극약이다. 그래도 작은 존재들이 큰 존재를 저주·박해하거나 제거하려 들지 않는 것만도 다행이라고 봐주어야 할까! 어쨌든 장자는 그 누구도 비웃지 않는다. 장자의 대붕에게도 비웃음이란 있을 수 없는 일이다. 장자는 비(悲)·애(哀)로써 오롯이 '삶의 무리[生之徒]', 즉 전생보신(全生保身)을 지향한다. 이것은 노자의 '자(慈)'·'애(愛)'·'비애(悲哀)'에 연원을 둔 자세이다.[41]

이 '결(決)'은 이이(李頤)에 따르면 빠른 모습이다. '결기(決起)'는 빠른 날갯짓으로 나는 모습이다. '즉(則)'은 왕인지에 따르면 혹(或)과 같다. 왕수민에 따르면 '남위(南爲)'의 '위'는 호(乎)와 같다. '호'는 의문접미사로 허사다.

정 '해이(奚以)'를 '왜'라고 해석하면 수행자의 힘과 수행의 수준을 인정한다고 가정해야 한다. 이렇게 가정하면 매미와 비둘기의 당황스러운 비웃음을 설명하기 어렵다. 이들의 웃음은 이해의 불가능성에서 비롯된 것이다. 해이는 '어떻게'라고 번역되어야 한다.

---

2 適莽蒼者, 三湌而反, 腹猶果然. 適百里者, 宿春糧. 適千里者, 三月聚糧.

박 구만리를 올라가서 비로소 남으로 향하는 붕의 비상을 비웃는 매미와 비둘기의 경우를 받아서 '소대지변'의 단초를 여는 내용이다. '반(反)'은 '반(返:, 돌아오다)'의 뜻이다. '숙용량(宿春糧)'은 밤새도록 식량을 마련함을 말한다.

유 '손(湌)'은 끼니 또는 새참을 뜻한다. '숙용량(宿春糧)'은 하룻밤 동안 절구질하여 식량을 마련하는 일이다. '삼월취량(三月聚糧)'은 석 달 동안 식량을 모으는 일이다. 여기서는 장자 자신이 외적 역량을 충분히 확보해야 한다[積厚]는 점을 이해시키기 위해 일상의 사례를 점충적으로 제시하였다. 역량의 크기와 그것을 확보하는 데 걸리는 시간의 차이가 있다는 것이다. 『장자』에서는 전반적으로 점진적 과정의 단계적 수양 방법을 제시한다.

이 '망창(莽蒼)'은 왕수민에 따르면 근교 푸른 들판의 빛깔을 형용한 것이다. '과연(果然)'은 배부른 모습이다. 여행할 때 준비할 음식은 여행하는 거리에 따라 달라지게 마련이다. 대붕은 북쪽 바다에서 남쪽 바다로 가려고 한다. 작은 새들로서는 상상하기 어려운 먼 거리를 날아가기 위해서는 그만큼 높이 날아올라야 한다. 이것이 구만리를 비상해야 하는 이유다. 구만리의 비상은 새로운 세계로의 여행에 필수적인 과정이며, 그 여정이 매우 길 것임을 암시하는 장치이기도 하다.

정 앞문단에 이어 대붕과 매미 등의 차이를 말하고 있다. 높이 날아오름을 멀리 떠남으로 바꿨을 뿐이다. 높이 오르기 위해 바람을 두터이 쌓아야 하는 것처럼 멀리 떠나기 위해서는 곡식을 준비해야 한다.

---

3 之二蟲又何知?

박 '지(之)'는 '저'라는 뜻의 지시사이고, '이충(二蟲)'은 '매미와 '비둘기'를 가리킨다. 곽상과 성현영은 '이충'을 '붕과 매미[蜩:, 학구까지 아우르는 의미로 보임]'로 보고 있는데, 이는 곽상

특유의 적성설(適性說)과 관련되어 있다. 곽상은 모든 존재는 각기 고유한 본성을 타고나며, 따라서 그 본성에 맞추어 살아가는 것, 즉 '적성'하는 것이 최선의 삶이라고 주장한다. 이러한 시각에서 붕의 우화를 해석할 때 발생하는 문제점에 대해서는 아래에서 다시 언급하기로 한다. 새를 '충[蟲]'이라고 지칭한 것에 대해 성현영은『대대례기(大戴禮記)』를 인용하여 '통괄적으로 표현한 것[通而爲語]'이라고 하였다.『대대례기』에서는 금수를 '충(蟲)'으로 총칭하면서 '깃이 있는 부류[羽之蟲]', '털이 있는 부류[毛之蟲]', '갑각이 있는 부류[甲之蟲]', '비늘이 있는 부류[鱗之蟲]', '벌거벗은 부류[裸之蟲] 다섯으로 분류하고, 이들 각각에 360종을 분속하고 있다. 봉황은 이 가운데 '깃이 있는 부류'에서 으뜸가는 종이다.[39] 이런 맥락을 감안하면, '이충'은 여기서처럼 '두 벌레'로 옮기는 것보다 '두 종(種)' 또는 좀더 일반적으로 '두 부류' 정도로 옮기는 것이 무난하다.[42]

유— '충(蟲)'은 동물을 통칭하는 글자다.[43] '지이충(之二蟲)'은 문맥상 '매미와 작은 비둘기[蜩與學鳩]'를 가리키는 것일 수밖에 없다. 곽상이 "이충(二蟲)이란 붕새와 매미를 이르는 말이다."[44]라고 선언한 것은 의도적인 오독이다. 그런데 정작 '지이충우하지(之二蟲又何知)'의 난해성은 다른 데에 있다. 이것을 '매미와 작은 비둘기가 또 어찌 대붕이 하는 일[역량·차원]을 알겠느냐'라는 뜻으로 이해하는 것은 옳지 않다. 다음 단락의 '소지불급대지(小知不及大知), 소년불급대년(小年不及

大年)'과 연결해서 보면 이것에도 일리는 있다. 하지만 이렇게 이해하는 것이 정당성을 지니려면 원문이 '之二蟲又何知之(또는 彼)'로 되어 있어야 하는데, 실제는 그렇지 않다. 임희일(林希逸)은 이 구절에 대해 "두 동물은 매미와 작은 비둘기이다. '저들이 이런 일들을 어떻게 알 수 있겠는가'라는 점을 말한 것이다. 그러므로 '더 이상 무엇을 알 수 있겠는가'라고 말한 것이다."[45]라고 이해하였다. 나는 이것을 바탕으로 삼고, 앞구절의 '대붕을 비웃음[笑之]'에 포인트를 두어 다음과 같이 이해한다. '그러나 매미와 작은 비둘기처럼 역량이 작은 동물인데다 비웃어버리는 자들이라면, 이런 비근한 예를 제아무리 많이 들어 설명해준들 그들이 더 이상 무엇을 알 수 있겠는가!' 매미와 작은 비둘기는, 구만리를 날아오르고 남쪽 바다로 옮겨가는 데에 얼마만큼의 식량(역량)이 필요하며 그것을 마련하는 데 걸리는 시간이 어느 정도일지에 대한 이치를 상상하는 자세조차 보이지 않고 있다. 장자의 이 말은 매미와 작은 비둘기에 대한 비웃음이거나 홍소(哄笑)가 아니라, 소통의 한계에 부딪히는 자기의 비통한 심정을 표현하는 것이다. 매미와 작은 비둘기의 비웃음을 인간의 문제로 이끌어 노자의 방식으로 이해할 때, 이는 "하등의 선비가 도에 관한 설명을 들으면 크게 비웃어버린다."라는 것으로서 "죽음의 무리[死之徒]"에 해당하는 게 될 것이다.[46] 과연 장자는 '마음의 죽음'에 관해 이렇게 말한다. "죽음에 가까워진 마음일 경우에는 되살려낼 방도가 없다." "육체의 죽음보다 더욱 슬픈 것은 마음의 죽음이다."[47] 장자는 사람들이 자기 마음을 스스로 죽이는 근원이 '봉지심(蓬之心)'·'성심(成心)'·'사심(師心)'을 갖는 데 있다고 말한다. 이런 마음으로 타인을 대할 때 비웃음을 남발하고, 오만방자하게 흘겨보고 깔보며[敖倪], 결국에는 남뿐 아니라 자신까지도 상해하는 결과를 낳는다. 이른바 '냉소주의'의 폐해가 갖는 심각성을 여기서 절실하게 확인할 수 있다. 자기의 편견과 독단으로써 앎의 세계 자체를 질식시키는 지경으로 몰아가는 주범이 비웃음이다. 자신의 내적 역량을 키워갈 수 없게 만드는 결정적 변곡점이 비웃음이고 보면, 이는 돌아올 수 없는 강을 건너는 일이다.

이 두 마리 벌레[二蟲]는 말매미와 작은 비둘기를 가리킨다. 작은 새들은 구만리나 비상하는 대붕의 뜻을 알 수 없음을 말했다.

정 두 마리 벌레인 매미와 비둘기는 대붕에 비견된다. 매미와 비둘기는 세상이 구성되었음을 알지 못하고 자신이 지어낸 세계에서 구애되어 살아가는 존재들이다. 기능적 존재로 살아가면서도 그것을 깨닫지 못하고 욕망을 충족함으로써 얻는 만족감을 자유로움이라고 생각하는 존재들이다.

원문 5

아침나절만 사는 버섯은 하루를 모른다

小知不及大知, 小年不及大年. 奚以知其然也? 朝菌不知晦朔, 蟪蛄不知春秋, 此小年也. 楚之南有冥靈者, 以五百歲爲春, 五百歲爲秋. 上古有大椿者, 以八千歲爲春, 八千歲爲秋. 而彭祖乃今以久特聞, 衆人匹之, 不亦悲乎!

번역

작은 앎은 큰 앎에 미치지 못하고 짧은 수명은 긴 수명에 미치지 못한다. 어떻게 그런 줄 아는가? 아침 버섯은 아침저녁을 모르고 쓰르라미는 봄가을을 모르니, 이것은 짧은 수명이다. 초나라의 남쪽에 명령이라는 거북이가 있는데 오백 년으로 봄을 삼고 오백 년으로 가을을 삼는다. 상고에 대춘이라는 나무가 있는데 팔천 년으로 봄을 삼고 팔천 년으로 가을을 삼았다. 그런데도 팽조는 오늘날 오래 산 것으로 특히 유명하여 사람들이 그만큼 살고자 하니 슬프지 않은가!

박

앞의 붕과 조(蜩)·학구(學鳩)의 사례를 이어받아 '소대지변'
에 대한 논의를 본격적으로 시작하고 있다. "작은 앎은 큰 앎
에 미치지 못하고, 짧은 수명은 긴 수명에 미치지 못한다."는
말이 핵심이다.

유

형체의 측면과 이동 공간상의 차이 문제를 앎의 차이 문제로
연결하고, 이것을 다시 시간상의 차이 문제로 옮겨 이어간다.
시간상의 제한 범위에 따라 앎에서의 수준 차이가 벌어진다
고 말한다. 즉 공간[體大·廣·高·遠], 앎[知], 시간[歲·年·
月·日]이 '소대지변'의 핵심 내용이다. 앞에서 관점의 전환을
말하였는데, 여기서는 그것을 구체화하여 '앎'의 수준 문제를
부각시킨다. 그런데 이 앎은 단순한 인지·인식이 아니다. 어
디까지나 시간적·공간적인 생명 세계에서의 실천, 즉 대역
량과 고차원의 자유를 포함하는 것이므로 '할 줄 앎'이다. 「대
종사」에서는 '도(道)'가 시간성과 공간성에 제한되지 않는 초
월성을 갖는다고 설명하는데, 이것이 결국 「경상초」의 '우주
(宇宙)'로 이어진다. 그 특성은 무한하고 무궁하다는 점이다.
장자가 말하는 '대지(大知)'·'대년(大年)'은 이런 점을 전제
한 것이며, 그의 제물 관점도 이런 차원에서 도출되는 것이
다. 그렇지만 이 문단의 글에 따르면, 일상의 인간은 '인간'이
라는 소년에만 집착하는 데서 헤어나지 못하는 까닭에 대년
을 알 수가 없다. 장자의 견지에서는, 인간이라는 형체적 삶

의 형태와 수명에만 집착해서는 우주적 대지를 가질 수 없고 대년도 누릴 수 없다. 하지만 장자는 소지(小知)·소년(小年) 수준에 머무는 일상의 인간에 대해 냉소하지 않고 오히려 '비통한' 심정을 드러낸다. 장자가 굳이『장자』를 저술한 이유가 무엇인지를 여기서 분명히 알 수 있다. 그것은 '서로 상해함이 없이 함께하는' 삶이다.

이
—

말매미와 작은 비둘기는 비상하는 대붕의 뜻을 알지 못한다. 장자는 그 이유를 앎과 수명으로 말한다. '소년'에 대해 조균은 하루를 모르고 쓰르라미는 일 년을 모른다고 설명하는 것을 보면, 장자는 수명의 대소 또한 앎의 맥락에서 다루고 있음을 알 수 있다. '미치지 못함[不及]'이란 앎에 현격한 차이가 있음을 뜻한다. 이효걸에 따르면 '소지'와 '대지'의 간극은 수평적 거리가 아니라 수직적 비약으로 설명된다. 그리고 소지와 대지의 관계가 수직적 비약과 불가역적이라는 사실을 명료하게 드러낸 것이 바로 '불급'이라는 표현이다. 말매미와 작은 비둘기가 대붕을 비웃은 이야기는 자기 한계에 갇혀 있는 존재와 위대한 세계로 나아가는 존재의 질적 차이에 대한 은유이다.

정
—

앞단락에서 이어진다. 깨닫지 못한 이가 깨달음의 경지를 알지 못하는 이유를 설명하고 있다. 자신이 처한 상황의 불변성을 전제하고 그곳의 질서를 내화한 가치기준이나 특정한 정서적 성향를 견지하고 있는 이는 꿈을 꾸고 있는 셈이다. 자신이 구성해낸 세계 속에 있기 때문이다. 지혜와 수명은 그런

이의 국한성을 대표하는 것으로 비유에 불과하다. 깨달은 이에게도 기본적인 신념체계가 있으나, 그는 자신의 신념체계에 구애되지 않는다. 정서적 성향이 있지만 고집하지 않는다. 그것이 상대적이며 가변적이라는 점을 알고 있기 때문이다. 그 결과 언제나 자유로울 수 있다. 장자적 관점에서 보자면 부자유는 스스로 초래한 것이다.

1 　小知不及大知, 小年不及大年. 奚以知其然也.

박 　'소지/대지'와 '소년/대년'은 앞의 붕(鵬)과 조(蜩)·학구(學
鳩)의 사례를 일반화해 대비적으로 범주화한 것이다. 아울러
'불급(不及)'은 이러한 대비적 범주는 상호 대등한 관계가 아
니라 가치적으로 전자가 후자보다 열등한 우열의 관계임을
뜻하는 비교급 표현이다.

유 　'소지불급대지(小知不及大知)'는 앞문단의 내용을 한마디로
축약한 것이다. 여기서는 이것을 소년과 대년이라는 시간상
의 문제로 연결하여 설명한다. 소지가 대지를 알아보지 못하
듯이, 소년 관념에 매여 있어서는 대년의 실상을 알아볼 수
없다는 얘기다[또는 소지가 대지를 알아보지 못하는 것은, 곧 소
년이 대년을 알아보지 못하는 것과 같은 일이다]. 그런데 "소지가
대지를 알 수 없는 것과 마찬가지로, 소년은 대년을 알 수 없
다[또는 소년이 대년을 알 수 없는 것과 마찬가지로 소지는 대지를
알 수 없다]."라는 식의 논증은 타당한 것인가? 이것은 범주착
오의 오류를 범하는 것이 아닐까? 나아가 대년의 존재가 곧
바로 대지를 갖는다거나, 대지의 존재가 곧바로 대년의 삶을
사는 것이라고 말할 수 있을까? 이것이 옳다면 그 근거는 무
엇인가?

이 　작은 앎과 큰 앎, 짧은 수명과 긴 수명 사이에는 현격한 차이

가 있음을 말했다. '미치지 못함[不及]'은 작은 새들과 대붕 사이에는 질적인 격차가 있음을 보여주는 표현이다. 대붕 이야기에서는 소지와 대지, 소년과 대년을 상대적인 것으로 다루지 않는다.

정 대지와 대년은 대붕을 소지와 소년은 매미와 비둘기를 상징한다. 대년이라고 했지만 비교적 크다는 뜻이 아니다. 핵심은 미치지 못한다는 말에 있다. 대붕은 꿈에서 깨어난 존재이고, 매미는 여전히 꿈 속에 있는 존재다. 꿈은 무의식중에 그리고 의도함 없이 자신이 구성해낸 즉, 지어낸 세계다. 매미와 비둘기는 자신이 지어낸 세계에 스스로 갇힌다.

2 　朝菌不知晦朔, 蟪蛄不知春秋, 此小年也.

박 '회삭(晦朔)'은 두 가지 의미로 해석이 가능하다. '회(晦)'와 '삭(朔)'을 각각 밤과 아침으로 보면 하루를 뜻하고, 그믐과 초하루로 보면 한 달을 뜻한다. 성현영은 "달의 끝이 회이고, 달의 시작이 삭이다.[月終謂之晦, 月旦謂之朔.]"라고 하여 후자의 의미로 풀고 있다.

유 상식적으로 보기에 가장 짧게 사는[短命] 생물들을 예시하면서 그 한계가 무엇인지를 말하고 있다. '조균(朝菌)'은 아침나절에만 살아 있는 버섯을 가리킨다. '회삭'은 그믐과 초하루로서 한 달 전체, 또는 하루 전체를 뜻한다. '혜고(蟪蛄)'는 여름에만 사는 쓰르라미로서 일 년의 전체를 알지 못하는 존재다. 단명하는 것들은 긴 기간에서 일어나는 일의 실정을 알 수 없고, 동시에 체험할 줄도 모른다는 얘기다. 『열자』에 이와 유사한 구절이 있다. "썩은 흙 위에서 나는 작은 버섯이라는 게 있는데, 그것은 아침에 났다가 그믐[저녁]이 되면 죽는다. 봄 여름에만 사는 하루살이라는 게 있는데, 그것은 비로 인해 생겨났다가 햇빛을 보면 죽는다."[48] 인간의 시간 기준으로 볼 때, 일 년도 못 채우고 죽는 식물이나 곤충들은 긴 시간의 사건 체험을 할 수 없다. 이것이 곧 '소년'이다. 그러면 '대년'이란 무엇일까?

이 '조균'은 왕인지(王引之)에 따르면 아침에 생겨나서 저녁에 죽는 벌레이다. '회삭'은 음력 그믐 저녁과 초하루 아침이다. 여기서는 아침과 저녁을 말한다. '혜고'는 쓰르라미이다. 봄에 생겨나서 여름에 죽거나, 여름에 생겨나서 가을에 죽는다. '소년'은 짧은 수명을 말한다.

정 소년의 예시다.

---

3 楚之南有冥靈者, 以五百歲爲春, 五百歲爲秋. 上古有大椿者, 以八千歲爲春, 八千歲爲秋.

박 문맥상으로 '팔천세위추(八千歲爲秋)' 다음에 '차대년야(此大年也)'가 있는 것이 더 순조롭다. 그래야 '소년'과 '대년'이 대구를 이루기 때문이다. 참고로, 성현영의 『소(疏)』에는 앞의 조균 · 혜고 대목과 이 대목의 주석 말미에 '고위지소년야(故

謂之小年也: 그러므로 그것을 일컬어 소년이라 하였다.)'와 '고위지대년야(故謂之大年也: 그러므로 그것을 일컬어 대년이라 하였다.)'라는 말이 각각 들어 있다. 이는 통행본과 달리 고본에는 '팔천세위추' 뒤에 '차대년야'가 있었음을 유추하게 한다. 진경원(陳景元)의『장자궐오(莊子闕誤)』에도 성현영의『소』에 "팔천세위추, 차대년야"로 되어 있다고 나온다.

유

'명령(冥靈)'은 바다에서 사는 영험한 존재로서 거북이를 뜻한다.[49] 여기의 '춘추(春秋)'는 문맥상 사계절[四時]을 포함한다. 따라서 이 거북이가 오백 살씩을 봄·가을로 삼는다는 것은, 인간의 시간 단위인 일 년을 기준으로 할 때 이천 년에 해당한다. 즉 이 거북이의 한 살은 인간의 이천 살이다. '대춘(大椿)'은 오래 살았다는 전설상의 나무인데, 이 나무의 한 살은 인간의 삼만이천 살에 해당한다.『열자』에 이와 똑같은 내용의 구절이 있다. "형[초나라의 별명]의 남쪽에서 산 명령이라는 거북이는 오백 년을 봄으로 삼고 오백 년을 가을로 삼았다. 상고시대에 살았던 대춘이라는 나무는 팔천 년을 봄으로 삼고 팔천 년을 가을로 삼았다."[50] 이 구절 전체는 장수하는 동식물의 사례를 제시함으로써 시간상의 거대함[장구함]을 말하는 것이다. 그런데 이것이 앞구절과 온전히 대비되는 구문이 되려면 끝에 '차대년야(此大年也)'가 들어 있어야 하는데, 원문은 그렇게 되어 있지 않다. 앞구절과 이 구절 간의 상관성도 제시되어 있지 않다. 따라서 전후의 구절은 단순 대비를 이루는 것이 아니다. 즉 '매미·산비둘기/대붕'과 같은 구조가 아니다. 여기까지의 내용만으로는 "짧은 수명은 긴 수명에 미치지 못한다.[小年不及大年]"의 의미가 무엇인지를 알 수 없다. 문제의 관건은 '대년'이 도대체 무엇을 가리키는 말인가에 있다. 다음 구절을 포함하여 이 문단 전체의 맥락에서 그 의미를 찾아내야 한다. 결론을 미리 말하자면, '대년'이란 팽조도 넘어서고 명령과 대춘까지도 넘어서는 우주적 환경 속에서 장구한 체험적 삶을 사는 것을 뜻한다.

이 '명령'과 '대춘'은 나무 이름이다. 명령은 천년을 한 살로 하고, 대춘은 만 육천 년을 한 살로 한다. '춘(春)'과 '추(秋)'는 수명의 격차를 드러내기 위해 의도적으로 사용되었다. 바로 이어서 팽조의 장수에 대해 말하는 것을 보면 춘추는 인간의 수명을 말하기 위해 쓴 표현이다. 장자는 '춘추(春秋)'라는 용어를 통해 자연스럽게 인간의 수명과 연결시키고 있다.

정 명령과 대춘의 수명은 사실로서의 기록이 아니다. 그것은 자신의 시비와 성심에 갇혀 있던 인간을 각성시키기 위한 장치에 불과하다. 놀라움을 유도함으로써 분석하고 계산하려는 의식을 쉬게 만드는 것이 목적이다. 오백 세에서 팔천 세로 점증한 것도 그런 의도 때문이다. 오백 세를 들었을 때는 조금이라도 남아 있던 의식의 분별력은 팔천 세라는 말을 듣고는 마비된다. 경계는 자신을 편안하게 만들어준다. 그러나 그 편안함은 자유를 포기함으로써 얻은 것이다. 편안함이 깨질 때 사람들은 대개 불편해하지만 종종 껍질을 깨고 앞으로 나아가는 이들도 있다.

박
—

'팽조(彭祖)'는 중국 고대 은(殷)나라의 현인으로 일컬어지는 전설상의 인물이다. 예로부터 장수의 상징으로 많이 언급되어 왔다. 『논어』 「술이(述而)」 첫머리에 공자가 스스로 흠모한 인물로도 나온다.

유
—

식물과 동물을 예로 들어 말하였던 것을 인간사로 이어서 이야기한다. 앞에서 말한 '조균(朝菌)'과 '혜고(蟪蛄)'는 결국 일반사람을 말하고자 하는 복선을 깐 것일까? 그렇게 본다면 '일반사람[조균·혜고: 소년]―팽조―동식물[명령·대춘: 대년] 이라는 구도를 그려볼 수도 있을 것이다. '명령'과 '대춘'은 인간이 아닌 생물로서 장수한 것들이다. 그러나 이들이 진정한 대년에 해당하는 존재인 것은 아니다. 이들은 대붕과 같은 제물 관점을 가진 존재가 아니기 때문이다. 이들에 비해 인간으로서 장수하였다고 장자 당시에까지 전해지던 팽조는 겨우 칠팔백 년을 살았던 인물이라고 한다. 「대종사」에서는 "팽조는 도를 터득하여 위로는 유우씨 때로부터 아래로는 오패 때까지 살았다."[51]라고도 하지만, 이들은 서로 의미 맥락을 달리하는 것이다. 아무튼 명령에 비교해볼 때, 팽조는 일 년 중의 봄·여름도 채우지 못한 존재다. 그런데도 일반사람들은 팽조의 수명만큼 살아야겠다고 열망하다가 스스로 마음에 상처를 입는다. 이런 인간들에 대해 장자는 '참으로 비통하지 않은가[不亦悲乎]'라고 토로한다. 왜일까? 고작 칠팔백 년에 매인다는 것은 무한한 시간상에서 볼 때, 비참한 일이라고 아니 할 수 없기 때문이다. 이는 우주적인 삶, 즉 다양한 형태로 전변[轉生, 化]하면서 수많은 다른 형태의 삶을 살 가능성을 지닌 존재임에도 오로지 '인간'이라는 형체에만 집착하여 스스로 자신을 왜소한 존재로 전락시키는 일에 대한 깊은 우려를 드러냄이다. 그러니까 이 표현에는 표면적인 의미 이상의 것이 담겨 있어야만 한다. 명령이나 대춘도 넘어서는 아주 오랜 삶, 또는 영원불멸의 삶이라고 할 만한 어떤 것을 전제하지 않는다면 이 이야기는 허무맹랑한 것일 따름이다. 여기의 '대년'은 인간이든 여타의 동식물이든 그 형체만으로 그저 장수하기만 하면 최고라는 의미가 아니다. 장자는 삶과 죽음이라는 것 자체를 넘어서는 어떤 세계['死生一如'라는 제물 관점]를 염두하고서 이런 거대한 시간관념을 제시하였을 것이다. 요컨대 대곤이 대붕으로 변화하여 제물 관점을 갖게 된 결과로 우주적인 영구한 삶[대년]을 살 가능성을 확보하게 된다. 이런 삶에서의 체험적 앎이 곧 대지이다. 주의할 것은 여기에서 '소지와 대지', '소년과 대년'이 각각 제물 관점에서 통일을 이루는 것이 아니라 어디까지나 차등적이라는 점이다. 소지와 소년은 비본연적인 것이기에 부정되어야 할 것이다. 그러나 장자가 지향하는 대지와 대년은 제물 관점에서 하나의 양면인 것으로 이해된다. 한 가지 더 유념할 것이 있다. 장자는 '참으로 비통하지 않은가[不亦悲乎]'와 유사한 표현을 이야기의 중요한 대목들 끝에서 자주 사용한다. '대애(大哀)'·'비부

(悲夫)'·'석호(惜乎)'·'가련재(可憐哉)' 등이 있다. 이것은 타인들에 대한 자기 과시적 '비웃음'을 뜻하는 표현이 아니며, 상투적으로 하는 진부한 표현도 아니다. 그렇다면 연민일까, 동정심일까? 어떤 의미로 이해하든 이는 자기만이 아니라 타인들을 깊이 있고 진정성 있게 대하는 자세를 취하지 않으면 내놓을 수 없는 심회이다. 「덕충부」에서 '무정(無情)'을 주장하는 장자가 이런 심정을 감추지 않고 드러내는 이유는 무엇이며, 그 의미는 또 무엇일까? 이런 의문의 끝에서, 장자가 공동체를 인정하고 함께하는 더 좋은 삶을 지향하였다는 점을 찾아낼 수 있을 것이다. 전국시대 중기의 사회 상황에서 '불인인지심(不忍人之心)'에 바탕한 '불인인지정(不忍人之政)'[52]을 외친 철학자만이 있었던 것은 아니다. 바로 그때, 동일한 세태에 대해 신랄하게 비판하는 속에서도 애심(哀心)·비심(悲心)을 잃지 말아야 할 것을 강조한 철인(哲人)이 장자였다. 장자에게서는 이것이 더불어 조화하는 삶을 가능케 하는 현실적 바탕이다.

이
—

팽조는 오래 산 것으로 유명한 인물이다. 팔백 년을 살았다고 한다. 차오추지에 따르면 내금(乃今)은 이금(而今)이니, '지금'이다. 필(匹)은 '비교하다'이니, 보통 사람들이 팽조를 부러워한다는 뜻이다. 비(悲)자는 장자가 보통 사람이 처한 현실을 나타낼 때 사용하는 표현이다. 장자는 큰 것과 작은 것(대지와 소지, 대년과 소년) 사이의 현격한 차이를 모르는 사람들을 '비참하다[悲]'고 평가하였다.

시비에 갇힌 존재들이 자신들의 세계에서 통하는 기준으로 가장 나은 것을 선택할 줄만 알지, 자신이 갇힌 그 세계 사실은 자신이 구성해낸 그 세계에서 벗어나면 다른 세계가 펼쳐진다는 것을 알지 못함을 한탄하는 것이다. 장자의 슬픔은 욕망의 좌절 등 자신의 내적 원인 때문에 일어나지 않는다. 장자는 그처럼 자신의 내부에서 일어나는 감정을 느끼지 않는다. 오직 공명할 뿐인데, 이곳에서의 슬픔도 시비에 매인 존재들이 겪는 고통에 대한 공명으로, 신(神)의 슬픔이다.

원문 6

작음과 큼의 차이

湯之問棘也是已. 窮髮之北有冥海者, 天池也. 有魚焉, 其廣數千里,
未有知其修者, 其名爲鯤. 有鳥焉, 其名爲鵬, 背若太山, 翼若垂天之
雲, 摶扶搖羊角而上者九萬里, 絶雲氣, 負靑天, 然後圖南, 且適南冥
也. 斥鴳笑之曰, "彼且奚適也? 我騰躍而上, 不過數仞而下, 翺翔蓬
蒿之間, 此亦飛之至也. 而彼且奚適也?"此小大之辯也.

번역

탕임금이 극에게 물은 것도 이것이다. 불모의 땅 북쪽에 검푸른 바다가
있으니 천연의 못이다. 그곳에 물고기가 있어 너비가 수천 리가 되는데
그 길이를 아는 이가 없다. 그 이름은 곤이다. 그곳에 새가 있으니 이름
이 붕이다. 등은 태산과 같고 날개는 하늘에 드리운 구름과 같다. 양의
뿔처럼 휘돌아 오르는 회오리바람을 타고 구만리를 올라 구름을 가르
고 푸른 하늘을 등진 뒤에야 남쪽으로 날아가려고 한다. 남쪽 바다로 가
는 것이다. 메추라기가 비웃으며 말했다. "저것은 어디로 가려고 하는

가? 나는 훌쩍 뛰어올라도 몇 길을 오르지 못하고 내려와 쑥대 사이를 날아다닌다. 이것도 나는 것의 극치다. 그런데 저것은 어디로 가고자 하는가?" 이것이 작은 것과 큰 것의 구별이다.

박 앞의 붕의 비상과 이에 대한 매미와 작은 비둘기의 비웃음을 다
　　른 버전으로 다시 반복하면서 '소대지변'을 마무리하고 있다.

유 세 번째 대붕 이야기다. 이야기의 모든 내용이 탕임금의 물음
　　에 대한 그의 신하인 극의 답변인 것처럼 구성되어 있다. 표
　　현상에 약간의 차이가 있으나 내용에서는 앞의 두 가지 대붕
　　이야기와 거의 겹친다. 이야기 자체가 우언으로 되어 있는 것
　　을 장자가 인용하여 중언으로 삼음으로써 자기 메시지의 신
　　빙성을 한층 더 높이고자 한 것이다. 앞의 두 가지 대붕 이야
　　기와 차이를 보이는 점은, '천지(天池)'가 곧 북쪽 바다인 명해
　　(冥海)인 것으로 되어 있고, 변화를 말하지 않는 가운데 대곤
　　과 대붕이 별개의 개체로서 있다는 것이다. 그러나 이것은 그
　　리 중요한 점이 아니다. 구성상 장자 자신의 입으로 말해진
　　의미 있는 말은 단 한 마디, 끝에 붙어 있는 '차소대지변야(此
　　小大之辯也)'이다. 이런 구성방식 속에서 이 말의 의미는 그만
　　큼 강화되고 있다. 장자는 이 세 번째 대붕 이야기를 '소대지
　　변'에 포인트를 두어 이해할 것을 확실하게 주문한 것이다.

이 대붕 이야기의 세 번째 버전이다. 이 문단의 주제어는 '적
　　(適)'이고, 주제문은 '남쪽 바다로 가다[適南冥也]'이다. 여기
　　서 장자는 조그마한 습지에 사는 작은 참새를 등장시킨다. 대
　　붕이 작은 참새와 다른 점은 새로운 세계로 나아간다[適]는
　　데 있다. 세 번째 대붕 이야기는 위대한 세계로 나아가는 존

재와 그러지 못하는 자에 대한 은유다. '소대지변'이란 위대한 것과 왜소한 것의 차이라는 뜻이다. 장자는 '소대지변'이라는 표현으로 지금까지 말한 세 가지 대붕 이야기들을 요약하였다.

정 「소요유」에 나오는 대붕 이야기의 마지막 편이다. 제일 앞의 이야기에서 대붕이 향해가는 곳으로 묘사되었던 천지라는 이상적 공간을 곤이 사는 곳이라고 함으로써 깨달음의 지향지가 결국 현실임을 알려준다. 현실에서 함께 살아가지만 깨달은 이와 깨닫지 못한 존재 사이에는 분명한 간극이 있고, 깨닫지 못한 이는 깨달은 이의 체험을 이해하지 못한다.

해설

---

1 湯之問棘也是已.

박 탕(湯)은 은나라를 세운 임금이고, 극(棘)은 탕을 보좌한 현인이라 전한다. 두 사람의 문답은 『열자(列子)』 「탕문(湯問)」에도 대동소이한 내용으로 들어 있다. '시(是)'를 여기서의 번역과 다르게 '옳다'고 새기는 경우도 있다. 곽상이 그렇다. 이 구문에 대해 곽상은 "탕이 극에게 물은 것 또한 사물은 각각의 분계(分界)가 있으니 거기에 맡기면 번창함을 말한 것이다. 그러므로 장자는 탕이 물은 바를 옳다고 여겼다."[50]라고 주를 달았다. 곽상이 이러한 풀이는 자신의 적성설을 정당화하기 위한 의도에서 나온 것이다.[53] 『열자』「탕문」에 등장하는 곤과 붕의 이야기는 이 세계는 시·공간적으로 끝이 있는지 그리고 사물 간에는 대소(大小)와 장단(長短)과 동이(同異)가 있는지에 대해 탕이 물은 질문에 극이 답하는 내용 가운데 들어 있다. 이에 대해 극은 만물의 다양한 양태들을 거론하면서 그것은 확정할 수 없다고 답한다. 곽상은 이것을 "사물은 각각의 분계가 있으니 거기에 맡기면 번창한다."는 뜻으로 그 요지를 간추림으로써 자신의 적성설을 옹호하고 있는 것이다. 한편, 문일다(聞一多) 또한 이 구문과 아래 문장이 연결되지 않는다고 지적하면서 탕이 극에게 질문한 내용이 빠져 있음이 분명하다고 말한다.[54]

유
—
이 구절로부터 이어지는 인용된 이야기에 대해 유진옹(劉辰翁)은 이렇게 말하였다. 장자는 앞서 "우언의 뜻을 『제해』에 의탁하였으나 부족할까 싶어 다시 탕임금의 일화에 의탁하였다. 사람들이 믿지 않을 것 같아서 인간사로써 그것의 진실성을 더한 것이다."[55] 『제해』는 인간이 아닌 기이한 대곤과 대붕의 이야기를 전하는 책이다. 박세당(朴世堂)은 유진옹의 해석에 의거하여 다음과 같이 이해하였다. "앞서는 『제해』의 글을 인용하였고 여기서는 또 탕임금의 일화를 인용하는데, 이는 같은 이야기를 반복함으로써 징험할 만한 게 있을 듯함을 시사하는 것이다. '이것일 따름이다[是已]'라는 것은 『제해』에서 전하는 것과 다름이 없음을 이른다."[56] 그런데 장자는 이 '탕지문극'의 예화 전체를 대체 어느 전적에서 인용한 것일까? 장자는 두 번째 대붕 이야기에서 인용의 출처인『제해』를 거명하였지만, 이 세 번째에서는 출처(서명)를 언급하지 않았다. 그런데 이 문단의 일부 내용은『열자』「탕문」의 글과 관련이 있다. 거기서는 '극(棘)'이 하극(夏革)으로 되어 있는데, 그의 자(字)가 자극(子棘)·하극(夏棘)이라고 한다. 장자가 앞서『제해』에서 인용한 글이『열자』에는 들어 있지 않다. 다른 한편 여기서 장자가 인용한 글의 앞부분 절반['窮髮之北有冥海者 …… 翼若垂天之雲']은『열자』「탕문」에도 거의 같은 내용으로 들어 있다. 그런데 「탕문」에서는 이에 이어 "그 몸뚱이 둘레는 날개에 어울릴 정도로 큽니다. 세상 사람들이 이런 대물이 있다는 것을 어떻게 알 수 있을까요! 위대한 우임금께서 천하를 돌아다니며 보신 것들을, 백익이 알고서 그것들에 이름을 붙였는데, 이견이 그것을 듣고서 기록해놓았기 때문입니다."[57]라고 기술하고 있다. 이처럼『열자』에서의 대붕 이야기에는 출처와 관련되는 것이 일정 정도 제시되었다. 그리고 두 번째 대붕 이야기에서 장자 자신의 말로 되어 있는 "아침 버섯은 아침저녁 전체를 모르고, …… 팔천 년으로 가을을 삼았다."는 구절 역시,『열자』「탕문」에 들어 있는 내용과 거의 똑같은 것이다. 그런데 이 경우에도 장자는 인용 여부 및 출처를 전혀 언급하지 않았다. 이외에도『장자』에는『열자』의 글과 겹치는 내용의 글이 매우 많은데, 그 의취들에서 큰 차이를 보이는 경우가 있다. 「제물론」의 '조삼모사(朝三暮四)'의 경우가 대표적이다. 그러면『열자』「탕문」의 글과 겹치는 내용을 기록한 것의 원본이 『장자』라고 보아도 무방할까? 그렇다고 단언할 근거는 없다. 현행본 『열자』에는 위작된 부분이 많다고 보는 것이 중론이다. 그렇지만 『열자』의 고문(古文)은 『장자』보다 시기상 앞선 것으로 추정하는 학자들도 있다.[58] 전한(前漢) 말기의 유향(劉向:, B.C. 77~B.C. 6)이 지은 『별록(別錄)』은 유흠의 「칠략(七略)」의 근거로 사용되었는데, 오늘날 전해지는 『칠략별록일문』에 다음과 같은 기록이 있다. "이 『열자』는 세상에 유행하였으나 후에는 쓸모없게 되어 민간에 흩어지고 전하는 자가 없게 되었다."[59] 후한의 반고(班固:, 32~92)는 도가(道家)를 언급하는 중에 "『열자』 8편이 있다."라고 하였으며, 또한 열자에 관해 "이름은 어구(圉寇)이고, 장자보다 앞선 시기에 살았는데, 장자가 그를 일컬었다."[60]라고 하였다. 특히 다음 문단에서 장자는 열자의 특성으로써 '어풍이행(御風而行)'을 제시하는데, 이 내용은 『열자』 「황제」에서만 찾아볼 수 있는 것이다. 적어도 이것은 장자가 『열자』의 글을 참고하였다고 인정할 만한 증거라고 할 수 있다. 열자 자신의 가장 중요한 특성으로 얘기되는 것조차 『장자』에 연원을 둔 것이라고 보기는 어렵기 때문이다. 이런 사정이 있으므로 둘째와 셋째의 대붕 이야기 중 『열자』의 글과 겹치는 내용의 연원이 『장자』에 있는가, 『열자』에 있는가, 아니면 이들보다 앞선 다른 어떤 전적에 있는가 하는 문제를 깊이 천착해볼 필요가 있다.

이　탕임금이 극에게 물었다는 일화는 훗날에 만들어진 『열자(列

子)』「탕문(湯問)」에도 정리되어 있다. 『열자』에 따르면 탕임금은 그의 신하이자 스승인 하극(夏革, 革은 棘과 음이 같다)에게 다음과 같이 물었다. "사물에는 크고 작음이 있습니까? 길고 짧음이 있습니까? 같고 다름이 있습니까?"[61] 하극의 답변 가운데 대붕 이야기가 등장한다.[62] 하극은 비록 사물은 겉으로 드러난 모습은 각기 다르지만 사물의 본성은 모두 온전한 것이고, 각자의 몫은 모두 충분하기 때문에 대소, 장단, 동이를 구분할 이유가 없다고 대답한다. 그러나 『열자』의 기록은 「소요유」의 대붕 이야기에 대한 오독이다. 하극의 결론은 위진현학의 재성(才性) 관념에 『장자』「제물론」의 논법을 적용한 결과다. 「소요유」의 대붕 이야기는 제물의 논리에 따라 대소의 동등함을 말한 것이 아니라, 대소 사이의 격차에 대한 은유다. 그렇기 때문에 장자는 사물에 거대한 것과 미세한 것이 있느냐는 탕임금의 물음을 자기 주장의 방증으로 끌어왔던 것이다. 「소요유」의 우화를 「제물론」의 관점으로 읽을 때 『열자』의 기록과 같은 오독이 발생한다. 「소요유」에 등장하는 대붕의 이야기는 위대한 존재에 대한 우화로 읽어야 한다. 탕임금이 물었다고 하는데 내용상 들은 것이다. '묻고 듣다.'를 줄여서 '물었다.'로 표현했다고 보아야 할 것이다. 따라서 이 문장은 들은 것 혹은 묻고 들은 것이라고 번역해야 한다.

정
—

2 窮髮之北有冥海者, 天池也. 有魚焉, 其廣數千里, 未有知其修者, 其名爲鯤.

박
　'궁발지북(窮髮之北)'은 일체의 인위가 부재한 상태에 대한 은유이다. 셋째 단락 첫 문단에 나오는 혜시와 장자의 대화에 등장하는 '아무것도 없는 곳, 광막한 들[無何有之鄕, 廣莫之野]'의 이미지와 호응한다. '북명'도 '남명'처럼 '천지(天池)'라고 함으로써 붕의 출발지와 도착지가 층을 달리하는 장소가 아니라 같은 지평임을 나타내고 있다.

유
　첫 번째 대붕 이야기에서 "남쪽의 바다란 천연의 못이다[南冥者, 天池也]"라고 한 것이, 이 인용 구절에서는 "불모의 땅 북쪽에 검푸른 바다가 있으니 천연의 못이다[窮髮之北有冥海者, 天池也]"라고 지역상에서 정반대로 얘기되고 있다. 천연의 못을 대붕이 이동하는 지향점으로 삼을 경우, 이런 차이점에는 어떤 특별한 의미가 들어 있어야만 한다. 이 세 번째 이야기 중의 뒤 구절에서도 대붕은 일관되게 남쪽 바다로 옮겨갈 것을 도모한다. 즉 이런 지향점 설정은 세 가지 이야기에서 일관된다. 그런데도 여기서 그 괴리에 대해 장자가 아무런 해명도 하지 않는 이유는 무엇일까? 우선 이것이 장자 자신의 말이 아니라 인용된 글이라는 점에서 보면, 여기의 '천지(天池)'에는 특별한 의미가 담겨 있지 않거나 장자의 의도와는 아주 다른 의미 부여일 수도 있을 것이다. 다른 한편 굳이 장자의 견지에서 '북명[명해]=남명=천지'라는 구도로 이해할 경우, 두 번째 대붕 이야기에서 장자 자신이 제시한 "거기서 아래를 보면 역시 이와 같을 따름이다."와 같은 제물 관점을 투영해서 이해해볼 수 있을 것이다. 두 번째 대붕 이야기를 통해 이미 장자 자신이 제물 관점을 피력하였으니, 장자의 제물 견지에서는 북명이 곧 남명일 수도 있다는 얘기이다. 대지(大知) 차원에서라면 이런 이해도 가능하지 않겠느냐는 추론일 따름이다. 아무튼 이 세 번째 대붕 이야기의 첫 구절은 일관성에서 부분적으로 어그러짐이 있다. 그렇지만 또 다른 측면에서 보면, 이런 불일치를 그대로 두고 해명하려 들지 않는 것이 오히려 장자가 다른 글을 인용하면서 제멋대로 변형하지 않았다는 신뢰성을 확보하는 것이 아닐까.

이

이이(李頤)에 따르면 '발(髮)'은 '털[毛]'과 같다. '궁발'은 불모지를 말한다. '명해'는 북극에 있는 검은 바다이다. 『해내십주기(海內十洲記)』「취굴주(聚窟洲)」에서 "원해는 물이 새까맣다. 그래서 검은 바다라고 부른다. 바람이 없어도 큰 파도가 백 길이나 인다."[63]고 하였다. '천지'는 천연의 바다이다. 이것은 천연의 세계를 상징한다. 이 구절과 다음 구절에서는 곤과 붕의 거대함에 대해 말했다. '유어언(有魚焉)', '유조언(有鳥焉)'이라고 하면서 곤과 붕을 따로따로 거론한 이유도 이 때문이다. 첫 번째 대붕 이야기에서 곤이 변해서 대붕이 된다[化而爲鳥]는 내용과는 맥락이 다르다.

정

「소요유」의 모두에서는 남명을 천지라고 했고, 천지는 대붕으로 화한 곤이 향해가는 곳이었다. 그러나 이곳에서 천지는 지향처가 아닌 출발지다. 남명을 천지라고 한 이야기에서는 북명이었다. 그렇다면 북명과 남명은 모두 천지로서 출발점이자 지향처라는 의미를 지닌다. 이것은 우선 회귀라는 맥락에서 해석할 수 있다. 탈속하여 깨달음에 도달하지만 다시 환속하여 살아가는 모습을 생각해볼 수 있다. 이와는 달리 장자적 깨달음이 현실에서의 자유를 함의한다고 볼 수도 있다.

3 有鳥焉, 其名爲鵬, 背若太山, 翼若垂天之雲, 摶扶搖羊角而上者九萬里, 絶雲氣, 負青天, 然後圖南, 且適南冥也.

박 "(구만리를 날아올라) 구름을 가르고 푸른 하늘을 등진 뒤에야 남쪽으로 날아가려고 하니, 남쪽 바다로 가는 것이다.[絶雲氣, 負青天, 然後圖南, 且適南冥也.]"와 비슷한 표현은 앞에서도 여러 번 나왔다. "(이 새는) 바다가 움직이면 남쪽 바다로 간다.", "붕새가 남쪽 바다로 갈 때는", "짙푸른 하늘을 등지고 막을 것이 없어진 뒤라야 비로소 남쪽으로 날아가려 한다." 등이다. 그런데 이들에서 눈여겨볼 부분은 어디에서도 붕이 남명으로 '갔다/가버렸다'는 식의 완료형 표현은 없다는 점이다. 대신 모두 '~하려 하다'는 의미를 지니는 미래시제형 조동사들, 즉 '도(圖)'와 '장(將)' 등이 함께 쓰이고 있다. 이것은 붕의 비상은 성심에 갇혀있는 삶에 대한 부단한 탈주 그 자체에 대한 권고이지 그것을 버리고 전혀 다른 삶의 공간으로 이주할 것을 권고하는 것이 아님을 말한다. 이 점에서 장자사상의 중심 주제를 압축적으로 담아내고 있는 붕의 비상 우화는 '산은 산이고, 물은 물이다.[山是山, 水是水]'라고 하는 선불교의 화두와 구조가 같다. 양자 모두에 있어 현실 부정은 그 현실에 매몰되어 있는 기존의 삶의 방식을 버리기 위한 방편일 뿐, 궁극적으로 지향하는 것은 그 버림을 통해 얻어지는 새로운 시각을 구름판으로 삼아 현실과 다시 만나는 것이기 때문이다.

대곤과 대붕이 변화[化]에 의해 연결되지 않고, 별개의 개체들로서 단지 동일 공간에 공존하는 것으로 되어 있다. 장자가 일련의 '변화'를 중시한다는 점에 비추어볼 때, 이런 차이점을 해명하는 것도 난제이다. 앞의 '천지(天池)' 문제와 마찬가지로 일관성을 확보하는 데서 한계를 지닌다. 『열자』에 이와 유사한 글이 있다. "종발북이라는 나라의 북쪽에 명해라는 바다가 있으니, 천지이다. 거기에 어떤 물고기가 살고 있다. 그 넓이가 수천 리이고 그 길이는 넓이에 어울릴 정도로 긴데, 그 이름이 곤이다. 거기에 어떤 새가 살고 있는데, 그의 이름이 붕이다. 붕의 날개는 하늘의 구름처럼 드리우고 ……"[64] 장자가 바로 이 『열자』「탕문」의 글을 인용한 것일까, 아니면 이와 정반대가 사실일까? 아무튼 대붕 이야기들에서 인용된 글들에다 권위를 부여할지라도, 장자 자신의 말인 깃으로 된 구절들을 위주로 하여 핵심 내용을 정합적으로 재구성하여 이해하는 것이 하나의 해법일 수 있다. 여기서 중시할 것은, 장자가 이 이야기 전체에서 '소대지변'에 포인트를 두었다는 사실이다. 따라서 이 문단의 경우 '소대' 문제와 관련이 없는 점

에까지 굳이 의미를 부여할 필요는 없겠다. '절운기(絶雲氣)'
란 구름층보다 더 높은 곳을 가리키는데, 이는 의미상 두 번
째 대붕 이야기에서의 '막지요알자(莫之夭閼者)'에 해당하는
것으로 볼 수 있다. 말하자면 갖가지의 자질구레한 잡념과 욕
망 추구를 떨쳐버린 것을 뜻한다.

이 대붕이 남쪽 바다로 나아갈 것임을 말했다. '남명'은 새로운
세계를 의미한다. 위대한 존재는 자신의 한계를 넘어 새로운
세계로 나아간다는 것이 이 문단의 주제다.

정 앞에서는 곤이 붕으로 화한다고 했는데, 이곳에는 그런 말이
없다. 단순한 누락이 아니라면 남명과 북명을 모두 천지라고
한 이유와 연결해서 해석해 볼 수 있다. 즉, 출발점과 지향점
이 같은 이 이야기에서 곤은 곧 붕이다. 깨달음은 바로 이곳
에서의 나의 깨달음이라는 뜻이다.

4 斥鴳笑之曰, 彼且奚適也? 我騰躍而上, 不過數仞而下, 翶翔蓬
蒿之間, 此亦飛之至也. 而彼且奚適也?

박 '등약이상(騰躍而上)'은 지금처럼 '훌쩍 뛰어올라도'라고 무
미건조하게 옮기는 것보다 '기를 쓰고 올라도'라고 하는 것이
더 낫다. 바로 이어지는 '불과(不過)'가 한계를 지시하는 어휘
이므로 그 맛을 함께 살려 "기를 쓰고 날아올라도 몇 길밖에
오르지 못하고 내려온다."라고 옮기는 것이 적절하다.

유 '척안(斥鴳)'은 늪지에서 사는 작은 메추라기로서 멀리 날지

못하는 새이다. 안목이 짧고 얕은 소자(小者)를 비유하는 말
이다. '등약(騰躍)'은 늪지나 풀밭에서 낮게 날아오르는 것을
가리킨다. '봉호(蓬蒿)'는 본래 쑥인 봉초와 호초를 뜻하는 말
인데, 넓게는 거친 풀숲을 가리킨다. '고상(翱翔)'은 요란하게
퍼덕이며 난다는 뜻이다. 두 '차(且)'자는 앞의 두 대붕 이야
기 내용에 맞추어서 볼 때, '장차(將次)'의 뜻이다. 두 번째 대
붕 이야기에서 등장한 매미와 작은 비둘기가 여기서는 작은
메추라기로 대체되었다. 날아다니는 작은 동물로서 퍼덕거
리고 재잘대며 대붕을 비웃는다는 점에서는 매한가지다.

이 차오추지에 따르면 '척(斥)'은 소택지를 말하고, '안(鷃)'은 작
은 참새다. '척안'은 작은 습지에 사는 작은 참새다. 많은 경
우에 '척안'을 메추라기로 번역한다. 그러나 메추라기는 철새
다. 중국의 경우에 메추라기는 중국 북부지역에서 번식기를
보내고 중국 남부에서 겨울을 난다. 따라서 메추라기는 대붕
의 남행을 비웃는 새일 수 없다. '척안'은 대표적인 텃새인 참
새를 말한다. 좁은 세계에 갇힌 작은 참새는 새로운 세계로
나아가는 대붕의 뜻을 알 수 없다.

정 소(笑)는 놀람과 비웃음을 표현하는 장치다. 앞에서 매미와
비둘기도 웃었고, 뒤에서 견오가 막고야의 산에 사는 신인의
이야기를 듣고는 믿지 못한다는 말이 나오는데 모두 유사한
의미다. 깨달은 이와 깨닫지 못한 이 사이의 거리를 나타낸
다. 맥락상 '해적(奚適)'은 '어디로 가려는가'보다는 '어떻게 가
려는가'라는 뜻에 가깝다. 자신이 얼마 올라가지 못한다는 말

을 하고 있기 때문이다.

5 此小大之辯也.

박

여기까지가 첫째 단락 두 번째 문단이다. '변(辯)'은 '변(辨)'의
의미이다. '분별/구별/판별하다'는 뜻이다. 둘은 종종 통용되
었다. 『설문해자』에서는 "변(辯)은 '치(治)'라고 하였고, 이에
대해 단옥재(段玉裁)는 "'치(治)'는 '질서 잡음[理]'이다. 일상
에서는 '변(辨)'과 구별하지 않는 경우가 많다. '변(辨)'은 '판
별함[判]'이다."[65]라고 주를 달고 있다. 이 문단에 대해 곽상은
다음과 같이 말한다. "각자 타고난 본성을 지극함으로 삼고,
스스로 그것을 다하는 것을 궁극으로 삼는다. 앞에서 두 부
류(붕과 메추라기)는 날개가 다르기 때문에 도달하는 곳이 같
지 않아 어떤 것은 천지로 날아가고 어떤 것은 힘을 다해 느
릅나무와 박달나무에 다다르니, 이는 다만 각기 제 몸에 맞추
어 만족할 뿐이고 그렇게 되는 까닭은 모른다고 말했다. 그리
고 여기서는 큼과 작음의 차이는 각자 스스로 그러한 바탕이
있는 것으로서 이미 힘쓰고 바라서 미칠 수 있는 것이 아니므
로 또한 각자 자신의 천성을 편안히 여기고 다른 까닭을 슬퍼
하지 않는다고 하였다. 그러므로 다시 언급하였다."[66] 이것은
다음과 같은 주장을 함축한다. '소요'는 만물이 각자가 타고
난 본성에 충실히 부합하는 삶을 사는 것이다. 붕과 작은 새
들은 타고난 생물학적 조건, 즉 본성이 다르다. 따라서 붕과

작은 새들은 각자의 본성에 맞추어 살면 되는 것이고, 이 점에서 이들은 모두 '소요'하는 것이다. 곽상의 이런 주장은 당시부터 비판을 받았다. 지도림(支道林: 314~366)이 대표적이다. 지도림은 "메추라기[鴳]는 가까운 곳에 살면서 멀리나는 붕을 비웃는다. 이것은 마음 속에 뽐내고 자랑하려는 생각이 있는 것이다. …… 만약 자신이 만족해하는 것을 충족시키려는 욕망이 있게 되면 만족해하는 것에서 만족하니, 일견 상쾌하여 꾸밈없는 참된 경지인 듯하다. 그러나 이는 굶주린 사람이 한 번 배를 채우고 목마른 사람이 한 번 실컷 마시는 것과 같다. 어떻게 미숫가루 때문에 상제(嘗祭)와 증제(烝祭)의 제사음식을 잊고, 거친 막걸리 때문에 성대한 술자리를 끊겠는가? 이것은 참된 만족이 아니니, 어찌 소요의 바탕이 될 수 있겠는가?"[67]라고 하였다. 곽경번은 지도림의 이 말을 인용하면서, 이것이 상수(向秀)와 곽상의 주석이 부족한 점이라고 말한다.[68] 여러 가지 분석이 가능하겠지만, 곽상이 '소요유'의 의미를 오독하고 있다는 것은 '비유'라는 수사법의 측면에서 보면 간단하게 지적될 수 있다. 비유는 나타내고자 하는 원관념(메시지)을 효과적으로 전달하기 위해 보조관념을 사용하는 수사법이다. 따라서 여기서 중요한 것은 왜 해당 보조관념이 선택되었는지를, 다시 말해 사용된 비유 대상들의 '선택된 특징'이 무엇인지를 파악하고 그에 국한하여 원관념을 독해하는 것이다. 대붕과 메추라기의 사례에 이를 대입하면 여기서 선택된 비유 대상들의 특징은 '날아오름' 그 자체가 아니라 '날아오름의 거리'이다. 대붕의 비상 우화에서 이것은 각각 '구만리'와 '몇 길[數刃]'로 대비된다. 그런데 곽상은 이 우화에서 그 특징을 '날아오름' 그 자체로 전환시켜 논의함으로써 자신의 적성설(適性說)을 정당화하고 있는 것이다. 비유하자면 이것은 '마음'을 '호수'에 비유할 때 '맑음'에 초점을 두지 않고 넓이와 수심 등과 같은 호수의 여타 요소를 끌어들여 그 비유의 맥락을 놓치는 것과 같다.

장자는 이제까지 일관되게 '큼[거대함]'에 주안점을 두어온 것을 이 구절에서 '소대지변(小大之辯)'이라는 말로 총결하였다. 소에 해당하는 아지랑이·티끌·생물들의 입김·매미·작은 비둘기·메추라기가 대에 해당하는 대붕·해운[六月息]과 형체의 크기 및 활동 공간상에서 대비되었다. 그런데 소년에 해당하는 작은 버섯·쓰르라미가 언뜻 바다거북이·대춘과 생존 기간 및 앎의 수준상에서 대비되는 것처럼 보일 수도 있겠으나, 사실상 장자가 말하려는 '대년(大年)'에 해당하는 것이 직접 제시되지는 않았다. 추론하건대 대년에 해당하는 것은 명령·대춘 및 팽조가 아니라, 대지와 마찬가지로 대붕 같은 존재여야 한다. 앎의 차원상에서는 소지와 대지가 대비된다. 이 모든 것이 '소지불급대지, 소년불급대년'의 문제, 즉 '소대지변'으로 귀결된다. 그런데 여기의 소와 대 사이에는 차원상에서의 우열[본연과 비본연]이 성립하므로, 이 자체에는 제물 관점이 적용되지 않는다. 즉 제물 관점을 갖는 대지·대년과 그렇지 못한 소지·소년은 단순한 차이를 넘어

차별적이다. 이들은 상대적 차원에 동급으로서 있는 것이 아니다. 장자의 제물 관점은 초메타적인 것이다. 장자가 말하는 '소요유'는 이런 제물 관점을 바탕으로 하는 것이다. 이런 점을 구별하지 못하고 혼동하거나 왜곡하면 "작은 것과 큰 것이 비록 다르기는 하지만 소요한다는 점에서는 동일하다.", "큰 것과 작은 것을 가지런하게 만든다."[69]라고 주장하는 궤변으로 빠져들게 된다. 그리하여 곽상은 심지어 장자가 애써 초탈해야 할 것으로 지목한 '봉지심(蓬之心)'과 '성심(成心)'조차 정면으로 긍정한다.[70] 장자는 이어서 앎[行과 德을 포함]의 수준에 차원적인 차별이 있다는 점에 관해 본격적으로 논의한다.

이 　대붕 이야기에서는 위대한 자와 왜소한 것의 차이를 세 가지로 말했다. 하나는 변화[化]고, 둘은 비상[上]이고, 셋은 나아감[適]이다. 위대한 존재는 변화를 통해 이루어지며, 수많은 노력을 쌓아서 새로운 세계로 나아간다는 메시지다. '이것이 크고 작은 것의 차이다.[此小大之辯也]'라는 문장은 앞에서 말한 세 가지 대붕 이야기에 대한 요약이다.

정 　앞에서부터 이어져 온 대붕과 매미, 비둘기 등의 대립적 구도를 정리하는 문장이다. 작은 것은 매미, 비둘기를 큰 것은 대붕을 의미한다. 매미 등은 구성된 세계가 참이라고 믿는 이로 꿈에서 깨어나지 못한 이를 비유한다. 그들은 언어로 직조된 세계 외에 다른 세계가 있음을 믿지 않는다. 표상을 매개하는 인지 외에 다른 인지방식을 인정하지 않는다. 그들은 자신들의 체험이 결국에는 구성된 것임을 깨닫지 못한 채 꿈을 꾸고 있는 즉, 깨닫지 못한 이들이다. 이에 반해 언어적 구성성을 깨달은 이는 언어적 굴레에서 벗어나고 수행자가 되어 기의 인지능력을 활성화시켜서 끝내 자유해방을 누린다. 대붕의 비행은 이런 자유해방의 비행이다.

원문 7

지인은 자아가 없고, 신인은 자취가 없으며, 성인은 이름이 없다

故夫知效一官, 行比一鄉, 德合一君, 而徵一國者, 其自視也亦若此矣.
而宋榮子猶然笑之. 且擧世而譽之而不加勸, 擧世而非之不加沮, 定
乎內外之分, 辯乎榮辱之境, 斯已矣. 彼其於世, 未數數然也. 雖然, 猶
有未樹也. 夫列子御風而行, 泠然善也, 旬有五日而後反. 彼於致福
者, 未數數然也. 此雖免乎行, 猶有所待者也. 若夫乘天地之正, 而御
六氣之辯, 以遊無窮者, 彼且惡乎待哉! 故曰, 至人無己, 神人無功, 聖
人無名.

번역

그러므로 앎이 하나의 관직을 맡을 만하고, 행실이 한 마을에서 통하며,
덕이 한 명의 임금에게 부합하고, 능력이 하나의 나라에 쓰일 만한 이가
자신을 보는 것 또한 이와 같다. 그러나 송영자는 이러한 사람들에 대
하여 빙그레 웃으며, 온 세상 사람들이 그를 칭송해도 더 고무되지 않
고 온 세상 사람들이 그를 비난해도 더 위축되지 않는다. 내면과 외물의

구분을 분명히 하고 영예와 치욕의 경계를 구별할 따름이다. 그는 세상의 일에 급급하지 않았다. 비록 그러하나 아직 부족하다. 열자는 바람을 경쾌하게 잘 몰고 다녀, 보름이 지난 뒤에 돌아왔다. 그는 복을 추구하는 일에 급급하지 않았다. 열자는 비록 걸어 다니는 수고로움에서는 벗어났으나 여전히 의지하는 바가 있다. 저 천지의 바름을 타고 육기의 변화를 부려 끝없는 곳에서 노니는 이라면 그가 또 무엇에 의지하겠는가! 그러므로 지인은 무기(無己)이고 신인은 무공(無功)이며 성인은 무명(無名)이라고 한다.

박　첫째 단락의 세 번째 문단이다. 붕의 우화를 바탕으로 '소대지변'에 대한 논의를 끝내고, 이를 인간 세상에 적용하여 '대(大)'로서의 삶은 구체적으로 어떤 경지인지를 지인(至人)·신인(神人)·성인(聖人)이라는 세 유형의 인간상을 들어 설명하고 있다. 붕의 비상 우화가 이야기하고자 하는 원관념에 해당하는 문단이다.

유　『장자』 전체의 핵심 내용을 구조적으로 농축해놓은 문단이다. 앞의 '소대지변'을 이어서 이해할 때, 이는 소[작음]에서 대[큼]로 차원을 높여가는 과정을 말하는 것이다. 그런데 소대지변에 얽혀 고뇌하는 것은 일반 관료[관리]들, 송영자, 열자 수준까지다. 마지막의 궁극적 단계인 지인·신인·성인은 소대지변을 초월하는 무대(無待)의 존재로서 노니는[遊] 삶을 사는데, 이것이 자유로움의 궁극적 경지다. 이들은 대붕 차원도 넘어서는 인격으로서 '무기(無己)·무공(無功)·무명(無名)'이라는 특성을 갖는다. 내용상 의지함[待]이 있고 없음 및 그 정도가 자유롭지 못함과 자유로움의 차원 차이를 결정한다. 일반 관료들이 유대(有待)의 극단이라면 지인 등은 무대의 극치다. 크게 네 등급을 점차적 수양의 단계, 즉 인간이 정신적으로 도달할 수 있는 차원들인 것으로 볼 수 있다. 이들 단계는 대붕 이야기에서의 다섯 번의 전환 내용을 인간사에 적용하여 구체화하고 확장한 것이다. 그런데 전체 서사의 구도상으로 볼 때, 열자와 지인 등의 사이에 사다리 단계로써 대붕 차원을 위치시킬 필요가 있다. 대붕 이야기는 열자적 수준을 지인 등의 차원으로 고양해주는 관절 같은 역할을 하는 것이라고 볼 수 있기 때문이다. 따라서 이 문단을 다시 총 다섯 단계로 재구성할 수 있다. 장자는 글을 평이하게 구성하지 않았다. 글의 시작에서 대전환 단계(새로운 넷째 단계)를 뜻하는 세 가지 대붕 이야기를 먼저 제시한 것은, 장자의 역발상적 충격요법에서 기인한 파격이다. 하지만 대붕 이야기 전체를 평서문 방식으로 압축해 이 문단의 열자 단계 다음에다 삽입하여 재구성해 놓고 볼 때, 『장자』 전체의 온전한 큰 구도가 일목요연하게 드러난다. 또한 공간상에서의 범위가 점차 확장되어 무궁으로까지 열리는 것도 명확하게 볼 수 있다. 즉 관료들[한 국가 내], 송영자[천하 내], 열자[小風, 어풍], 대붕[大風, 승풍, 어풍], 지인[승일기, 어육기, 유무궁, 우주]이라는 것이다. 요컨대 「소요유」의 첫째 단락은 『장자』 전체의 서사 구도와 철학적 주제를 단계적으로 명확히 제시한 것이다. 플라톤이 『향연』에서 '사랑의 상승 사다리' 또는 '영혼의 상승 여행'[철학함의 과정]을 다섯 단계로 구성한 것을 장자의 이 다섯 단계와 비교해보는 것도 흥미로운 일일 것이다.

이
대붕의 우화에서 얻은 결론, 즉 큰 것과 작은 것의 차이를 인간 사회에 적용하였다. 장자는 인간의 경지를 네 단계로 나누어 말한다. 대붕의 뜻을 알지 못하는 작은 새들과 같은 사람, 송영자, 열자, 그리고 지인·신인·성인이 있다. 지인·신인·성인은 무(無)의 경지(무기, 무공, 무명)에 도달한 이상적인 인간상이다. 장자는 그런 사람이라야 세계의 근원에서 만물의 변화에 휘둘리지 않고 소요할 수 있다고 말한다.

정 『맹자』「공손추상」에 부동심(不動心)에 관한 글이 있다. 이 글에서 맹자는 모든 두려움을 야기하는 존재를 극복함으로써 평정을 얻는 북궁유의 부동심(不動心), 마음 속에서 두려움을 없애는 맹시사의 부동심, 그리고 옳음을 향하는 마음을 길러서 두려움을 극복하는 증자의 부동심으로 삼분하고 있다. 이곳에서는 모두 네 등급의 인물이 등장한다. 첫 번째는 북궁유에 대응하는 이로, 이 이는 자신의 능력으로 세상을 상대한다. 둘째는 맹시사처럼 밖이 아닌 내부를 목적으로 삼아 마음을 편히 하는 이다. 셋째는 증자처럼 가치기준을 세우고 그 목적을 향해 나아가는 존재다. 넷째는 그런 가치기준의 상대성을 수용하고 보다 높은 자유해방의 경지로 나아가는 존재다. 맹자는 유학자로서 기준의 내화 외에 다른 경지를 알지 못한다. 가치기준에 의거하는 윤리적 책무를 벗어나지 못하기 때문이다.

1 　故夫知效一官, 行比一鄉, 德合一君, 而徵一國者, 其自視也亦
　　若此矣.

박　붕과 작은 새들을 비유의 소재로 삼았던 앞의 소대지변 논의
　　를 인간사회에 대입하여 본격적으로 이야기하기 시작하고
　　있다. '이(而)'에 대해서는 두 가지 해석이 있다. '능(能)'으로
　　보아 '능력'의 뜻으로 새기는 것이 하나다. 곽경번은 이 두 글
　　자의 발음이 통용된 사례를『묵자』,『여씨춘추』,『회남자』등
　　의 여러 전거를 들어 고증하면서, 그래야만 지(知)-인(仁)-덕
　　(德)-능(能)의 연관구조를 이루어 관(官)-향(鄕)-군(君)-국
　　(國)과 대를 이룬다고 주장한다. 이에 대해 첸구잉(陳鼓應)은
　　'이(而)'를 순접 기능의 접속사로 새겨도 문제없다고 본다. 그
　　럴 경우 본문의 해석은 '덕이 한 명의 임금에게 부합하여 하
　　나의 나라에 쓰일 만한 이'가 된다. 성현영의 풀이가 이렇게
　　되어 있다. 성현영은 '이 세 부류의 사람은[此三者]'이라고 하
　　여, 이 두 구문의 주체를 나누어 보지 않고 '덕합일군이징일
　　군(德合一君而徵一國)'으로 붙여서 의미를 풀이하고 있다. '약
　　차(若此)'의 '차(此)'는 앞에 나왔던 작은 새들을 가리킨다. 자
　　기 세계에 빠져 있다는 뜻이다.

유　'효(效)'는 앎[지식 또는 智謀]에 의한 '증험(證驗 즉 效驗·效
　　力)'의 뜻이다. '비(比)'는 친근·합치의 의미로서 행실이 한

지역 사람들의 바람이나 취향에 영합하는 것을 뜻한다. 박세당은 "효(效)는 감당하다·주관하다라는 뜻이다. 비(比)는 나란히 합치하다라는 뜻이다."[71]라고 보았다. '이징일국(而徵一國)'에서의 이(而)를 능(能)의 뜻으로 보기도 하지만[72], 이와는 다른 견해를 고려해 볼 수 있다. '징(徵)'은 신(信)으로서 역량이 한 나라 내에서 신임을 얻는 일을 뜻한다. 또는 소(召)로서 부름받음을 의미한다. 따라서 '징일국'은 앞의 세 가지 일을 통합해 말하는 것일 뿐 별도의 내용을 추가한 게 아니라고 할 수 있다. 지자(知者)·행자(行者)·덕자(德者)는 세속적인 차원, 즉 학식과 도덕적 역량에 따라 각각 관직을 맡아 감당할 수 있는 관료들이다. 정리하자면 '지식이 한 관직을 맡아 효험을 보이고, 행실이 한 지역 사람들의 취향에 합치하고, 덕성이 한 군주의 마음에 들어맞아 한 나라의 범위 내에서만 신임을 얻는 자들은, 자기 자신을 보기를 역시 이처럼 할 것이다'라는 것이다. 다음 구절의 송영자에 대한 평가를 통해 이들의 가치 잣대가 기림과 비난[譽非]·안과 밖[內外]·영예와 치욕(榮辱)이라는 점을 알 수 있다. 이들이 추구하는 것은 실용적 지식[小知], 이록(利祿), 권세(權勢), 존위(尊位), 공명(功名), 영예(榮譽), 자존(自尊) 따위다. 그러나 「인간세」에서는 이런 것을 압축하여 이렇게 말한다. "덕은 명성에서 흐려지고, 지식[智謀]은 다투는 데서 나온다. 명성이란 서로 알력하게 만드는 것이며, 지식이란 쟁란의 도구다. 이 두 가지는 흉기이므로 끝까지 행해야 할 것이 아니다."[73] 이런 수많은 인위적 외물에 의지하고 얽매이는 것은 자기 구속이다. 공간을 협소화하고 시간을 단기화하는 속에서 자신의 운신 폭을 그만큼 쪼그라들게 만든다. '기자시야역약차의(其自視也亦若此矣)'는 '이들이 자기 자신의 깜냥을 평가하여 자리매김하는 것 역시 소자(小者 즉 소지·소년)가 그렇게 하는 것과 같다.'라는 뜻이다. 이 소자들은 국가라는 제도권 내에서 자기네의 역량 및 가치 기준을 벗어나는 비교 우위의 대자(大者 즉 송영자 이상의 수준)를 매미 등이 하는 것과 마찬가지로 비웃거나 멸시한다. 그리하여 자기네보다 월등한 타인·타국들과 대립하고 갈등할 수밖에 없는 불소통의 무리로 전락한다. 이들이 각각 '지식'[己]·'행위'[功]·'덕성'[名]이라는 가치 관념에 치중하여 얽매인 것은 각각 '지인무기'·'신인무공'·'성인무명'과 극단으로 대조된다. 「경상초」에 이에 대한 해설이라고 할 수 있는 글이 들어 있다.[74]

이

왕수민에 따르면 '고부(故夫)'는 복합어이니, '부'도 '고'다. '효(效)'는 '감당하다'이다. 오여륜(吳汝綸)에 따르면 '비(比)'는 비(庇)와 같다. 비(庇)는 '덮다'이다. 사마표(司馬彪)에 따르면 '징(徵)'은 신(信)이다. 왕념손(王念孫)에 따르면 '이(而)'는 능(能)과 같다. 곽경번(郭慶藩)은 관(官)·향(鄕)·군(君)·국(國)이 상대하고, 지(知)·인(仁)·덕(德)·능(能)도 상대한다고 보았다. 장자는 인간 공동체에서 능력을 발휘하여 한 자리를 차지하는 사람들도 대붕의 뜻을 모르는 작은 새들과 같은 처지라고 말한다.

정
하나의 관직, 하나의 고장, 한 명의 임금, 하나의 국가는 점증
적이다. 능력에서도 차이가 있다. 그러나 이들은 모두 언어의
세계에 국한되어 있다는 점에서 다르지 않다. 이들은 비둘기
가 대붕을 이해하지 못하고 자신의 관점에 갇혀 있는 것처럼,
자신들의 기준을 절대적이라고 생각한다.

2 而宋榮子猶然笑之. 且擧世而譽之而不加勸, 擧世而非之不加
沮, 定乎內外之分, 辯乎榮辱之境, 斯已矣.

박
송영자는 직하학파에서 활동한 사상가 가운데 한 사람이다.
제자서(諸子書)에서는 '송견(宋鈃:『莊子』「天下」,『荀子』, 非十二
子), 송경(宋牼:『孟子』「告子下」), 송영(宋榮:『韓非子』「顯學」) 등
여러 이름으로 불린다. '정호내외지분(定乎內外之分), 변호영
욕지경(辯乎榮辱之境)'은 한마디로 하면, 삶에 있어서 외부로
부터 주어지는 비본래적인 가치들, 즉 외물(外物) 때문에 내
면의 평정심이 흔들리는 일은 없다는 것이다. '변(辯)'은 앞에
나온 '소대지변'의 용례처럼 '변(辨:, 분별/구별/판별하다)'의 뜻
이다.

유
송영자는 '송나라의 영자'로서 이름이 견(鈃, 또는 형으로 발음
함)이다. 성현영은 "성이 영씨이고, 송나라 사람이다."[75]라고
하였다. 이에 따르면 성명이 '영견(榮鈃)'인데, 선진(先秦) 시
기의 제자서(諸子書)에서는 그를 '송영(宋榮)'·'송견(宋鈃)'·
'송경(宋牼)'·'영자(榮子)'·'자송자(子宋子)' 등으로 불렀다.

맹자나 장자와 거의 같은 시기에 살았던 것으로 추정된다. 『관자』의 여러 편에서 송견에 관해 기록하였다. 『여씨춘추』의 「거우」와 「거유」는 송견·윤문 등의 학설을 기록한 것으로 보인다. 『맹자』 「고자하」에서 맹자와 송경(宋牼) 간의 대화를 기록하고 있는데, 그 송경이 곧 송견이라고도 한다. 『순자』 가운데의 「비십이자」·「천론」·「정론」에서는 '송견(宋鈃)'·'송자(宋子)'·'자송자(子宋子)' 등으로 부른다. 순자는 「정론」에서는 비교적 길게 송견의 '업신여김을 당하는 것은 욕됨이 아니다[見侮不辱]'라는 주장에 대해 논박한다. 『한비자』 「현학」에서는 "송영의 관용[宋榮之寬]", "송영의 너그러움[宋榮之恕]"이라고 말하며, 또한 "송영자의 의론은 투쟁하지 않음을 설립하고, 원수를 갚으려 하지 않는 자세를 취하고, 감옥살이를 부끄럽게 여기지 않고, 업신여김을 당하는 것은 욕됨이 아니라고 여기는 것인데, 세상의 군주들은 그를 관대하다고 여겨 예우하였다."[76]라고 하였다. 『장자』 「천하」에서는 송견을 묵자(墨子)의 다음에 놓고 윤문(尹文)과 하나로 묶어서 평가하였다. 「천하」의 작자가 평가한 것에 따르면, 송견은 도가에 미치지 못하는 사상가임이 분명하다. '유(猶)'를 그냥 웃는 모습[笑貌]이라고 보기도 하는데[77], 이렇게만 보면 뒤의 '소(笑)'와 중복될 뿐이다. 유연(猶然)은 내적 자족감에 겨워 타인들의 가치 추구 행태를 웃어넘길 수 있는[喜笑] 수준을 표현한 말이라고 할 수 있다. 즉 '미소하며 자득하는 모습이다.'[78] 이런 웃음은 곽상과 성현영의 견해처럼 '이대소소(以大笑小)'로서 남들에 대해 천박하다고 비웃는 게 아니라, 일종의 관용[寬恕]에서 나오는 트인 웃음이라고 할 수 있다. 그러나 이것이 소자인 일반 관료들이 공적(公的) 세계를 생각하지 않고서 취하는 비웃음과는 다른 것일지라도, 타인들과의 관계 및 소통을 제대로 구현하기가 어렵다는 한계를 갖는다. '거세(擧世)'는 한 국가를 넘어서는 천하 범위를 뜻한다. 송영자는 천하 사람들의 존경이나 비방에 휘둘리지 않는 주체적 자아[굳은 의지]를 나름 확립하였다고 할 수 있다. 이것을 「천하」에서의 평가를 원용(援用)하여 이해해볼 수 있다. '정호내외지분(定乎內外之分)'은 송견이 "침략을 금지하고 무력을 그치게 하는 것을 외적 활동으로 삼고, 정욕을 적게 줄이는 것을 내적 수양으로 삼았다."라는 것에 해당한다. '변호영욕지경(辯乎榮辱之境)'은 "마음의 포용성을 말하고, 그것을 명명하여 '마음의 행위'라 하였으며, 부드러운 태도로 사람들과 사이좋게 지내고, 천하가 협조하게 하는 마음을 굳건히 세우도록 하는 것을 위주로 하였다. 업신여김을 당하는 것은 욕됨이 아니라고 여기도록 함으로써 백성의 싸움질을 구제하고, 침략을 금지하고 무력을 잠재움으로써 세상의 전쟁을 구제하고자 하였다."라는 뜻이다. 송견의 이런 거창한 뜻에 대해 "천하를 구제하는 데 도도한 뜻을 둔 선비로다."라고 평가하기도 하지만, "이런 사상으로 천하를 두루 돌아다니며 위로는 제후들에게 유세하고 아래로는 백성을 가르쳤는데, 세상 사람들이 받아들이지 않음에도 억지로 떠들어대면서 그만두지 않았다. 그러므로 '윗사람과 아랫사람이 모두 싫어함을 드러내는데도 불구하고 강행하는 의지를 보인 것'이라고 말하는 것이다."라고 결론 짓는다.[79]

이　송영자는 송견(宋銒)이다. 「천하」에서는 송영자를 "모욕을 당해도 치욕으로 여기지 않는다.[見侮不辱.]"고 평했다. 「소요유」에서는 그 이유가 '남과 나의 몫을 분명하게 알고 영예와 치욕의 경계를 구별했기' 때문임을 밝히고 있다. 그렇기 때문에 그는 세상의 평가에 영향받지 않는다.

정　송영자는 바깥 세계에 대해 관심을 기울이지 않는 존재다. 그러므로 외부의 칭찬이나 비난에 영향을 받지 않는다. 이것을 장자는 안팎의 구분이 분명하다고 말하고 있다. 영욕의 경계도 내외와 유사한 의미기능을 하지만 약간 다르다. 목적하는 것이 외부에 있으면, 영화와 욕됨이 외부조건에 의해 결정된다는 뜻이다. 송영자는 외적 사태를 추구하지 않음으로써 영화와 욕됨이 타인에 의해 결정되지 않도록 한다.

3　彼其於世, 未數數然也. 雖然, 猶有未樹也.

박　'數'의 음은 '삭'이다. '자주'라는 뜻으로 새긴다. '수(樹)'는 '세우다[立]'는 의미이다. 사마표(司馬彪)는 "'수'는 세우는 것이다. 아직 지극한 덕이 세워지지 않았다는 뜻이다."[80]라고 하였다.

유　천하의 백성을 위해주어야 한다는 자기의 사유와 명목과 목적을 강권하고 관철하려는 자세를 취하는 것이 한계점이라는 말이다. 송영자의 이런 한계를 지적한 말이 '유유미수야(猶有未樹也), 즉 오히려 유기(有己)의 수준에 머묾'인데, 그 내용은 송영자 수준을 넘어서는 열자의 특성에서 찾아볼 수 있다. 열자가 지양한 점에 비춰보면, 송영자는 보행의 수고로움 속에서 자취를 남기며 내적 자기 행복[즉 가치 관념, 천하의 백성을 위해주는 공을 세우고자 함]만을 추구하기에 여념이 없는 자이다. 자기에만 얽매여 있는 자기 의존적 존재일 따름이다. 한 국가를 넘어선 천하 범위에서 평화를 추구하는 것이라고는 하지만, 공동체 내에서의 진정한 소통은 불가능하다. 한마디로 송영자는 가치 관념을 완전히 초탈하지는 못하였기에 의지하는 바가 있다. "남을 위해서 하는 일이 매우 많고, 자기를 위해서 하는 일은 매우 적다."[81]라고 하지만, 이렇게 천하의 백성을 위해 전심전력하는 것도 궁극적으로는 자기만족[행복]을 위한 것을 넘어서지 못하는 자가당착에 불과하다는 것이다. 오늘날의 말로 하자면 '심리적 이기주의'일 따름이라는 평가이다.

이 사마표에 따르면 삭삭(數數)은 '급급해하다'이다. 이 구절에서는 송영자가 세상일에 대해 급급해하지는 않지만 아직 미진한 바가 있음을 말했다. 사마표에 따르면 수(樹)는 '세우다'이니, 지극한 덕을 세우지 못한 것이다.

정 하나의 관직을 맡을 만한 이, 하나의 나라를 운영할 만한 이는 외물을 상대하여 승리할 수 있는 이다. 그러나 송영자는 마음의 승리를 얻은 자이다. 즉, 정신승리를 이룬 이이다. 그

러나 이 이는 단순히 정신승리의 결과로 인한 마음의 평정상
태에 그칠 뿐 지향하는 바가 없다. 수립하지 못했다는 것은
바로 이 점, 지향하는 가치가 없다는 뜻이다.

4 夫列子御風而行, 泠然善也, 旬有五日而後反.

박 '순유오일(旬有五日)'의 '유(有)'는 숫자 사이에 관용적으로 쓰
여 앞의 숫자에 뒤의 숫자를 더하는 역할을 하는 조사이다.
공자가 자기 일생을 술회하면서 "나는 열다섯[十有五]에 배움
에 뜻을 두었다."[82]라고 한 용례가 대표적이다. 고대에는 '우
(又)'가 이 역할을 했다.

유 열자는 전국시대 정(鄭)나라 사람으로 이름이 어구(禦寇 또는
圄寇)이다. 『장자』·『시자』·『한비자』·『여씨춘추』·『전국
책』에 열자의 언행이 보인다. 『장자』「소요유」외의「응제왕」
·「지락」·「달생」·「양왕」·「전자방」·「열어구」등에서도
열자가 등장하지만, 열자가 '바람을 몰아 다녔다[御風而行]'
라는 즉 '허공을 밟고 바람을 탄다[履虛乘風]'라는 고사는『열
자』「황제」에서만 찾아볼 수 있는 것이다. 거기서는 열자가
바람을 타거나[乘風] 따를 수 있게 된[隨風] 공부 과정을 다음
과 같이 열거하기도 한다. "열자는 노상씨를 스승으로 삼고
백고자를 벗으로 삼았는데, 이 사람들의 도를 다 터득하자 바
람을 타고 돌아왔다. …… 내가 나의 스승을 섬기고 친구가
될만한 사람을 벗으로 삼은 지 3년 후에 마음은 감히 시비를

생각하지 않고 입은 감히 이해를 말하지 않게 되었다. …… 5년 뒤에는 마음이 다시 시비를 생각하고 입이 다시 이해를 말하게 되었다. …… 7년 뒤에는 마음이 생각하는 바를 따라도 다시는 시비가 없고 입이 말하는 바를 따라도 다시는 이해가 없게 되었다. …… 9년 뒤에는 마음이 생각하는 대로 두고 입이 말하는 대로 두어도, 나의 시비와 이해를 알지 못할 뿐 아니라 저 사람의 시비와 이해에 대해서도 알지 못하게 되었으며, 선생님이 나의 스승인지 친구가 될만한 사람이 나의 벗인지도 알지 못하게 되었다. 안[자기]과 밖[외물]의 구별이 없어진 것이다. 이후로 눈은 귀와 같고, 귀는 코와 같고, 코는 입과 같아져 같지 않은 게 없게 되었다. 마음은 응결되고 몸은 풀리어 뼈와 살이 모두 융합하니, 몸이 의지하는 것과 발이 밟는 것을 의식하지 않는 속에서 바람을 따라 동서를 오가는 것이 마치 나뭇잎이나 매미 허물 같아졌다. 마침내는 바람이 나를 타는지, 내가 바람을 타는지도 알지 못하게 되었다."[83] 그런데 이런 열자의 수준은 오로지 한 개인에 집중되어 있다. 그것이 타인이나 타물과 어떤 관계에 있는지가 전혀 얘기되지 않고 있다.

이 곽상에 따르면 '령연(泠然)'은 경쾌한 모습이다. 열자는 바람을 씽씽 잘 타고 다녔다는 말이다.

정 종교적 신념 혹은 특정한 신념체계를 내면화한 이가 열자의 표본이다. 이런 이들은 자유로움을 느끼지만 그것은 진정한 자유로움이 아니다. 그러나 도덕적 자부심에서 연원한 호연

한 기운이 있다. 장자는 이러한 자유해방감을 바람을 타고 다
닐 때의 쾌감에 비유하고 있다.

5 彼於致福者, 未數數然也. 此雖免乎行, 猶有所待者也.

박 '복(福)'은 '복을 받는다/준다'라는 식의 일반적인 의미로 풀
면 앞뒤 맥락과 호응되지 않는다. 바람과 관련된 의미로 해석
하는 것이 문맥상 순조롭다. 곽상은 "자연스럽게 바람을 타고
다녔을 뿐, 급급해하며 구한 것이 아니다."[84]라고 하여 '치복
(致福)'을 의미상으로 바람을 타는 능력과 연결시킨다. "바람
을 기다린 후에 갈 수 있으니, 바람이 일어나는 것이 곧 그 복
이다[風起則是其福]"라고 한 나면도(羅勉道)의 해석이 참고할
만하다.[85] 이럴 경우 '피어치복자(彼於致福者), 미삭삭연야(未
數數然也)'는 "그는 바람을 탈 수 있는 기회를 얻는 일에 급급
해하지 않았다."라고 의역하는 것이 바람직하다.

유 '피어치복자(彼於致福者), 미삭삭연야(未數數然也)'는 세속인
이 애써 추구하는 옳고 그름, 이로움과 해로움을 초탈하였다
는 뜻이다. '대(待)'는 기다리다[等待]·의지하다[依恃]라는
의미이다. 『장자』에서의 다른 표현으로 '루(累)'·'현(懸)'과
같은 것들이 있다. '유소대자(有所待者)'는 마음에 의지하는
바[의식작용, 입장, 집착이 있으므로 무기(無己)가 아님]가 있다
는 뜻이다. 열자는 내적인 자기만의 행복을 추구하는 송영자
의 수준(지극히 주관적인 '見侮不辱')을 넘어선 비교적 자유로

운 자다. 그러나 장자에 따르면, 열자가 시비와 이해를 추구하는 뜨거운 세상을 초탈하여 바람을 시원하게 몰아 다니며 보름 후에 되돌아오곤 하는 것은, 천하 범위를 넘어서는 것이기는 하지만 여전히 '사해지내(四海之內)'·'육극지내(六極之內)'에 머무는 일이다. 달리 말해, 이는 백혼무인(伯昏瞀人)이 말하는 "무릇 지인이란 위로는 푸른 하늘까지 엿보고, 아래로는 황천에까지 스며들면서 팔방을 멋대로 쏘다녀도 신기(神氣)가 변하지 않는다."[86]라는 경지에는 아직 이르지 못한 것이다. 열자는 심신의 자유를 일정 정도 터득하고 의식하지 않는 속에서 소통의 범위를 상당히 넓히기는 하였으나, 즉 발로 걸으며 자취를 남길 수밖에 없는 천하의 일 수준을 넘어서기는 하였으나 작은 바람에 의지하여 적은 기간만을 날아다닌다는 한계를 갖는다. 이는 대년(大年)의 차원에서 볼 때, '한 달을 모르는' 것이요 '일 년을 알지 못하는' 것에 불과하다.『열자』에서는, 열자가 '안과 밖의 구별이 없어지고, …… 바람이 나를 타는지, 내가 바람을 타는지도 알지 못하게 되었다'라고 하였지만, 장자가 바라본 열자의 신체는 여전히 바람과 분리된 채로 바람에 의지하는 상태일 따름이다. 장자의 견지에서, 열자는 아직 신인(神人)도 아니고 지인(至人)도 아니다. 사실 열자 정도의 수준은 장자가 아닌 다른 사람들도 사유하거나 상상할 수 있는 것이다. 장자 당시까지의 인간의 역사,『제해』, 탕임금과 극 간의 대화 내용, 일반 관료들의 행태, 송영자의 천하를 위하는 사상, 열자의 경지 등등은 이미 있었거나 현존하는 것에 관한 것이다. 장자는 이런 자료들을 검토한 끝에 자기의 독특한 사유와 체험을 내놓았다. 장자가 연출한 대붕이 갖는 관점 전환이 그 일차적인 것이다. 장자의 대붕이 거대한 바람을 타기도 하고[乘風] 몰기도 하는[培風] 일은 열자가 바람을 모는[御風] 역량 수준을 능가하는 것인데다 제물 관점까지 갖춘 것이다. 그런데 이것을 거꾸로 말하자면, 제물 관점을 갖기는 하였으나 여전히 큰바람을 타야만 하는 바람 의지적 측면이 대붕에게도 일말은 남아 있다. 대붕은 천하와 무궁·무극 세계의 경계 지점에서 주유할 따름이지만, 지인 차원에 이르면 무궁에서 노닐게 된다. 장자는 열자나 대붕보다도 더 고차원의 근원적이고 궁극적인 경지가 있음을 자기 목소리로 말하고자 한다. 그런 '노닒[遊]'이 세 가지 대붕 이야기에서 끝내 말하지 않고 아껴두었던 대미(大尾)이다.

이

성현영에 따르면 '치(致)'는 '얻다'이다. 복을 구하는데 급급해 하지 않는다는 점으로부터 열자가 송영자보다 윗길임을 말했다. 곽숭도(郭嵩燾)에 따르면 열자는 자연의 아름다움을 모두 갖추어 바람을 타고 다녔지만, 여전히 천기(天機)의 움직임에 의지한 인물이다.

정

열자의 경지는 지향하는 바 없이 단순히 마음의 안정에 그치고 있는 송영자와 다르다. 그러나 그는 특정한 가치기준을 세우고 그에 의거해서 마음의 두려움, 불안 등을 극복한 이다. 당연히 자신의 만족을 위한 삶을 추구하지 않는다. 그러나 여전히 의거하는 바가 있다. 진정한 자유에 도달하지 못한 존재다.

박   '변(辯)'에 대해 곽경번은 "변(辯)은 변(變)이다."라고 한 『광아(廣雅)』의 용례에 의거하여 '변화'의 뜻으로 풀고 있는데, 이렇게 보는 것이 의미상 순조롭다. 따라서 '천지지정(天地之正)'과 '육기지변(六氣之辯)'의 '정'과 '변'은 각각 불변과 변화라는, 세계[天地] 운동의 두 측면을 가리킨다. 『주역』의 논리로 하면 '불역(不易)'과 '변역(變易)'에 해당한다. 이 점에서 '정'과 '변'은 다시 '도'와 '기'라는 동양철학 세계관의 기본 범주들에 각각 대응된다. 이를 종합하면, '승천지지정(乘天地之正), 이어육기지변(而御六氣之辯)'은 "이 세계의 근본적인 질서의 원리를 통찰하고, 삶을 그 질서를 추동시키는 변화의 리듬에 맡긴다."라는 의미로 읽힌다. 장자는 이와 같은 모습의 삶에 대해 "그가 또 무엇에 의지하겠는가!"라고 하여 완전한 소요의 삶으로 긍정한다. 곧 인간세의 대붕인 것이다. 곽상은 앞구절의 '유소대자(有所待者)'와 여기에 나오는 '오호대재(惡乎待哉)'를 대비시켜 '유대(有待)'와 '무대(無待)'로 개념화하고 각각 조건적(상대적) 자유와 무조건적(절대적) 자유를 상징하는 말로 사용하였다. 그리고 관평(關鋒)은 이를 다시 다음 구절에 나오는 '무기(無己)'와 연결시켜 '유대(有待) → 무기(無己) → 무대(無待)'의 구조를 장자사상을 이해하는 기본 범주로 제시하였다.[87]

유   장자가 세 가지 대붕 이야기를 한 것은 바로 이 구절을 도출하기 위한 준비 과정이었다. 그 이야기들의 주인공인 대붕은, 이제 남쪽 바다로 내려앉아 지인·신인·성인이라는 자유의 인격으로 승화한다. 이는 '소대지변'을 초월하는 차원이다. 무궁의 세계이고 노닒의 삶이기 때문이다. 여기의 '천지(天地)'는 단순히 공간을 지칭하는 말이 아니다. 이는 "무릇 큰 역량을 갖춘 것 가운데 천지만한 것은 없다."[88], "천지는 큰 역량을 지니고 있으나 그것을 말하지 않는다."[89], "천지란 만물의 부모이다."[90] 등에서처럼 만물의 근원[도의 덕]이 되는 것을 뜻한다. 그래도 '천지지정(天地之正)'에서의 '정(正)'의 내용이 무엇인가가 문제시된다. 「재유」에 "천지지정(天地之精)"이라는 표현이 있고, 「천도」에 "무릇 천지의 덕[天地之德]을 명백히 아는 것을 일러 대본대종이라 한다."[91]라는 설명도 있다. 그런데 「재유」에서는 운장(雲將)의 입을 빌어 "천기는 조화하지 않고, 지기는 막혀서 뭉쳤고, 육기는 고르지 못하고, 사계절은 순조롭지 않다. 지금 나는 육기의 정수를 합쳐 모든 생물을 길러줄 것을 바라는데, 어떻게 해야 할까?"[92]라고 하여, 천기·지기·육기·사시를 구분하여 말하는데, 여기의 천기·지기는 육기보다 더 근원적이다. 무엇보다도 내편에 속하는 「대종사」에서 "조물자와 더불어 벗이 되어 천지의 일기에서 노닌다.[遊乎天地之一氣.]"[93]라고 한 것과 연관해 볼 때, '천지지정'이란 '천지의 일기'를 뜻하는 것이라고 할 수 있다. 말하자면 「지북유」에서의 '천하(만물)를 관통하는 것은 일기일 따름이다[通天下一氣耳]'라는 더 근원적인 차원 단계에 이른 것이다. 현상의 천하 범위를 넘어서 일기 차원의 바름(正: 變과 상대되는 뜻)으로 소통하는 인간이 지인·신인·성인이다. 물론 이것이 다는 아니다. 장자는 아직 '도(道)'를 말하지 않고 있기 때문이다. 그렇지만 도의 공성(公性, 즉 '道者, 爲之公')은 이미 일기의 바름에 맞닿아 있다. 그러므로 여기의 '승(乘)'·'어(御)'는 『장자』에서 강조하는 '응(應)'·'순(順)'과 같은 것으로서 분리된 상태를 뜻하는 말이 아니다. 이런 혼연일체의 차원에서 '승'·'어'하는 것의 내용은 '천지지정'이고 '육기지변'인데, 이는 바람보다 더 근원적인 것으로서 바람을 포섭하는 것이다. 결론적으로 '천지의 바름을 타고서 여섯 가지 기운의 변화를 몰아 무궁에서 노니는 사람은 그 무엇에도 의지하지 않는다'라는 것이 핵심이다. '의지함이 없음'이란 조건·제지·장애 등이 전혀 없다[無礙]는 뜻이고, 나아가 수시로 변화하는 무수한 존재들이 공생하는 세계에서 장애를 갖지 않는다는 것은 그 모든 존재와 소통한다는 애기가 된다. 이는 「대종사」의 '대통 즉 도와 하나가 됨[同於大通]'으로써 우주적 공동체를 자유자재로 경영하는 삶이다. "천지는 나와 더불어 아울러 생겨나고, 만물은 나와 더불어 하나가 된다."[94]라는 우주적 공동체는 이런 차원의 삶을 말하는 것이다. 그러면 '노닒'이란 무엇인가? 노닒의 관건은 '지인무기(至人無己), 신인무공(神人無功), 성인무명(聖人無名)'의 경지를 구현하는 데 있다. 『장자』에서 노닒의 세계는 다양한 표현으로 반복적으로 설명된다.[95] 다음의 예들을 음미해볼 수 있다. "만약 도덕을 타고서 부유(浮遊)하는 경지에 이른 자라면 그렇지 않다. 그는 명예도 없고 훼방도 없고, 혹은 용이 되어 하늘에 오르는가 하면 혹은 뱀이 되어 땅 위를 기고, 시류의 변화를 따라 변화하며, 한 가지를 고집하여 그것만을 행하려고 하지는 않는다. 어느 때는 떠오르고 어느 때는 잠겨 듦으로써 조화하는 것을 행위의 준칙으로 삼아 만물의 최고 근원에서 부유한다. 만물이 만물일 수 있도록 하여 만물에게 하나의 물(物)로서 지배받지 않는다면, 어찌 얽매이는 것이 있겠는가!"[96] "모습과 형체가 대동(大同)에 융합되고, 대동에 융합하면 자기가 없어진다. 자기가 없는데 어찌 외적 사물을 기다림이 있겠는가!"[97] "물(物)을 물이 되도록 하는 것은 물이 아니다."[98] 『장자』에서 '무궁'·'무극'은 '우주(宇宙)'로 해석되기도 한다. "실재하지만 정해진 처소가 없음이 '우(宇)'고, 늘 지속하여 길면서도 시작과 끝이 없음이 '주(宙)'다."[99] 즉 시간과 공간이라는 일차적인 의미를 넘어 무궁성과 무한성까지 함축하는 개념이 '우주'이다. 요컨대 기(己)·공(功)·명(名)을 의식하지 않는[忘·喪·外·無化] 수양을 해야 한다. 그런 수양의 결과로 무궁한 공간과 무한한 시간 속에서 어떠한 장애나 상해도 없이 자유자재로 살아가는 것이 노닒의 상태이다. '소요유(逍遙遊)'라는 편명은 이런 의미를 취한 것이다.

이

차오추지에 따르면 '정(正)'과 '변(辯)'은 대비되니, '정'은 근본이고 '변'은 파생된 것이다. '변'은 변화이다. 천지의 바람이란 세계의 근원을 가리키고, 육기의 변화란 만물의 변화를 말한다. 여기서는 열자보다 높은 경지의 인물을 묘사하였다. 그가 세계의 근원을 타고 만물의 변화를 조정하며, 이를 통해 무궁에서 노니는 것[遊無窮]이 바로 '소요유'다. 이러한 인물은 열자와 달리 의존하는 것이 없다.

정 천지의 바름은 수레이고, 육기의 변화는 마차를 끄는 여섯 마리 말에 해당한다. 결국 조물자를 묘사한 말로, 「대종사」에서 장자는 죽음을 슬퍼하거나 괴로워하지 않는 자상호(子桑戶), 맹자반(孟子反), 자금(子琴) 등을 조물자와 짝한다고 했는데, 이곳에서 묘사하는 것과도 상통한다. 의거함이 없다는 것은 걸림 없는 자유해방을 묘사한 것으로 구체적으로는 시비, 성심, 성견 등을 벗어난 상태를 이른다.

7 故曰, 至人無己, 神人無功, 聖人無名.

박 앞구절의 "천지의 바름을 타고 육기의 변화를 부려 끝없는 곳에서 노니는 사람"을 세 유형의 이상 인격으로 마무리하고 있다. '지인'과 '신인'과 '성인'은 서로 다른 인격들이라기보다 하나의 이상 인격이 지니고 있는 복수의 속성들에 대한 이름으로 보아야 한다. "지(至)는 체(體)를 말하고, 신(神)은 용(用)을 말하고, 성은 명(名)을 말한 것으로, 그 실질은 하나이다."라고 성현영의 소가 이 점을 잘 포착하고 있다.[100] 하나의 실체인 하나님 안에 성부와 성자와 성령이라는 세 위격이 존재한다는 기독교의 삼위일체설과 유사한 용례이다. 이 점을 차례로 살펴보면, 먼저 '지인(至人)'은 『장자』에 주로 등장하는 용어로서 「제물론」 첫머리에 나오는 '상아(喪我)'의 경지에 도달한 인격을 가리킨다. 성심을 해체시켜 타자와 대립하는 자아의 상태로부터 벗어난 경지이기 때문에 '무기(無己)'라는 말로 특징지었다. '신인(神人)' 또한 『장자』에 주로 등장하는데, 지인이 수양을 통해 상아의 경지에 도달한 이상 인격 그 자체를 가리킨다면 이것은 그 이상 인격의 행위상의 특징을 묘사한 용어이다. "음양의 작용이 인간 인식의 차원을 넘어서는 것을 가리켜 신이라 한다.[陰陽不測之謂神.]"라고 한, '신(神)'에 대한 『주역』, 「계사전」의 정의를 염두에 두면 그 의미가 한층 분명히 드러난다. 그것은 곧 '자취 없음' 또는 '자취를 남기지 않음'이다. 그러므로 "신인은 무공(無功)이다."라고 한 것이다. 이에 비하여 '성인(聖人)'은 제자서에 두루 쓰이는 말로서 기본적으로 '통치'와 관련이 있다. 유가적 전통에서 '성인'은 곧 '성왕(聖王)'을 가리킨다는 점이 이를 잘 말해준다. 따라서 성인은 지인으로 대표되는 이상 인격이 내포하고 있는 통치자로서의 측면을 가리킨다고 볼 수 있다. 여기서는 그와 같은 성인의 특징을 '무명(無名)'이라고 묘사한다. '무명'의 의미에 대해서는 통상 두 가지로 나뉜다. 하나는 글자 그대로 '이름이 없다'고 풀이하는 것이다. 이효걸과 그레이엄(A.C. Graham), 지포린(B. Ziporyn) 등이 이에 해당한다. 이효걸은 이에 대해 '사물의 이름은 필연성이 없으며 정신의 투명성은 언어와 분리되어 있음을 아는 것'이라고 설명한다. 다른 하나는 '명예(명성/평판)'로 옮기는 것이다. 안병주·전호근과 안동림, 왓슨(B. Watson) 등이 그 경우이다. 안병주·전호근은 "세속의 가치 평가에 무관심한 성인은 명예가 없음, 즉 성인 앞에서는 세속적 명성 따위는 무화(無化)된다는 뜻"이라고 이 말의 의미를 풀이한다. 두 경우 모두 나름대로 일리가 있는 해석이어서 어느 쪽을 따르든 무방해 보인다. 그러나 '소요유'를 한층 풍부하게 해석하려면 후자보다 전자가 더 낫다. 하지만 그렇더라도 이것을 단순히 "이름이 없다."라고만 새기면 그 의미가 충분히 드러나지 않는다. 여기서 말하는 '이름[名]'은 피시스적 질서인 혼돈(붕의 우화에 등장하는 '冥')이 노모스적 질서인 규범 및 제도로 이행될 때 필연적으로 수반되는 기표, 즉 역할들의 체계를 가리키는 것으로 보아야 한다. 이것은 공자가 말하는 '정명(正名)'의 '명(名)'과 통하고, 『도덕경』 32장의 "처음으로 제도가 만들어지면서 명분이 생겨났다.[始制有名]. 명분이 이미 있게 되면 또한 멈출 줄 알아야 한다."[101]의 '명(名)'과도 같은 맥락이다. "완벽한 제도는 나누지 않는다.[大制不割.]""[102]라고 한 『도덕경』 28장의 메시지와 연결하면 의미가 좀더 분명해진다. 제도는 역할의 나눔을 통해 이루어지고, 역할의 나눔은 '이름'으로 획정된다. 그런데 노자는 인위적인 제도에 의거한 통치를 거부하였으므로 "완벽한 제도는 나누지 않는다."고 한 것이다. 여기서 말하는 이름은 이런 의미로 풀어야 한다. 그것은 곧 제도를 구성하는 '역할(자리)들'을 가리키는 기표이다. '성인무명'을 이렇게 새기는 것이 '소요유'의 의미를 한층 풍부하게 하는 이유는 이것이 다음 단락의 요(堯)와 허유(許由)의 대화에 등장하는 '명(名)과 실(實)'의 문제로 연관되기 때문이다. 이 점에서 '성인무명'은 「소요유」의 첫째 단락과 둘째 단락의 주제를 이어주는 역할을 한다. 이상의 논의를 토대로 이 세 구절의 의미를 풀면 다음과 같다. "지인에게는 자기를 중심에 놓는 자아가 없고, 신인에게는 자취를 남기는 행위가 없고, 성인에게는 제도를 구축하는 기표의 체계가 없다."

이는 일반사람 중에서도 '더 많이 가지려는 자들'이 추구하는 핵심 가치를 세 가지 측면에서 지적하고, 그런 것이 야기하는 폐해를 없애야 한다는 점을 명시한 것이다. 그들이 자기[己]라고 생각하는 것은 지식을 위주로 하는 기능이나 재능이고, 공(功)이라고 생각하는 것은 실용적이고 실리적인 가시적 성취이며, 명예[名]라고 생각하는 것은 그러한 성취인 공덕에 대한 타인들의 인정과 보답과 추숭이다. 이에 대한 지인의 '자아를 고집함이 없음[지적·감정적 자기에 의지하지 않음]', 신인의 '공을 추구하는 일이 없음[작은 공적에 의지하지 않음]', 성인의 '허명을 추구함이 없음[세속적 명예에 의지하지 않음]'은 진정한 자유인의 특성을 일반사람들의 가치를 기준으로 하여 세 측면으로 표현한 것이다. 그러면 지인·신인·성인은 세 가지의 다른 인격인가, 그리고 이들 간에도 차등이 있는가? 이 셋은 한 개체의 인격에서 하나[一]로서 있는 세 측면이지만, 굳이 구분하자면 '지인무기 → 신인무공 → 성인무명'이라는 과정으로 구현되는 것이라고 할 수 있다. 이후로 장자는 이것을 '성인무명 → 신인무공 → 지인무기'라는 역순으로 설명해간다. 즉 성인무명에서 신인무공으로, 다시 신인무공에서 지인무기로 들어가는데, 이들 세 측면의 시작이자 끝이 '지인무기'라는 과제로 되어 있다. 이것은 실질상 '지인의 무기' 경지에 이르면 신인의 무공과 성인의 무명이라는 특성이 저절로 이루어진다는 점을 시사한다. 지인·신인·성인, 즉 진정한 자유인은 일기라는 무궁의 세계에서 노니는 존재이지만 현실을 떠나지도 않는다. 무궁의 세계는 '지금[시간]-여기[공간]'라는 현실을 포함하기 때문이다. 아니, 현실 속에서 무궁의 세계를 구현하는 것이라고 보아야 한다. 그렇기에 지인 등의 차원에서는 강호라는 것도 무궁-현실을 머금은 새로운 차원의 강호[浮乎江湖]로 된다. 『장자』에서는 최고 경지의 인격으로서 지인·신인·성인 외에도 진인(眞人)·천인(天人)·도인(道人)·대인(大人)·명왕(明王) 등을 제시한다.

이　대붕 이야기의 결론으로 이상적인 인간상을 제시하고 있다. 이 구절에서 두 가지를 주목할 필요가 있다. 하나는 '고왈(故曰)'이라는 표현이다. '고'라고 하지 않고 '고왈'이라고 말한 것은 바로 앞에서 제시한 소요유의 경지가 결과이고, '고왈' 이후의 내용[至人無己, 神人無功, 聖人無名]은 원인임을 보여준다. 다른 하나는 이상적인 인간상을 '무기'와 '무공'과 '무명'으로 말한다는 점이다. 무기·무공·무명은 무(無)를 표현한 용어다. 장자는 무의 세계에서라야 소요유가 가능함을 말하고 있다. 이 점에서 보면 '무대(無待)'라는 용어로 성인의 경지를 말한 곽상(郭象)의 관점은 장자의 본의라고 할 수 없다. 장자가 '그가 또 무엇에 의지하겠는가!(彼且惡乎待哉!)'라고 한 말은 이상적 인물이 열자보다 윗길임을 말하는 맥락에서 나온 것이었다. 장자는 이상적 인물과 나머지 등급의 사람들을 무대(無待)와 유대(有待)로 구분하지 않았다. 장자가 제시한 것은 '무대'가 아니라 '무'의 경지다. 곽상이 말하는 '무대'는 촛점이 사물에 있는 반면, 장자의 '무'는 중심이 나에게 있다는 점에서 근본적인 차이가 있다.

정
___

무기, 무공, 무명은 이상적 존재가 드러내는 특성을 이르는 말이다. 모두 성인의 특성이다. 도가적 성인은 존재를 대상화하는, 외물을 일삼는 유위를 행하지 않으므로 공이 없다. 어떤 대상에게도 명적 체계에 근거한 기능적 정체성을 부여하지 않고 자신도 마찬가지다. 기능이 없으므로 공도 없다. 공이 없으므로 이름도 없다. 무명에는 이름으로 상징되는 인위적 문화체계에 구애되지 않는다는 뜻도 들어 있다. 그는 무엇을 지향함의 토대가 되는 자신의 신념체계를 고집하는 태도, 자신의 성향을 견지하는 태도, 자신의 욕망을 추구하는 입장도 없다. 이것을 장자는 자기가 없다고 말했다. 그러나 아무것도 없는 것은 아니다. 장자는 거대한 기의 떨림과 그런 떨림에 공명하는 조물주로서의 자아를 인정한다. 그것은 물론 작은 나의 자아가 아니다. 「제물론」에서는 그 우주적 자아의 떨림을 천뢰에 비유해서 말한다.

이름은 실질의 손님이다

堯讓天下於許由日, "日月出矣, 而爝火不息, 其於光也, 不亦難乎?
時雨降矣, 而猶浸灌, 其於澤也, 不亦勞乎? 夫子立而天下治, 而我猶
尸之, 吾自視缺然, 請致天下." 許由日, "子治天下, 天下既已治也. 而
我猶代子, 吾將爲名乎? 名者, 實之賓也. 吾將爲賓乎? 鷦鷯巢於深
林, 不過一枝, 偃鼠飮河, 不過滿腹. 歸休乎君! 予無所用天下爲. 庖
人雖不治庖, 尸祝不越樽俎而代之矣."

요임금이 허유에게 천하를 양보하면서 말했다. "해와 달이 떠올랐는데
도 횃불을 끄지 않는다면 빛을 밝히는 데 헛일이지 않겠습니까? 때에
맞춰 비가 내리는데도 물을 끌어다 대면 농작물을 윤택하게 하는 데 헛
수고이지 않겠습니까? 선생님께서 계셔서 천하가 잘 다스려지고 있는
데, 제가 여전히 주인 노릇을 하고 있으니 저 자신을 보기에 부족해 보
입니다. 선생님에게 천하를 넘겨드리고자 합니다." 허유가 말했다. "그

대가 천하를 다스려 천하가 이미 바르게 되었는데도 내가 그대를 대신한다면, 나보고 이름을 추구하라는 것이오? 이름은 실질의 손님에 불과하오. 나보고 손님이 되라는 것이오? 뱁새가 깊은 숲에 집을 짓더라도 나뭇가지 하나를 차지할 뿐이고, 두더지가 황하 물을 마시더라도 자기 배를 채우는 데 그치는 법이오. 그만두고 돌아가시오, 임금이여! 내게는 천하가 쓸 데가 없소. 제사음식을 만드는 사람이 요리를 제대로 하지 못한다고 해도, 제사를 맡은 이가 술잔이나 제기를 넘어가서 그 일을 대신하지는 않소."

박 둘째 단락의 첫 번째 문단이다. "지인무기(至人無己), 신인무공(神人無功), 성인무명(聖人無名)"으로 끝나는 첫째 단락의 마지막 주제를 직접적으로 이어받아 '소요유'의 본질을 정치적 맥락에서 본격적으로 의미를 부여하는 내용이다. 이와 관련하여 도입부에서부터 '천하'를 다스리는 일에 대한 이야기가 바로 주제화되고 있음을 놓치지 말아야 한다. 요와 허유의 대화에서 요는 당연히 유가적인 정치를 상징하고 허유는 도가적인 정치를 상징한다. 그러므로 이 단락은 「소요유」가 전달하려는 궁극적인 메시지가 개체적인 수양의 범주를 넘어 정치적 주제로까지 확장될 수 있음을 알리는 중요한 대목이다.

유 둘째 단락의 첫 번째 문단이다. 직전 단락의 끝부분이 『장자』 전체의 주제문으로 궁극의 경지를 담은 것이다. 따라서 이전과 이후의 모든 글은 이 구절에 대한 복선이고 설명이자 변주에 해당하는 것이라는 관점으로 『장자』를 독해할 수 있다. 이 문단에서는 '무궁에서 노닒[遊無窮]'이라는 궁극의 경지 중 '성인무명'의 구체적인 예를 보여주며, 아울러 '신인무공'의 의미도 일부 시사한다. 천하정치에 머물면서 공명(有功·有名)에 집착하는 요임금의 우물 안 개구리적 차원과 이를 넘어서서 무궁 세계에서의 노닒[遊]이라는 궁극 차원을 지향하는 허유의 무공·무명이 대비된다. 요임금의 천하정치와 허유의 우주조화에의 자발적 참여라는 것이 대립적 구도를 이룬다.

이 붕새 이야기의 결론, '그러므로 지인은 자기가 없고, 신인은 공이 없으며, 성인은 이름이 없다'는 명제를 받아서 제시된 첫 번째 문단이다. 장자는 붕새의 우화로 위대한 세계를 제시했다. 허유의 일화는 앞에서 말한 '성인무명'의 사례다. 주제어는 '명(名)'이고, 주제문은 '이름은 실질의 손님에 불과하오[名者, 實之賓也]'다. 허유는 천하를 넘겨주려는 요임금의 제안에 대해, 자기에게 천하는 쓸 데가 없다면서 거절한다. 이름(천자)은 실질(나)의 손님에 불과하다. 그렇기 때문에 '무명'의 세계를 추구하는 허유는 '유명'의 세상일에 관여하지 않겠다고 답변하였다.

정 장자는 이 문단 직전에 무기, 무공, 무명을 소요의 구성개념으로 언급했다. 이곳에서는 무명의 우화를 소개하고 있다. 명과 실의 대비적 구도가 전제되어 있다. 실은 체험 그 자체를 명은 체험에 대한 언어개념적 규정체계를 가리킨다. 명이 세계의 본질이라고 하면 유가적 정명론으로 전개되고, 체험 그 자체를 중시하면 도가적 기론으로 전개된다. 기는 언어개념의 제한과 문화역사적 속박 이전의 체험이므로 원초적 자유로움을 상징한다. 그러므로 「대종사」에서는 "순일한 기에서 노닌다.[遊乎天地之一氣.]"고 했다.[103]

1 堯讓天下於許由曰, 日月出矣, 而爝火不息, 其於光也, 不亦難
乎? 時雨降矣, 而猶浸灌, 其於澤也, 不亦勞乎?

박

유가적인 천하 경영에 대한 관심은 '스스로 그러함[自然]'의
질서를 기반으로 하는 우주적 차원에서는 군더더기에 불과
함을 말한다.

유

장자는 요임금을 무명의 성인이 못 되는 존재로 설정한다. 오
히려 허유가 성인에 가까운 인물이다. 허유는 『장자』에서 8
회 등장하는데, "허유의 스승이 설결이고, 설결의 스승이 왕
예이고, 왕예의 스승이 피의이다."[104]라고도 한다. 이것이 사
실인지는 확증할 수 없지만, 전한(前漢)의 사마천은 허유가
실존한 인물이지 않겠느냐고 고민한 적이 있다.[105] '작화(爝
火)'와 '침관(浸灌)'은 인위[仁義是非]로 하는 천하정치를 비유
한 말이다. 침관에 의한 윤택은 '농작물 또는 농경지를 인위
적으로 적셔줌'이라는 의미로서, 백성에게 시은(施恩)하는 정
치를 비유한 것이다. 이에 반해 '일월출(日月出)'에 의한 빛[일
조량]과 '시우강(時雨降)'에 의한 윤택(강우량)은 요임금이 이
상적이라고 생각하는 무위정치를 뜻한다. 여기의 요임금은
자신이 행하는 천하정치가 작은 규모이면서도 매우 수고로
운 일[難·勞]이라는 점을 자각하고 있기는 하다. '작화불식
(爝火不息)'은 작은 횃불을 밝혀주는 일을 그만두지[休·止]

않는다는 의미이다. 요임금 스스로 자신은 일월과 시우의 역량에 현격히 미달이지만, 허유는 그런 역량을 지닌 인격이라고 간주하고 있다. 제대로인 천하정치는 인위적 시은에 의한 것으로는 턱없이 부족하고, 인간을 넘어서는 일월과 시우를 적시에 확보하는 데서 가능하다는 얘기다. 장자는 이 문제에 대해 뒤에서 신인(神人)이 대공(大功 즉 無功)을 이루는 일을 통해 설명해줄 것이다. 여기의 두 '역(亦)'자를 문맥상 '매우 · 참으로 · 아주'라고 번역할 수 있을 것이다.

이 '기어택야(其於澤也)'는 앞구절의 '기어광야(其於光也)'에 대응한다. 택(澤)은 '윤택하게 해주다'이다.

정 요임금이 허유에게 천하를 양보하려는 순간이다. 허유는 아직 왕위에 오르지 않은 상태다. 미래 시제로 보아야 한다. '해와 달이 떴는데도 횃불을 끄지 않는다면 횃불이 빛에 대해서는 헛수고에 불과하다'고 번역되어야 한다.

---

2 夫子立而天下治, 而我猶尸之, 吾自視缺然. 請致天下.

박 요임금의 이야기를 관통하는 문제의식은 유가의 정명론적 사고이다. 자신은 군주라는 이름에 부수되는 속성을 갖추고 있지 못하다, 즉 '군주답지 못하다'는 것이 요지이기 때문이다. '립(立)'은 '제 위치에 서 있다'는 의미로서 '그대(허유)가 계시는 것만으로'라는 뉘앙스다.

유 요임금은 자기가 '천하'정치에 얽매여 있는 까닭에 허유 역시 그런 차원을 존중하는 자로서 단지 자기보다는 뛰어나다고 여기고서, 허유에게 천하를 양여(讓與)하려는 의지를 품고 있다. '부자(夫子)'는 요임금이 허유를 스승으로서 존칭하는 말이다. '치(致)'는 양여, 즉 돌려 바친다는 의미이다.

이 '립(立)'은 '즉위하다'는 뜻이다. 부자립(夫子立)에 대해 성현영은 '만약 중무(仲武)가 천자가 된다면'으로 풀이했다. 중무는 허유의 자(字)다. 부자립은 성현영을 따라 가정의 문장으로 읽어야 할 듯하다. 결연(缺然)을 부끄러워하는 모양으로 읽는 입장도 있다. 이에 따르면 '오자시결연(吾自視缺然)'은 '저 자신이 보기에도 부끄럽습니다'이다.

정 '립(立)'은 제위에 오른다는 뜻으로 보아야 할 것이다. 허유는 아직 제위에 오르지 않았다. 미래 시제로 해석하는 것이 적절하다. '선생께서 왕위에 오르면 천하가 다스려 질 것인데도 제가 여전히 주관하고 있으니 스스로를 보기에 부족해 보여 천하를 넘겨 드리고자 한다'는 뜻이다.

---

3 子治天下, 天下既已治也. 而我猶代子, 吾將爲名乎? 名者, 實之賓也. 吾將爲賓乎?

박 '요'로 상징되는 유가적 정치질서를 허유는 '명(名)', 즉 기표들의 체계로 규정한다. 여기서 '명'과 '실(實)'은 각각 정명론적 사유에 근거한 직분들의 체계와, 이를 포함한 모든 유형의 기표들의 체계가 뿌리를 두고 있는 분절화되기 이전의 탈기

표적 세계를 가리키는 것으로 읽힌다. 이럴 경우 '군주'라는 자리는 정명론적 질서로 조직화된 사회구조 속에서 작동하는 하나의 기표를 주체화한 것에 지나지 않는다. "이름은 실질의 손님에 불과하다."라는 말은 정명론을 바탕으로 하는 유가적인 기표들의 체계는 어떤 의도에 따라 특정한 방향으로 층화되기 이전의 근원적 차원의 세계에 비하여 열등하다는 뜻이다.

유
一

"그대가 천하를 다스려 천하가 이미 바르게 되었다." 이는 허유가 요임금의 천하정치 성과를 인정해주는 말이 아니다. 허유는 요임금의 깜냥이 그 정도에 불과하다는 점을 확인해주고 있을 따름이다. 요임금의 천하정치는 인의시비에 의거하는 유위통치다. 내편의 마지막인 「응제왕」에서 '혼돈의 죽음'을 이야기하는데, 그 일차적 원인은 혼돈 자신의 시은(施恩, 즉 待之甚善) 의식에 있다. 그런 시은 관념에 충실하여 도리어 혼돈을 죽여버리는 장본인은 숙(儵)과 홀(忽)이다. 이런 혼돈과 숙·홀의 시은 의식 및 행위를 한 몸에 안은 존재가 바로 여기의 요임금이다. 「서무귀」에서는 더욱 심각하게 허유가 설결에게 다음과 같이 말한다. "저는 요에게서 도망치려 합니다. …… 저 요는 어진 일을 위해 열심이지만, 저는 그가 천하의 웃음거리가 되고 말 것이 두렵습니다. 후세에는 사람과 사람이 서로 잡아먹게 될 것입니다."[106] 또한 「경상초」에서는 이렇게 말한다. "대란의 근본은 필연적으로 요순의 사이에서 발생한 것인데, 천세 후에도 존재할 것이다. 천세 후에는 그로 인해 반드시 인간과 인간이 서로 잡아먹게 될 것이다."[107] 한마디로 요임금으로서는 무궁의 세계에서 노닐 수 있는 수준이 못 된다는 얘기다. '자(子)'는 요임금을 가리키는 말인데, 『장자』에서는 이외에도 요(堯)를 가리켜 '군(君)'·'제(帝)'·'천왕(天王)'·'천자(天子)'라고 칭한다. '위명(爲名)'은 임금〔君·帝·天子〕이라는 지위를 차지하는 것〔臨莅天下〕을 가리킨다. 이는 천하정치를 하는 것에 만족하는 요에게나 붙여질 수 있는 것이다. 무궁 세계에서 노닒을 지향하는 것을 실질로 삼는 허유에게는 '군'뿐 아니라 그 어떠한 명위(名位)나 추존적인 명예도 걸맞을 수 없다. 달리 말해 무명을 지향하는 허유가 '군'이라는 '명'을 받아들인다면, 그것은 '이름은 실질의 손님에 불과하오'에 이중으로 얽혀들고 마는 것이다. 요의 실(實)과 허유의 실질이 차원상에서 엄연히 다르다는 점에 유의해야 한다. 허유의 실질〔道, 無窮, 遊, 眞〕에는 '명' 자체가 붙을 수 없다. "이름은 실질의 손님에 불과하오. 나보고 손님이 되라는 것이오."는 "본래 그 명성에 해당하는 실제의 행위가 없음에도 명성을 얻는 경우가 있는가?"[108]와 합치하는 표현이다.

두 번째 치(治)자는 '안정되다'이다. 이 구절은 무명을 추구하는 허유의 생각을 보여 준다. 허유가 보기에 요임금을 대신해서 천하를 다스린다는 것은 이름을 추구하는 일이다. 그러나 이름(왕)은 실질(나)의 손님에 불과하다. 이름은 실질에 붙는 것이지만 언제든지, 얼마든지 떠나갈 수 있다. 이 대목의 글은 이름으로 실질을 붙잡을 수 없다는 관념(무명)에 기초한

다. 이름보다 실질을 중시하는 노장의 명실관(名實觀)을 보여
준다.

정

'명(名)'은 언어개념적 체계를, '실(實)'은 순수체험 그 자체를
가리킨다. 실은 아직 불명료하고 무의식적인 층위에서의 체
험으로 모호한 기저적 느낌이라고 할 수도 있다. 그것은 의식
화되지 않았으므로 존재성에 의문을 제기할 수 있겠으나, 특
정 상황에 몰입해있는 경우를 생각해보면, 표상 없이 세계를
세계자체로 체험하는 인지가 작동하고 있음을 알 수 있다. 실
은 이처럼 명적 체계에 의존하지 않은 채 체험되는 세계를 가
리킨다. 문제는 2차적인 언어개념 즉, 명적 체계에 의해 구성
된 세계를 진리로 가정하는 태도에 있다. 허유는 이 점을 지
적하고 있다.

4   鷦鷯巢於深林, 不過一枝, 偃鼠飮河, 不過滿腹.

박

세계가 복수의 '층'들로 이루어져 있음을 일깨우는, 따라서
유가적인 정치질서가 절대적인 것이 아님을 환기시키는 충
고이다. 뱁새와 두더지는 허유 자신을 가리킨다기보다 '요'로
상징되는 유가적 정치 질서를 가리키는 것으로 보는 것이 낫
다. 요가 지향하는 '군주[名]'라는 자리와 그것의 연장선상에
있는 '천하 경영'이라는 가치도 허유가 지향하는 전체 '자연
[實]'의 관점에서 보면 특정한 의도에 따라 분절화된 기표 가
운데 하나, 즉 비유하면 나무의 작은 가지나 두더지의 조그만

배에 지나지 않음을 말한다.

유 — 이 구절은 산림과 강호에 은둔하여 안분지족(安分知足)하는 허유의 인생관을 뜻하는 말이 아니다. '뱁새'와 '두더지'는 허유가 아니라 요임금을 가리키는 비판적 비유이다. '깊은 숲[深林]'과 '거대한 황하[河]'가 무궁 세계를 뜻하는 것이라고 본다면, '나뭇가지 하나'와 '자기 배를 채움'은 천하를 뜻하는 것이 된다. '천하'는 인간사회, 즉 정치적 영향력이 미치는 최대 범위를 뜻한다.「추수」가운데의 관련 구절을 바탕으로 하여 이런 구도를 유추할 수 있다.[109] 이에 따라서 볼 때 '뱁새'와 '두더지'는 요임금의 급급해하는 정치 행위에 해당하며, 깊은 숲 전체와 거대한 황하 전체는 특정한 것에 집착하지 않고 노닐고자 하는 허유의 무하유지향(無何有之鄕)이요 광막지야(廣漠之野)가 된다.「양왕」가운데의 "나는 우주의 가운데에 선다. …… 해가 뜨면 나아가 일하고 해가 지면 들어와 쉬니, 천지의 사이에서 소요하여 심의가 자득하다."[110]와 같은 것이 허유의 삶에 해당한다. 허유의 '깊은 숲'과 '거대한 황하'는 천하를 넘어서는 우주의 가운데이고 천지의 사이이다. 이것이 허유의 '실질'로서 다음 구절에서 밝혀주는 "나는 천하만을 위해주는 정치를 일로 삼는 데엔 아무런 소용이 없다.[予無所用天下爲.]"라는 역설적 표현의 실제 내용이다.

이 — 뱁새와 두더지는 허유를 가리킨다. 나뭇가지 하나와 배를 채움은 실(實)에 해당하고, 깊은 숲과 황하는 천하의 비유다. 이 구절은 다음에 나오는 '내게 천하는 쓸데가 없다.[予無所用天

下爲.]는 주장의 근거다.

정 언어 개념적 세계에 구애된 존재는 언어적 본질을 다른 존재
에게도 강요하는 성향이 있다. 더불어 언어로부터 부여받은
자신의 본질을 견고히 하고 확장하려는 경향도 있다. 허유는
나뭇가지 하나와 배를 채움을 예거하여 이런 확장성을 비판
한다.

---

5 歸休乎君! 予無所用天下爲. 庖人雖不治庖, 尸祝不越樽俎而
代之矣.

박 천하 경영의 성패, 즉 인간세의 치(治)/불치(不治) 여부에 대
해 전체 자연은 관여하지 않음을 '제사를 주관하는 이'와 '제
사음식을 만드는 이'의 대비로 비유하였다.

유 '휴(休)'는 '극심한 노동으로 인해 지친 후에 몸이나 머리를
쉬게 한다'라는 휴식의 의미에만 한정되지 않는다. 이것의 실
제 내용은, 요임금이 '작화식(爝火息)'·'침관식(浸灌息)'해야
한다는 의식을 지닌 것을 포함하여 천하 양여라는 유명(有名)
의지를 관철하고자 하는 것 역시 버려야 한다는 것이다. '여
무소용천하위(予無所用天下爲)'에서의 '용천하위'는 다음 문
단에서의 '천하만을 위해주는 것을 일로 삼음[以天下爲事]'·
'사물만을 추구하는 것을 일로 삼음[以物爲事]'과 같은 의미라
고 볼 수 있다. 천하정치를 넘어서는 허유는 '도'의 우주조화
에 무위로 참여하는 무용지대용(無用之大用), 즉 '신인무공(神

人無功)'을 지향하고 있기에 이렇게 말한 것이다. '제사음식을 만드는 사람[庖人]'은 요임금을 가리키고, '제사를 맡아 주관하는 자[尸祝]'는 허유 자신을 가리키는 비유이다. 그런 허유가 노닐고자 하는 무궁·무극의 세계는 '사해지외(四海之外)', '육합지외(六合之外)', '육극지외(六極之外)', '천지지간(天地之間)', '우주지중(宇宙之中)' 등으로 다양하게 표현된다. 그러면 허유는 천하정치에 전혀 관심이 없거나 그것을 아예 모르는 것일까? 허유가 지향하는 차원은 다음과 같은 것이다. "천근이 은산의 남쪽에 노닐러 가서 요수의 물가에 이르러, 때마침 무명인을 만나 묻기를 '천하를 위해주는 방법에 관해 여쭙겠습니다'라고 했다. 무명인이 말하길, '물러가시오. 당신은 비루한 생각을 가졌구려. 어찌 그런 불쾌한 질문을 하는 거요! 나는 이제 조물자와 더불어 친구가 되고자 하는데, 이는 세상일에 싫증이 나서 이제는 또 저 높은 하늘을 나는 새를 타고 천지사방의 밖으로 날아가 아무런 장애가 없는 본향에서 노닐고, 드넓은 광야에 거처하고자 하는 거요. 그런데도 당신은 무슨 뾰족한 수가 있다고 천하를 다스리겠다면서 내 마음을 움직이려 드는 것이오?'라고 했다. 천근이 다시 똑같이 물었다. 무명인이 말하길, '당신은 마음을 담백한 곳에서 놀리고, 기운을 편안하고 고요한 세계에 합치시키도록 하시오. 그리하여 변화하는 사물의 자연스러움에 순응하여 사심(私心즉 仁)을 용납하지 않으면, 천하가 다스려질 것이오'라고 했다."[111] 여기의 '천근'은 요임금의 자세에 해당하고, '무명인'은 허유가 지향하는 차원에 해당한다.

이 휴(休)는 '그만두다'이니, '귀휴(歸休)'는 (천하를 넘겨주겠다는 따위의) 쓸데없는 소리 하지 말고 돌아가라는 말이다. 왕수민이 인용한 배학해(裵學海)의 『고서허자집석(古書虛字集釋)』에 따르면 위(爲)는 언(焉)과 같으니, 감탄사다. 이 구절은 요임금이 허유에게 천하를 바치겠다고 맨 처음에 한 말에 대한 답변이다. 음식은 맛과 향과 형태와 색깔이 있으니, 주방의 일이란 유명의 세계에 대한 은유다. 반면에 제사는 볼 수 없고 들을 수 없는 귀신과 관련된 일이니, 무명의 세계를 가리킨다. 허유는 제사를 관장하는 이와 제사음식을 만드는 요리사의 비유를 들어 무명을 추구하는 자신은 유명의 세상일에 관여하지 않을 것임을 밝혔다.

정 '휴(休)'는 쉬라는 뜻이다. 자신의 신념체계를 관철하고자 하는 의지, 자신의 성향을 고집하는 태도를 내려놓으라는 함의가 들어 있다. 사람은 내부수용 감각기관에서 얻은 불명료한 느낌과 외부수용 감각기관으로부터 받은 감각 그리고 이성으로 세상과 소통한다. 언어로 규정된 세계가 명료해 보이지만 인지과정에서 볼 때는 사실 2차적이다. 인지적 요소가 체험에 영향을 미치기도 하지만, 사실 불명료하고 종종 무의식적이기까지 한 체험 그 자체에 의해 언어 세계가 좌우된다. 느낌의 색채, 몸의 상태 등이 인지의 최종적 결과물로서 언어에 의해 규정된 인지를 흔든다. 제사를 관장하는 이는 느낌의 인지에 대한 추동성 혹은 영향력을 상징한다.

요임금, 천하를 잊다

肩吾問於連叔曰, "吾聞言於接輿, 大而無當, 往而不返. 吾驚怖其言,
猶河漢而無極也, 大有逕庭, 不近人情焉." 連叔曰, "其言謂何哉?"
曰, "藐姑射之山, 有神人居焉, 肌膚若冰雪, 淖約若處子. 不食五穀,
吸風飲露, 乘雲氣, 御飛龍, 而遊乎四海之外. 其神凝, 使物不疵癘而
年穀熟. 吾以是狂而不信也." 連叔曰, "然! 瞽者無以與文章之觀, 聾
者無以與乎鐘鼓之聲. 豈唯形骸有聾盲哉? 夫知亦有之. 是其言也,
猶時女也. 之人也, 之德也, 將旁礡萬物以爲一, 世薪乎亂, 孰弊弊焉
以天下爲事! 之人也, 物莫之傷, 大浸稽天而不溺, 大旱金石流, 土山
焦而不熱. 是其塵垢粃糠, 將猶陶鑄堯舜者也, 孰肯以物爲事. 宋人資
章甫而適諸越, 越人斷髮文身, 無所用之. 堯治天下之民, 平海內之政,
往見四子藐姑射之山, 汾水之陽, 窅然喪其天下焉."

견오가 연숙에게 물었다. "제가 접여에게 들었는데 그 말이 거창하기만

하고 합당하지 않아 끝간 데 없이 가서 돌아올 줄 몰랐습니다. 저는 그 말이 놀랍고 두려웠는데, 마치 은하수처럼 끝이 없어서 현실과 크게 모순되어 인정과는 멀었습니다." 연숙이 말했다. "무슨 말을 하던가요?" 견오가 말했다. "멀고 먼 고야산에 신인이 있는데 그의 피부는 마치 빙설과 같이 희고 고운 자태는 처녀 같답니다. 오곡을 먹지 않고 바람을 마시고 이슬을 먹으며, 구름을 타고 비룡을 부려 사해 밖에서 노닌다고 합니다. 그 신(神)이 응결되면 사물들이 병들지 않고 풍년이 든다는군요. 그런데 저는 얼토당토않은 말이라고 여겨 믿지 않았습니다." 연숙이 말했다. "그렇군요! 장님은 화려한 문식을 볼 수 없고 귀머거리는 아름다운 악기의 소리를 들을 수 없습니다. 어찌 몸에만 장님과 귀머거리가 있겠습니까? 무릇 앎에도 그러함이 있으니, 이것은 그대를 두고 한 말인 듯하구려. 그 사람, 그 덕은 만물을 섞어서 하나로 만듭니다. 세상 사람들은 다스려주기를 바라지만 그가 어찌 고달프게 천하를 일삼겠습니까? 무엇도 그 사람을 해치지 못합니다. 큰물이 하늘에 닿을 정도가 되어도 물에 빠지지 않고 큰 가뭄에 쇠와 돌이 녹고 땅과 산이 불타도 뜨거워하지 않습니다. 자신의 먼지와 쭉정이로도 요와 순을 빚어낼 것이니, 어찌 외물을 일삼겠습니까? 송나라 사람이 장보를 밑천으로 삼아 월나라에 갔으나, 월나라 사람들은 단발에 문신을 하였으므로 장보를 쓸 일이 없었습니다." 요가 천하의 백성을 다스려 정사를 안정시켰는데, 멀고 먼 고야산으로 가서 네 신선을 뵙고는 분수의 북쪽에 이르러 아득히 천하를 잊어버렸다.

박   둘째 단락의 두 번째 문단이다. 허유가 견오와 연숙이라는 가공의 인물을 등장시켜 막고야산의 신인(神人)을 통해 바람직한 정치에 대해 이야기를 이어가고, 요가 이에 깨달음을 얻는다는 내용이다. 마지막에 요의 이야기가 다시 등장하는 것을 감안하면 허유가 요에게 하는 대화 속에 인용되고 있는 내용으로 볼 수도 있다. 그러나 신인은 자신의 먼지와 쭉정이로도 요와 순을 빚어낼 수 있다.[是其塵垢粃糠, 將猶陶鑄堯舜者也.]라고 하는 대목이 이를 껄끄럽게 한다. '송인자장보(宋人資章甫)' 이하는 문맥의 흐름상 별도의 문단(세 번째 문단)으로 처리하는 것이 더 낫다.

유   앞문단의 요지를 더 높은 차원에서 구체적으로 설명한다. 허유[시축; 심림과 황하]와 요임금[포인; 초료와 언서]의 관계가 사자(四子)와 요임금의 관계로 대체되었다. 견오와 연숙이 접여의 큰 이야기를 놓고서 대립적 대화를 한다. 여기서 '큼[大]'의 문제가 대언(大言)·대공(大功), 즉 무공(無功)으로 전개된다. 접여의 큰 이야기는 신인에 관한 것인데, 연숙이 그 참뜻을 설명해주는 방식을 취한다. 이 이야기의 핵심은 '신인무공'에 있다. 신인은 천하를 넘어선 사해 밖에서 노닐면서도 자기의 신(神)을 응집함으로써 만물에게 근원적 영향을 끼친다. 즉 만물이 병들거나 상해를 입지 않게 하여 천하에 풍년이 들도록 하는 큰 공효를 발휘한다[齊物的 大功]. 신인은 인간 사회만이 아니라 만물 전체를 하나[同, 通, 一]로 만들려고 하는 자이기에, 자기 행위를 천하정치에 한정시키지 않는다. 농작물이나 속인들은 작은 홍수와 가뭄에도 상해를 입지만, 신인은 거대한 홍수나 극도의 가뭄에도 해를 입지 않는다. 그는 자신에 속한 하찮은 것들을 가지고도 요순을 빚어낼 수 있는 능력을 지녔으므로, 자신이 세속의 사물만을 위해주는 것을 옳다고 여기지 않는다. 신인의 특성은 거대한 능력을 통해 사해 내외의 존재들[생명]이 서로를 상해하지 않도록 하는 것이다. 신인의 일은 송영자가 인간 세상의 평화를 추구한 것이나, 요임금이 천하정치에 골몰한 것에 비해 훨씬 더 근원적이고 거대한 역량[大功]이다. 게다가 신인은 그것을 드러내지 않고 또한 자랑하거나 보답[대가]을 바라지도 않는다. 노자는 한 국가 또는 천하에서의 '현덕(玄德)'을 말하였는데, 장자는 그것을 확대하여 우주 차원에서의 현덕을 말하였다. '신인무공'은 그런 공효를 역설적으로 표현한 말이다. 성인이라고 칭송되는 요임금의 천하정치는 이와 반대되는 것이다.

이 이 문단의 주제문은 '외물을 일삼다[以物爲事]'이다. 앞에서 말한 '신인은 공이 없다[神人无功]'를 풀이한 대목이다. 신인은 만물이 병들지 않게 하고 풍년이 들게 한다. 그는 만물을 하나로 만드는 능력이 있지만, 천하를 일삼지는 않는다. 장자는 월나라에서 장보(章甫)를 팔려고 했던 송나라 사람의 일화를 통해, 신인은 다스리는 일을 헌신짝처럼 여김을 말했다.

정 앞의 '신인은 공이 없음'을 사례를 들어 설명하고, 신인에 관해 비교적 자세히 밝힌 글이다. 기호로 상징되는 인위적 문화에 매인 일반인과 달리 신인은 기(氣)의 공명을 통해 세상과 소통한다. 기호에 매이지 않는다. 따라서 기호에 들어 있는 특정 문화의 가치와 시비의 기준을 따르지 않는다. 그처럼 지어낸 세계에 갇히지 않으므로 그는 끝없는 자유를 누린다. 공은 특정한 가치기준에 순응한 댓가로 주어지는 것이다. 당연히 신인에게는 공이 없다. 그러나 신인은 의식화되지 않는 공명의 힘을 통해 감화를 일으킨다. 요임금은 언어개념으로 세상을 구성해내는 일에 능한 존재다. 이런 존재는 자신의 궁극적 토대가 와해될 때, 길을 잃은 듯한 체험을 한다. 요임금이 천하를 잃었다는 것은 언어개념에 의거한 통치방식을 놓았다는 뜻으로 해석할 수도 있으나, 자신의 토대가 와해되었을 때 길을 잃은 듯한 체험을 묘사한 것으로 볼 수도 있다.

1　肩吾問於連叔曰, 吾聞言於接輿, 大而無當, 往而不返. 吾驚怖
　　其言, 猶河漢而無極也. 大有逕庭, 不近人情焉.

박　'대이무당(大而無當)'은 거창하기만 할 뿐 상식에 부합하지 않
　　는다는 뜻이다. 셋째 단락 두 번째 문단 혜시와 장자의 대화
　　에 나오는 '대이무용(大而無用)'과 통한다.

유　'견오(肩吾)'는 『장자』에서 4회 등장하는 가운데, 접여(接輿,
　　「응제왕」)·손숙오(孫叔敖,「전자방」)와 더불어 주로 정치에 관
　　한 이야기를 나눈다. 「대종사」에서는 도를 설명한 후 득도한
　　인물들을 거론하면서 "견오는 도를 터득함으로써 태산에 거
　　처하였고, 황제는 도를 터득함으로써 운천에 이르렀다."[112]라
　　고 한다. 이로써 보면, 견오는 후에 득도한 자로서 황제와 같
　　은 차원의 새로운 인격이 되었다. 이것이 사실이라면, 처음에
　　는 일반 관료나 혜자적 관점으로 신인 이야기를 미친 말이라
　　고까지 비난하는 저수준에 있던 견오조차도 연숙(連叔)의 가
　　르침에 따라 득도한다는 반전을 일으키는 것이다. '연숙'은
　　여기에서 단 한 번 등장하는 인물이다. 그 캐릭터['연결해주는
　　아저씨']상 실존 인물이거나 완전 가상의 존재이기보다는 장
　　자 자신의 역할을 투영한 인물상일 수 있다. 이 문단은 구성
　　상 온전히 견오와 연숙의 대화로만 되어 있으나, 화자인 장
　　자 자신이 연숙의 실질적 역할을 하는 것으로 스며들어 있다.

일종의 복화술을 행하는 것이라고나 할까. '접여(接輿)'는 역사상 실존한 인물이라고 한다. 성현영은 이렇게 말한다. "접여라는 자는 성이 육(陸)이고 이름이 통(通)이며 자가 접여이다. 초나라의 현인으로서 은자였다. 공자와 같은 시기에 살았는데, 거짓 미치광이 행세를 하면서 벼슬하지 않고 항상 몸소 농사짓는 데 힘썼다."[113] 공자가 초나라에 간 적이 있는데, 초나라의 미치광이[楚狂]인 접여가 그를 비난하는 노래를 불렀다. 이 일에 관한 것이 『장자』「인간세」에 들어 있고, 『논어』「미자」와 『사기』「공자세가」에도 기록되어 있는데 B.C.489년의 일이라고 한다. '대이무당(大而無當)'은 크기만 하고 경험적 현실 또는 사리에 들어맞는 것이 없다[無適合]는 뜻이다. 이는 뒤에서 혜시가 장자의 큰 말에 대해 '대이무용'이라고 말하는 것의 전주곡이다. '왕이불반(往而不返)'은 신기한 세계를 거창하게 떠벌릴 뿐, 그것이 어떤 실용성을 갖는가에 관해서는 말하지 않는다는 뜻이다. 달리 말해 제아무리 거대한 강물일지라도 그냥 도도히 흘러 사라지고 만다면 주변의 생물들에게 아무런 도움도 주지 못한다는 것이다. 이와 반대되는 의미로 사용된 '왕이불반'의 용례가 있다. 「천하」에 "백가왕이불반(百家往而不反), 필불합의(必不合矣)"라는 말이 있는데, 이는 백가가 각자의 작은 지류[一察 즉 方術]로 치달아가 지리멸렬해졌을 뿐 근본[道術]으로 돌아오지 않아 반드시 도(道)와 만나지 못하였다는 뜻이다. '불근인정(不近人情)'이란 인간 세상의 실정에 닿지 못한다는 뜻이다. 그러면 인간 세상의 실정, 즉 세상물정이란 무엇일까? 일단 장자가 지금까지 이야기해온 것을 바탕으로 하여 생각해볼 수 있다. 견오의 견지에서 볼 때, 그것은 일차로 '지식이 한 관직을 감당할 수 있고, 행실이 한 지역 사람들의 취향에 합치하고, 덕성이 군주의 마음에 들어맞아 한 나라의 범위 내에서만 신임을 얻는 자들'[114]의 가치 추구이며, 더 나아가면 요임금이 추구하는 일들이다.

이

성현영에 따르면 견오와 연숙은 모두 옛적에 도를 지닌 사람이고, 접여는 성은 육(陸)이고 이름은 통(通)이며 자가 접여인 초나라의 현인으로 은자(隱者)다. 장자는 세 사람의 현인을 등장시켜 신인에 대해 설명하였다. '대이무당'은 차오추지에 따르면 황당해서 실제에 적절치 않음이다. 하한(河漢)은 은하수다. 팡용(方勇)이 인용한 진영선(陳榮選)에 따르면 '경'은 문 앞의 길이고, '정'은 마루 밖의 땅이다. '대유경정(大有逕庭)'은 접여의 말이 보통 사람들의 말과는 거리가 멀다는 것을 뜻한다.

정

시비의 경계에 가리운 이들은 구성된 세계에서 벗어나지 못한다. 그러나 도가적 성인은 세계의 구성성에서 자유롭다. 그들은 어떤 세계에도 갇히지 않는다. 이들의 삶을 하나의 세계에 적합한 기준으로 평가하는 것은 불가능하므로, 이들의 말을 들은 이들은 황당하다는 반응을 보인다.

2 　連叔曰, 其言謂何哉? 曰, 藐姑射之山, 有神人居焉, 肌膚若冰雪, 綽約若處子. 不食五穀, 吸風飲露, 乘雲氣, 御飛龍, 而遊乎四海之外. 其神凝, 使物不疵癘而年穀熟. 吾以是狂而不信也.

박　막고야산의 신인(神人)은 앞에 나온 '신인무공(神人無功)'과 연관된다. 이상적인 통치자의 통치행위에 대한 은유이다. "그 신(神)이 응결되면 사물들이 병들지 않고 풍년이 든다."라는 말이 이를 암시한다. 예로부터 농작물이 병들지 않고 풍년이 드는 것은 선정(善政)의 상징이라는 점에서 이 구절의 정치적 의미는 명확하다.

유　'막고야지산(藐姑射之山)'을 『열자』에서 언급하는 '열고야산(列姑射山)'처럼 하나의 특정한 산 이름으로 보기는 어렵다. '아득히 먼 고야의 땅에 있는 어느 산'이라는 의미 정도로 이해할 수 있다. 고유명사로 정하지 않고 추상화하여 상상해보도록 만든 것이다. '요약약처자(淖約若處子)'는 신인(神人)의 자태를 묘사한 말인데, 이는 '유약한 모습[柔弱貌](李頤)' 또는 '좋은 모습[好貌司](馬彪)'을 뜻하는 것이라고 해석된다. 이런 의미들을 취하여 『한어대사전』에서는 '요약(淖約)'은 "유연(柔然)·유화(柔和)하고 아름다운 모습[柔美貌]"이라고 풀이한다. 신인의 이런 자태를 추정해보는 데에, 나이가 많음에도 '안색이 어린아이 같은[色若孺子]' 「대종사」의 여우(女偶)와 칠십 살이 되었음에도 '갓난아기의 안색[嬰兒之色]'을 유지하는 「달생」 선표(單豹)의 외모를 동원해볼 수 있다. 또한 「재유」의 "유연한 마음 상태는 강강한 것을 부드럽게 만든다[約柔乎剛疆]"라는 것도 이차적으로 참고할 수 있다. 그러나 이 구절["淖約若處子"]은 문맥상 신인의 피부가 지극히 부드러운 것을 강조하기 위해 진흙[淖]에 비유한 것으로 보인다. 신인의 피부가 매우 흰색을 띠는 것을 빙설(氷雪)에 비유한 것과 같은 맥락이다. 이렇게 이해할 때는 '淖約'을 '요약'으로 발음할 수 있다. '자려(疵癘)'란 상해를 입음과 병듦이다. '연곡숙(年穀熟)'은 곡식이 잘 여문 풍년을 뜻한다.[115] 견오는 접여의 말에 대해 매미와 작은 메추라기가 대붕을 비웃는 수준을 넘어서 "미친 소리이기에 믿지 않는다."라고 거침없이 말한다. 「응제왕」에서는 아예 '미치광이 접여[肩吾見狂接輿]'라고 표현한다. 그러면 이 구절로부터 이어지는 신인(神人)에 관한 접여와 연숙의 이야기는 사실일까? 아니면 하릴없어 상상하거나 공상한 것을 문학적으로 표현해 놓은 허구이기만 할까? 인간은 왜 상상을 통해 이상세계를 그려보곤 하는 것일까? 이상은 현실과 대립하는 세계다. 그 현실이 어떤지부터 살펴볼 필요가 있다. 장자가 그려 보이는 신인의 경지를 세속 인간의 두 가지 측면으로부터 이해해 볼 수 있다. 그 첫째는 인간 자신의 마음[人心] 상태이고, 둘째는 현실을 포함하는 무궁[무극] 세계에서의 자유 추구이다. 언뜻 전자는 내적이고 후자는 외적인 것으로 구별하는 것이 철학적 상식이라고 말할 수 있겠지만, 장자의 사유에서는 그렇지 않다. 비교적 시각에서 장자가 제시한 신인의 존재 의의에 관해 음미해보자.

『열자』「황제」에서는 다음과 같이 기술하고 있다. "열고야산은 해하주 가운데에 있는데, 그 산 위에 신인이 거처하고 있다. 신인은 바람을 들이키고 이슬을 마시며 오곡을 먹지 않는다. 그의 마음은 깊은 샘 같고, 형체(자태)는 처녀 같다. 무엇을 아끼지도 않고 사랑하지도 않는데, 선인(仙人)과 성인(聖人)이 그의 신하 노릇을 한다. 위압하지도 않고 노하지도 않는데, 성실한 사람들이 그의 사자 노릇을 한다. 베풀지 않고 은혜를 입히지도 않건만 사물들은 스스로 만족하고, 모으지 않고 거둬들이지 않음에도 자신에겐 부족함이 없다. 음과 양은 항상 조화를 이루고 해와 달은 항상 밝게 비춰준다. 사철은 항상 순조롭고 바람과 비는 항상 고르게 불고 내린다. 생물의 번식과 양육은 항상 때에 맞고 곡식의 결실은 항상 풍성하다. 그래서 흙에는 질병이 없고, 사람에게는 요절과 불행이 없고, 만물에게는 상해와 병듦이 없고, 귀신에게는 요사스러운 짓이 없다."[116] 장자의 '막고야지산'의 신인 세계는『열자』의 '열고야산'의 그것과 유사점이 있으나 결정적 차이점도 갖는다. '열고야산'은 현실의 인간 세상과는 격절된 공간의 이상세계다. 그러나 장자는 신인과 속세 인간 간의 관계를 말하며, 특히 신인의 응신(凝神)이 낳는 현실적 공효(功效)를 강조한다. 신인에 대한 장자의 견해는 열자보다 훨씬 관계적이고 인간 친화적이다. 물론 '막고야지산'도 표면적으로는 속세와 격리된 공간인 것처럼 보인다. 그곳에서 신인은 속세의 인간들과는 달리 오곡에 의존하지 않으며 공간상으로도 무궁 세계에서 자유자재한 삶을 산다.『열자』의 글과 결정적인 차이를 보이는 대목은 '기신응(其神凝), 사물부자려이년곡숙(使物不疵癘而年穀熟)'이다. 즉 신인은 사해 밖의 범위에서 노닐면서도 그의 신(神)[117]을 응집함으로써 현실의 만물이 병들거나 상해를 입지 않도록 하며 세속의 인간이 주식으로 하는 곡식을 잘 여물도록 한다는 것이다. 신인이 '오곡을 먹지 않고 바람을 들이키고 이슬을 마시며, 구름을 타고 비룡을 부려 사해 밖에서 노니는 것'은 앞서 얘기된 '일기(一氣: 천지지정)'나 '육기(六氣: 육기지변)' 차원에서 하는 일이다. 그런데 신인은 한 차원 더 근원으로 들어가 '생물들이 병들지 않고 풍년이 들게 하는' 작용력을 발휘한다. 이것이 신인의 대공(大功)이요 전공(全功)이다. 이는 인간사회의 질서만이 아니라, 그런 질서를 가능케 하는 기반으로서의 만물의 성숙[생명의 안정]에까지 보이지 않는 보조적 영향을 끼치는 도적(道的) 능력의 구현이다. 장자의 신인이 세속을 초절(超絕)하는 존재가 아니라는 점을 여기서 확인할 수 있다. 신인의 이런 일은 인간사회의 정치와는 무관한 것일까, 아니면 그런 정치와 모종의 연관성을 갖는 것이라고 인정해야 할까? '신인무공(神人無功)'의 문제가 요임금의 천하정치와 연관되어 설명되고 있기에 이런 질문도 가능하다. 하지만 견오처럼 한 국가 내에서 하나의 관직을 맡아 그때그때 실리적 효과를 보이는 것만을 실질적 정치라고 생각하는 속견에서는, 신인의 일을 진정한 정치라고 보는 것은 터무니없는 일[狂言]일 것이다.

견오가 전하는 접여의 말이다. 성현영에 따르면 '막'은 '멀다'이고,『산해경(山海經)』에서 고야산은 세상 밖에 있으며 신성한 사람이 산다고 하였다. '작약'은 이이에 따르면 부드럽고 약한 모습이다. 처자(處子)는 처녀. '구름을 타고 비룡을 부려 사해 밖에서 노닌다'는 앞에서 말한 '천지의 바름을 타고 육기의 변화를 부려 끝없는 곳에서 노닌다'와 같은 뜻이다. 소요하는 신인의 경지를 묘사한 대목이다. "그 신(神)이 응결되면 사물들이 병들지 않고 풍년이 든다."는 신인이 능력을 발휘하여 이루는 공을 말한다. 성현영에 따르면 '자려(疵癘)'는 '병들다'이고, '년곡숙(年穀熟)'은 '풍년이 들다'이다. 저백수에 따르면 '신'을 지극히 가꾼 이는 스스로 온전할 뿐만 아니라 또한 천지의 화육(化育)에 참여하고, 만물의 자연을 돕는다.

'고야지산(姑射之山)'은 하나의 고유명사다. 고야산이라는 표현으로 충분하다. 번거롭게 고야의 산이라고 할 필요가 없다. 『산해경』에는 이런 용례가 많다. "그 중 으뜸을 초요지산이라 한다."[118] 신인이 오곡을 먹지 않는 것은 땅기운을 흡입하지 않으려 하기 때문이다. 이런 관념은 후대에 벽곡술로 발전했다. 이슬을 마신다는 것도 땅에 떨어지지 않는 물을 마신다는 의미다. 앞에서는 천지의 바름을 타고 육기의 변화를 부려 무궁한 곳에서 노닌다고 했다.[119] 운기는 단순한 구름이 아니다. 구름을 어떻게 탈 수 있겠는가? 운기는 구름의 기운을 탄다는 것이다. 기는 청자가 느끼는 말의 기운처럼 인식주체의 체험적 특성을 가리키는 말이다. 객관물리적 존재나 3인칭적으로 파악할 수 있는 특성이 아니다. 구름의 기운을 타는 것은 그러한 느낌을 체험한다는 의미다.

3 　連叔曰, 然! 瞽者無以與文章之觀, 聾者無以與乎鐘鼓之聲. 豈唯形骸有聾盲哉? 夫知亦有之.

박유 고자(瞽者)와 농자(聾者)는 의미상으로는 요(堯)를 가리킨다. "무릇 눈이 어두운 사람은 눈썹과 눈과 낯빛의 아름다움에 관여할 수 없고, 눈이 보이지 않는 사람은 청색과 황색 그리고 흰색과 검은색의 무늬로 이루어진 아름다운 구경거리에 관여할 수 없다."[120]라는 표현을 통해, 이 비유의 의미를 더 분명하게 이해할 수 있다. "어찌 몸에서만 눈멀고 귀먹은 사람이 있겠는가? 무릇 앎[知]에서도 그런 사람이 있는 거야." '연결해주는 아저씨[連叔]' 역할을 하는 장자는 이처럼 매몰찬 말도 한다. 이는 장자의 관심이 육체가 아니라 앎, 그것도 '큰 앎[大知]'에 있음을 적시한 것이다.

이 '연(然)'은 '그렇소!'이다. 다음에 나오는 말을 강조하는 표현이다. 연숙은 견오의 앎이 크게 부족함을 지적하고 있다.

정 특정한 세계의 가치기준에 함몰된 이들은 그런 가치기준이 존재하지 않는 세계를 이해하지 못한다. 그들은 감각기관과 개념표상적 마음을 통해 소통하면서, 그 외의 다른 인지방식이 있음을 알지 못한다. 연숙은 이것을 장님과 귀머거리에 비유하고 있다.

4　是其言也, 猶時女也.

박 ‘시녀(時女)’ 또한 의미상으로 요(堯)를 가리킨다. ‘시(時)’는
통상 ‘시(是)’의 뜻으로, ‘여(女)’는 2인칭 대명사 ‘여(汝)’로 보
는 것이 일반적이다. 반면 해동(奚侗)은 ‘시(時)’를 조사 ‘지
(之)’의 뜻으로 본다.

유 ‘시기언야(是其言也, 즉 이 말은)’는 바로 앞구절의 핵심 내용인
‘무릇 앎에도 그런 것이 있다[夫知亦有之]’를 가리키는 말이
다. ‘유시여(猶時女)’를 ‘유시여(猶是汝)’로 본다면, 이는 ‘(다른
때의 그 누구도 아닌) 바로 지금의 너 같은 자이다’라는 뜻이 될
것이다.

이 왕수민에 따르면 ‘시기(是其)’는 복합어로서 기(其)도 시(是)
다. ‘유(猶)’는 즉(卽)과 같은 뜻이다. ‘시(時)’는 시(是)고, ‘여
(女)’는 여(汝)와 통하니 견오를 말한다. 이 구절은 ‘이 말은 곧
너다’라는 말이고, 앎에도 장님과 귀머거리가 있다는 말이 견오
에게 해당한다는 뜻이다.

정 직전에 자신이 한 말이 바로 너에 해당하는 말이라고 핀잔을
주는 글이다.

之人也, 之德也, 將旁礴萬物以爲一, 世蘄乎亂, 孰弊弊焉以天下爲事!

박 '지인(之人)'은 막고야산의 신인을 가리킨다. '난(亂)'은 '치(治)'의 뜻이다. 한문에서는 하나의 단어가 상반되는 뜻을 지니는 경우가 종종 있다. 『노자』51장의 '형지독지(亨之毒之)'가 그런 예인데, 여기서 '독'은 '해치다'가 아니라 '기르다'는 뜻이다. "천하를 일삼는다[以天下爲事.]"는 것은 왕이 되어 유가적인 천하 경영에 종사함을 가리킨다.

유 '지인(之人)'은 신인의 인간됨 즉 신적 인격을 뜻하고, '지덕(之德)'은 신인의 덕[역량, 공효]을 뜻한다. '장방박만물위일(將旁礴萬物以爲一)'은 앞서 '천지창창(天之蒼蒼), 기정색야?(其正色邪?) …… 기시하야(其視下也), 역약시즉이의(亦若是則已矣)'로써 제물 관점을 제시한 것을 더욱 실질적으로 말한 것이다. '이천하위사(以天下爲事)'란 천하를 다스려주는 것을 일로 삼는다는 뜻이니, 여기의 '천하'는 「응제왕」에서 '위천하(爲天下)'·'치천하(治天下)'라고 한 것과 같은 의미이다. '세기호란(世蘄乎亂), 숙폐폐언이천하위사(孰弊弊焉以天下爲事)'는 앞서 허유가 요임금에게 말한 '포인수불치포(庖人雖不治庖), 시축불월준조이대지의(尸祝不越樽俎而代之矣)'와 상응하는 내용으로서 그 의미를 더 강하게 표현한 말이다. 이 구절의 핵심은, 신인은 인간사회의 정치 방식으로 인사에 관여하여 공을 이루고 그것을 통해 허명을 얻는 일과 같은 것을 꾀하지 않는다는 데 있다. 신인의 이런 '정치 아닌 정치' 방식을 억지로 표현하여 '신치(神治)'라고 하면 허튼 말일까? 이것이 무리라면 '신양만물(神養萬物)'이라고 불러보는 것은 어떨까?

이
'지인(之人)'은 신인이고, '지덕(之德)'은 신인의 덕을 말한다. '방박'은 성현영에 따르면 혼동(混同)과 같다. 혼동은 '뒤섞다'이다. '난(亂)'은 치(治)이다. '치'는 '안정시키다'이다. 여기서는 신인은 만물을 하나로 만드는 능력이 있지만, 피곤하게 천하를 일삼지 않음을 말했다.

정
'지(之)'는 '기(其)'와 같다. '그 사람에 관해 말하자면 그 덕은'이라는 뜻이다. 그 사람됨이라는 의미를 전달하고자 했다면 '之爲人也'라고 썼을 것이다. 만물을 하나로 만든다는 것은 만물을 구분하게 만드는 것으로부터 벗어난다는 뜻이다. 사람들은 특정 대상을 명명함으로써 정체성과 질서를 부여한다. 천하를 일삼는 정치는 결국 누군가를 어떤 위치에 두는 즉, 특정 대상에게 특정한 기능적 정체성을 부여하는 행위다. 장자는 이런 행위로 인해 본연의 자연스러움이 왜곡된다고 본다. 본연의 자연스러움을 보유하고 있는 존재는 타존재와 끝없이 공명하면서 경계를 넘나들 수 있다.

---

6 之人也, 物莫之傷, 大浸稽天而不溺, 大旱金石流, 土山焦而不熱.

박
'물막지상(物莫之傷)'은 직접적으로는 외물에 의해 상해를 않

는다는 뜻이지만, 넓은 의미에서는 후천적으로 주어지는 일체의 비본래적인 가치에 구속되어 자신의 자연적 본성을 해치지 않음을 가리킨다. "물이 하늘에 닿을 정도가 되어도 물에 빠지지 않고 큰 가뭄에 쇠와 돌이 녹고 땅과 산이 불타도 뜨거워하지 않는" 것은 이 가운데 외물에 의해 상해를 입지 않는 사례에 대한 예시이다. 『장자』에서는 이런 능력이 이상적 인격의 중요한 특성의 하나로 종종 언급되는데, 이에 대한 해석은 장자 후학들 사이에서 두 가지로 입장이 갈린다. 첫째는 이것을 비유적 표현으로 보는 것이다. "지극한 덕을 갖춘 사람은 불도 뜨겁게 할 수 없고 물도 익사시킬 수 없고 추위와 더위도 해를 끼칠 수 없으며, 금수도 해치지 못하니, 이는 그가 실제로 그것들에 가까이 감을 말하는 것이 아니라, 안전함과 위험을 잘 살피고 화와 복에 대해 편안한 자세를 취하며 나아가고 물러남에 신중을 기하기 때문에 그것들이 상해를 입힐 수 없음을 말하는 것이다."[121]라고 한 「추수(秋水)」편의 설명이 여기에 해당한다. 둘째는, 그런 일이 가능한 것은 순수한 기를 간직하고 있기 때문이라고 보는 해석이다. "술에 취한 사람은 수레에서 떨어져도 다치기나 할 뿐 죽지는 않는다. 뼈와 관절은 다른 사람과 같은데 상해를 입는 정도는 그들과 다른 것은 그 '신(神)'이 온전하기 때문이다. 수레를 탔다는 것도 모르고 떨어졌다는 것도 모르니 죽음과 삶, 놀람과 두려움이 마음에 들어가지 않는 것이다."[122]라고 한 「달생(達生)」편의 설명이 그 경우이다. 앞의 것이 합리적 해석 경향이라면 뒤의 것은 기(氣) 수련의 실제적인 효과에 초점을 맞춘 해석이라 할 수 있다. "오곡을 먹지 않고 바람을 마시고 이슬을 먹는다.[不食五穀, 吸風飮露.]"거나 "그 신이 응결된다.[其神凝.]"는 등의 표현을 고려할 때, 이 문단은 이 중 후자의 입장에 가깝다.

앞구절에서 말한 신인의 인격적 특성의 하나로서 "무엇도 그 사람을 해치지 못한다'라는 점을 신비적으로 표현하였다. '큰 물이 하늘에 닿을 정도가 되어도 물에 빠지지 않고, 큰 가뭄에 쇠와 돌이 녹고 땅과 산이 불타도 뜨거워하지 않는다'라는 식의 내용은 「제물론」·「대종사」·「추수」·「달생」에서도 반복된다. 그런데 그 주체는 신인이기도 하고 성인이기도 하며 지인이기도 하다. 「달생」에서는 열자가 "지인은 물속 같은 곳을 걸어도 질식하지 않고, 불을 밟아도 뜨거워하지 않고, 만물의 위에서 걸어도 두려워하지 않는다."라고 하는데, 이게 어떻게 가능한 일이냐고 물은 것에 대해 관윤(關尹)이 이렇게 대답한다. "이것은 순기(純氣)를 지켰기 때문이지 지식·기교·과감성 같은 것에 의한 게 아니다. …… 사물 속에서 모양을 지니지 않은 본래의 경지에 이르러 변화가 없는 곳에 머무는 일이 있다. 이러한 이치를 터득하고 깊이 궁구한 자를 외물이 어떻게 제지할 수 있겠는가! 지인은 음탕하지 않은 법도에 처하며, 끝없는 자연의 도리에 깃든 채 만물의 근원에서 노닐고, 그 본성을 순일하게 하며, 그 기를 보양하고, 본래의 덕과 하나가 되어, 만물이 생겨나는 조화의 근원과 통하게 된다. 무릇 이런 인격은 그 천성을 지킴이 온전하고 그 신(神)에 간극이 없으니, 외물이 어디로부터 침입할 수 있겠는가!"[123] 이 구절 전체의 의미를 인간의 마음 상태와 권력 세계의 험난함으로써 설명하는 것이 「인간세」이고, 개체 내의 기(氣) 차원으로써 설명하는 것이 「응제왕」에서의 호자의 체내 기 부림이다. 한편 인심(人心)에 관해 「열어구」에서는 공자의 입을 통해 이렇게 말한다. "무릇 사람의 마음이란 산천보다도 더 험한 것이고, 자연의 운행보다도 더 알기 어려운 것이다. 하늘에는 봄 여름 가을 겨울의 사계절 및 아침과 저녁이라는 일정한 때가 있어서 그 운행의 이치를 알 수 있지만, 사람은 외모를 두텁게 꾸미고 내심을 깊이 감추기 때문에 제대로 알아보기 어렵다."[124] 「재유」에서는 또 이렇게 설명한다. "최구가 노담에게 물어 말하길, '천하를 다스리지 않는다면 어떻게 인심(人心)을 착하게 할 수 있겠습니까?'라고 했다. 노담이 말하길 '자네는 삼가서 인심을 어지럽히지 말라. 사람의 마음은 누르면 축 처지고 부추기면 들뜨는데, 이렇게 마음이 오르락내리락하면 서로를 죽이게 된다[殺]. 그러나 그것이 유연하면 강강(剛强)한 것을 부드럽게 만들기도 한다. 그것은 모지고 깎이고 새겨지고 쪼아지면, 타는 불처럼 뜨거워지고 응고된 얼음처럼 차가워진다. 그것은 빠르기로는 한번 구부리고 우러르는 사이에 사해의 밖을 두 번이나 휘돈다. 가만히 있을 때면 연못처럼 깊고 고요하며, 움직일 때면 걸려 있는 깃발처럼 펄럭인다. 이처럼 세차게 치달려 매어둘 수 없는 것은 오직 사람의 마음이로다!' …… 옛날 황제 때 비로소 인의로 사람의 마음을 얽어매기 시작했다. 이 때문에 요와 순은 넓적다리 살이 깎이고 정강이 털이 닳도록 애쓰고 다니며 세상 사람의 몸을 돌보고, 자기의 오장을 괴롭히며 인의를 실행하고, 자기의 건강을 해치며 예법 제도를 만들었다. 그러나 그것으로도 감당하지 못한 것이 있었다. 그래서 요임금은 환두를 남쪽의 숭산으로 추방하고, 삼묘를 서쪽의 삼위로 몰아내고, 공공을 북쪽의 유도로 유배했다. 이는 요임금이 천하를 감당하지 못했기 때문일 것이다!"[125] '대침계천(大浸稽天)', '대한금석류(大旱金石流), 토산초(土山焦)'는 위와 같은 사람의 마음 상태, 나아가 그런 사람들이 이익을 다투며 서로를 상해하는 사회 상태를 뜻하는 것이라고 이해할 수 있다. 그런 속에서도 상해를 입지 않을 수 있는 것은 심재 · 좌망 등의 경지에서나 가능한 일이다. 장자는 「인간세」에서 심재(心齋 즉 호오 · 시비 · 빈천 · 이해 등의 외물 관념을 초월하는 것)의 상태를 허실(虛室)에 비유하였다. 기허(氣虛) 상태에서 대물(待物 즉 應物)하는 것이 생백(生白)인데, 기허에는 오직 도(道)만이 깃드니, 이런 상태가 되어야 '이도관지(以道觀之)'의 관점이 열린다. 결론적으로 이 구절의 핵심은, 신인은 사적으로 외물을 위해줌으로써 자기 이익을 추구하는 일을 꾀하지 않는다는 것이다. 바로 그런 까닭에 '그 어떤 외물도 신인에게 상해를 끼치지 못한다.'

이

왕수민에 따르면 '대침'은 홍수다. 성현영에 따르면 계(稽)는 '이르다[至]'이다. 홍수가 나서 수위가 하늘까지 이르름을 말

한다. 이 구절에서는 신인의 특징을 어떤 것도 그를 다치게
할 수 없음으로 말했다.

정 신인은 자신이 스스로 지어낸 세계를 진리로 보는 착각 속에
서 깨어난 이다. 이런 이들은 세계가 구성된 것임을 인식함으
로써 세상을 다르게 체험한다. 더 나아가 자신의 체험을 지어
낼 수도 있다. 그들은 먹지 않고도 배부름의 체험을 만들어낼
수 있고, 추운 곳에서도 따뜻한 체험을 지어낼 수 있다. 객관
적인 맥락에서가 아니라, 체험적 그리고 의미적 맥락에서 새
로운 세계를 만들어낸다.

7	是其塵垢粃穅, 將猶陶鑄堯舜者也, 孰肯以物爲事.

박 왕수민(王叔岷)은 '숙긍이물위사(孰肯以物爲事)'에 대해 앞에
나오는 '숙폐폐언이천하위사(孰弊弊焉以天下爲事)'와 대비할
때 '숙긍' 뒤에 글자가 빠진 듯하다고 본다. 이에 따라 『회남
자 · 숙진훈(俶眞訓)』에 나오는 '숙긍분분연이물위사야(孰肯
分分然以物爲事也)'를 참고하여 '어지럽다'는 뜻의 '분분연(分
分然)' 세 글자를 보충하여 '숙긍분분연이물위사(孰肯分分然
以物爲事)'로 교정하고 있다.

유 '시(是)'는 앞구절에 말한 것과 같은 능력을 지닌 신인을 가리
킨다. '기(其)'를 신인 자신[몸]을 가리키는 것으로 볼 수도 있
고, 신인의 몸 밖에 있는 외물을 가리키는 것으로 이해할 수
도 있다. 어떻게 이해하든 이는 장자가 설명하는 도적(道的)

능력[造物者, 造化者, 物物者]을 구현하는 것이라는 점은 분명하다. 「대종사」에서 도의 특성을 이렇게 설명한다. "나의 스승[道]이여! 나의 스승이여! 만물을 자잘하게 부수어 만들어내고서도 의(義)로운 척하지 않고, 은택이 만세에 미쳐도 인후(仁厚)한 척하지 않고, 아주 오랜 옛날보다도 더 오래되었으면서도 늙은 척하지 않고, 하늘을 덮고 땅을 싣고 있으며 온갖 형태를 다 조각해내고서도 기술이 뛰어난 척하지 않는다."[126] '숙긍이물위사(孰肯以物爲事)'는 '어찌 옳거니 하고 사물을 추구하는 것을 일로 삼겠는가'라는 뜻이다.

이 '강(穅)'은 강(糠)과 통한다. '비강'은 쭉정이와 겨다. '진구비강'은 찌꺼기를 말한다. 성현영에 따르면 쇠를 녹이는 것을 '주'라고 하고, 흙으로 틀을 만드는 것을 '도'라고 한다. 요순의 업적은 신인의 찌꺼기로도 가능하다. 하지만 신인은 외물을 일삼으려고 하지 않음을 말했다. 「양왕(讓王)」에 "도의 정수로 몸을 다스리고, 그 나머지로 국가를 다스리고, 그 찌꺼기로 천하를 다스린다."[127]는 표현이 있다.

정 '물(物)'은 명명된 존재로서 결국 이름으로 대표되는 인위적 문화를 대표한다. 유가의 정명론에서는 명적 체계를 우선시하고 이를 조정함으로써 실질을 바꿀 수 있으며 그렇게 해야 한다고 주장한다. 그러나 명적 체계 내에서 그런 명적 체계를 조정하는 방식으로 이뤄지는 정치는 장자의 방식이 아니다.

박   여기서부터 세 번째 문단으로 처리하는 것이 문맥상 더 순조
롭다. '요'로 상징되는 유가적인 정치는 장자가 지향하는 도
가적 정치에는 아무 쓸모가 없음을 말한다. 해와 달이 떠올랐
는데도 횃불을 끄지 않고 때에 맞춰 비가 내리는데도 물을 끌
어다 대는 것은 쓸데없는 일이 아니겠느냐고 한, 앞서 요의
발언을 역으로 패러디한 것이다.

유   '장보(章甫)'는 은대(殷代)의 예장(禮裝)에 사용되었던 관(冠)
의 명칭이다. 즉 인위적 예의를 차리는 데서 중시되었던 치
장품이다. 은(殷)나라의 후손 미자계(微子啓)가 주(周) 왕조에
서 봉토를 받아 건립한 제후국이 송(宋)이다. 은대의 유민으
로 구성된 송나라는 은대의 전통을 고수하여 체면치레를 중
시하였는데, 전국시대에 이르러 사전지지(四戰之地) 속의 약
소국으로 전락한 송나라 및 그 백성은 '어리석은 자들'의 집
단으로 멸시되었다. 여기서 송인의 장보를 높이 볼 것인가,
아니면 월인(越人)의 단발문신을 긍정적으로 볼 것인가를 문
제시할 수 있을 것이다. 그러나 송인과 월인 모두 인위적이라
는 점에서는 공통적이다. 문맥상 누구에게는 절대적 가치라
고 여겨지는 것도 다른 누구에게는 아예 불필요하거나 구속
적이기까지 하다는 뜻을 비유한 것으로 이해할 수 있다. 물론
이는 단순한 상대주의를 말하려는 것이 아니다. 송인이 장보
를 팔러 월나라의 여러 지역을 전전하였으나 월인에게는 그

것이 무용지물이었다는 것은, 곧 송인의 지극히 주관적인 자세를 의미한다. 이 이야기가 다음 구절과 긴밀하게 연결되는 것은, 요임금이 천하정치를 송인이 장보를 장사 밑천으로 삼은 것 이상으로 중시하였으나, 그것이 신인들에게는 무용지물에 불과하다는 깨달음을 얻는 데 있다. '적제월(適諸越)'을 "월나라로 가다."라고 번역하였지만, 여기의 '諸'를 '저'로 읽어 처소격의 어(於)로 보는 데는 석연치 않은 점이 있다.[128] 이 '제(諸)'자를 '제'로 읽어 관형사로서 '모든'·'여러'라는 의미로 보는 것이 타당하다. 월나라는 여러 부락국가로 구성되었던 까닭에 그것을 통틀어 '제월(諸越)'이라 하였고, 후세에는 '백월(百越)' 또는 '백월(百粵)'이라 불렀다. '백월'은 중국 고대 남방 해안 일대에 거주한 고대 월부족(越部族)에 대한 총칭으로서, 오월(吳越)·양월(揚越)·동구(東甌)·민월(閩越)·남월(南越)·서구(西甌)·낙월(駱越) 등등을 포괄하는 말이다.[129]

이 이이에 따르면 '자(資)'는 '사들이다[貨]'고, '장보'는 은(殷)나라 사람들이 썼던 모자다. 송나라 사람의 일화는 요임금이 세상을 다스리는 일 따위가 쓸데없는 짓임을 비유한 것이다.

정 '저(諸)'는 어(於)와 같다. 장보는 모자다. 예를 갖추기 위한 것이다. 기능과 의미에 있어서 다의적이다. 먼저, 신인에게는 천하가 불필요하다는 뜻이다. 둘째, 자연에 대비되는 혹은 자연을 왜곡시키는 문화를 가리킨다. 셋째, 인위적으로 만들어진 기호를 통한 인지방식을 가리킨다. 넷째, 월나라에서 장보

를 팔려하는 이는 특정한 가치에 종속되어, 자신의 편향된 유
용성을 견지하는 인물을 상징한다.

<table>
<tr><td>9</td><td>堯治天下之民, 平海內之政, 往見四子藐姑射之山, 汾水之陽,
窅然喪其天下焉.</td></tr>
</table>

박
—

'사자(四子)'에 대해 진고응은, "본래 특정인을 가리키는 것이
아니므로 이름을 취해 그 내용을 따지려고 하는 것은 지나치
게 파고드는 것이다."라고 한 이정(李楨)의 주석을 따라, 이것
은 일종의 우언이므로 특정한 인물을 가리킨다고 볼 필요는
없다고 하였다. '요연(窅然)'은 멍하니 아무 생각 없는 상태를
가리킨다. 곽경번은 여기까지를 연숙의 말로 표시해놓았는
데, 문맥상 적절치 않다.

유
—

사마표(司馬彪) · 이이(李頤) · 감산(憨山) 등은 '사자(四子)'
를 「천지」에서 언급한 요임금의 스승인 허유(許由) 및 설결
(齧缺) · 왕예(王倪) · 피의(被衣)를 가리키는 것으로 이해하
였다. 만약 '사자(四子, 즉 네 명의 스승)'라는 표현 자체에 주
안점을 둔다면, 이것이 곧 신인(神人)을 뜻하는 말은 아닌 까
닭에 이런 추측에도 일리가 있다고 할 수 있다. 그러나 '사자'
가 바로 곧 신인을 가리키는 말이라고 보면서, 이렇게 추측
하는 것은 무리다. 「소요유」에서의 허유는 분명 신인이 아니
기 때문이다. 다음과 같이 가정해볼 수 있다. 즉 '막고야지산
에는 신인만이 아니라 허유 · 설결 · 왕예 · 피의 같은 자들

도 함께 살고 있다. 요임금이 그 산으로 가서 직접 만나 뵌 자들은 신인이 아니라 허유 등과 같은 수준의 네 사람이었다'라는 것이다. 이런 가정을 따를 때는 '왕견사자(往見四子)' 이후에서의 시제가 문제시될 수 있다. 즉 요임금이 막고야지산으로 가서 '네 신인'을 만나 어떤 얘기를 듣고서 돌아오던 차에 천하를 잊게 되었던 것으로 이해하기는 어렵다. 이처럼 방문 대상을 신인으로 확정한다면 찾아가던 도중에 분수의 북쪽 지역에 이르자 이미 천하를 잊은 것으로 보아야 합당할 것이다. 신인은 허유·접여 등과는 달리, 그의 존재를 드러내지 않고 직접 관여하지 않으면서도 만물에게 영향을 주는 무공(無功)의 도적(道的) 인격이기 때문이다. 장자가 요임금이 사자(四子)를 만나 무슨 대화를 하였는지를 전혀 말하지 않은 이유도 여기에 있다. 이 지점에서 「소요유」를 읽는 독자의 궁금증은 최고치에 이를 것이다. 장자는 그런 궁금증을 과연 어떻게 풀어줄까? '막(藐)'이 공간 거리상에서의 아득히 멂을 뜻하는 것에 대응하여, '요연(窅然)'은 정신상에서 기존의 가치의식이 천양지차로 달라졌음[심오해져 초탈한 모양]을 뜻한다. 이것이 「지북유」에서는 대도의 특성을 묘사는 말로 사용되기도 한다.["大道窅然難言哉."]. '요연상기천하언(窅然喪其天下焉)'은 앞문단에서 허유의 입을 통해 '귀휴호군(歸休乎君), 여무소용천하위(予无所用天下爲)'라고 말한 것을 더 근본적 차원에서 표현한 내용이다. 은나라의 문화 전통을 고수하는 송나라의 상인은 장보가 어느 시대 어느 나라에서나 최고의 상품일 것이라고 믿어 의심치 않았으며, 은나라 이전의 요임금은 천하정치가 모든 인간사회에서의 최고 가치라고 생각하여 집착하였다. 그런 요임금이 왜 굳이 막고야지산에 거처하는 네 명의 스승[또는 신인]을 찾아 나섰던 것일까? 송나라 상인이나 소자(小者)들의 맥락으로 보자면, 자기의 혁혁한 공을 인간 세상 밖에 있는 자들에게서조차 인정받기 위함에서였을 것이다[有功 · 有名 · 有己 의식]. 그러나 자기가 최고의 가치라고 생각하는 것이 곧바로 보편적인 것은 아니며, 자기가 한 일에 대해 반드시 기대하는 방식으로 평가받는 것도 아니다. 이는 가치의 상대성을 말하려는 것이 아니라 차원의 차별을 말하고자 함이다. 그러나 이제 대붕 이야기를 여기로 소환하여 그런 맥락으로 살펴보자. 그럴 때 요임금은 천하를 넘어서는 세계에서라야 진정으로 천하를 위해주는 일이 가능하다는 점을 깨달은 순간[차원의 고양], 오직 천하 내의 중심에서라야 천하를 위해줄 수 있다는 자기의 기성 관념을 풀어버리게 된 것이다. 공치사는 둘째치고 공을 이루는 대상조차 잊게 되었다. 요임금이 이런 대전환을 체험하게 된 결정적 요인은 스스로 '왕(往)'을 실천한 효능에 있다. 이 '떠남이자 곧 찾아감[往]'은 다름 아닌 대붕의 '사어남명(徙於南冥)' · '적남명(適南冥)'에서의 '사(徙)'이고 '적(適)'이다. 이렇게 볼 때, 세 가지 대붕 이야기의 실질은 요임금을 전환시키는 데에 있는 것이라고 할 수 있다. 장자가 '신인무공'을 설명하는 중심에 요임금의 천하정치가 놓여 있다. 장자는 그것을 여러 측면에서 비판하면서 어떤 차원[방식]의 정치이어야 하는가에 대한 비전을 제시하였다. 천하를 넘어서는 차원인 제물 관점에서 서로를 상해하지 않는 것이 '정치를 의식하지 않는 정치', 더욱이 인간만이 아니라 생명을 지닌 모든 존재의 자유를 보장하는 일이라고 장자는 말한다. 다음 단락에서는 '무공(無功)'을 무용지대용(無用之大用)의 측면('지인무기')으로 이어가면서 설명해준다. 이것이 요임금이 사자나 신인에게서 직접 들었든 신인의 응신력(凝神力)에 응(應)하기만 하였든 '요연상기천하(窅然喪其天下)'할 수 있도록 만든 내용에 해당하는 것이다.

이 사마표와 이이에 따르면 '네 분[四子]'은 왕예, 설결, 피의, 그리고 허유다. 「천지(天地)」에서는 네 사람의 사승관계를 말하고 있다. "요임금의 스승은 허유고, 허유의 스승은 설결이고, 설결의 스승은 왕예고, 왕예의 스승은 피의다." [130]이이에 따르면 '요연'은 창연(悵然)이다. '창연'은 풀이 죽은 모습이다. 이 구절에서는 요임금이 네 사람을 만나고는 풀이 죽어 천하 다스리는 일을 잊어버린 것을 말했다. 신인은 만물을 하나로 만드는 능력이 있을지라도 천하를 다스리려고 하지 않는다. 그에게 천하 공동체를 위한 일은 안중에 없다.

정 천하는 개념표상적으로 구성된 공간을 상징한다. 천하에서 사람은 특정한 위상을 점거하고 있는 존재로 설정된다. 왕이 있고 신하가 있으며 부유한 이가 있고 가난한 이가 있다. 세상을 개념표상적으로 구성할 뿐 아니라, 그 문화에 잠재되어 있는 가치기준으로 재단하기도 한다. 신인을 만남으로써 새로운 지평을 접한 요임금은 그처럼 지어낸 세계, 본래는 진리로 간주했던 세계를 잃고 자신도 길을 잃는다.

저 큰 박을 어디에 쓸고

惠子謂莊子曰, "魏王貽我大瓠之種, 我樹之成而實五石, 以盛水漿, 其堅不能自擧也. 剖之以爲瓢, 則瓠落無所容. 非不呺然大也, 吾爲其無用而掊之." 莊子曰, "夫子固拙於用大矣. 宋人有善爲不龜手之藥者, 世世以洴澼絖爲事. 客聞之, 請買其方百金. 聚族而謀曰, '我世世爲洴澼絖, 不過數金. 今一朝而鬻技百金, 請與之.' 客得之, 以說吳王. 越有難, 吳王使之將, 冬與越人水戰, 大敗越人, 裂地而封之. 能不龜手, 一也. 或以封, 或不免於洴澼絖, 則所用之異也. 今子有五石之瓠, 何不慮以爲大樽而浮乎江湖, 而憂其瓠落無所容? 則夫子猶有蓬之心也夫!"

번역

혜자가 장자에게 말했다. "위나라 왕이 나에게 큰 박의 씨앗을 주었는데, 내가 이를 심어 박이 익으니 열매가 다섯 섬을 담을 정도였소. 마실 것을 가득 담으면 무게를 지탱하지 못하고, 갈라서 바가지로 만들면 너무 펑퍼짐하여 아무것도 담을 수가 없었소. 텅 비어 크긴 했으나 나는 아무 쓸모가 없어서 부숴버렸소." 장자가 말했다. "선생은 큰 것을 쓰는 솜씨가 몹시 졸렬하구려. 송나라 사람 가운데 손이 트지 않게 하는 약을 잘 만드는 이가 있어서 대대로 솜 빨래를 생업으로 삼았소. 길손이 듣고 그 비법을 백금에 사겠다고 했소. 그러자 일족을 모아놓고 의논하기를, '우리는 대대로 솜 빨래를 해왔지만 벌이가 몇 푼 되지 않았다. 이제 하루아침에 기술을 백금에 팔 수 있으니 넘겨주자.'라고 하였소. 길손이 그 기술을 얻어 오나라 왕에게 유세했소. 월나라가 전쟁을 일으키자 오나라 왕은 그를 장수로 삼았는데, 겨울에 월나라 군사와 수전을 벌여 크게 이기자 왕이 땅을 분봉해주었소. 손이 트지 않게 하는 것은 같으나, 어떤 이는 땅을 분봉 받았고 어떤 이는 솜 빨래 일을 벗어나지 못했으니, 쓰임이 달랐던 거요. 이제 선생에게 다섯 섬이나 담을 수 있는 박이 있는데도, 큰 술통을 만들어 강과 호수에 띄울 생각은 하지 않고 너무 펑퍼짐하여 담을 것이 없다는 걱정만 하시오? 선생은 쑥과 같은 마음을 지닌 사람이구려."

박 마지막 셋째 단락의 첫 번째 문단이다. '소요유'로서의 삶을 향유하는 데 필요한 바람직한 삶의 양식을 제시하고 있다. 여기서는 '무용지용(無用之用)'으로 표현되고 있다. 어떤 것이 '쓸모[用]있다'는 것은 곧 주어진 기표들의 체계에 순치되어 있음을 의미한다.

유 이 문단부터가 「소요유」의 셋째 단락에 속한다. 혜자와 장자가 '큰 것의 무용성[大而無用]'과 '큰 것을 크게 쓰는[大用] 방법 및 의미'를 놓고서 두 차례 논변을 벌인다. 앞에서의 '요임금·견오'의 역할을 혜자가 대체하고, '허유·연숙·접여·사자'의 역할을 장자가 대체하여 수행한다. 그런데 이제까지 읽어온 내용의 맥락을 이어가면서 여기서 대상으로 삼는 삶의 실질적 내용을 파악하려면, 천하정치의 질곡이냐 아니면 무궁한 세계에서의 노닒이냐 하는 것을 여전히 화두로 삼아야 한다. 이 이야기들은 단순한 신변잡기의 에피소드가 결코 아니다. '지인무기(至人無己)'의 경지가 어떻게 구현될 수 있는가가 핵심이다. 이 문단에서 장자는 혜자와의 대화를 통해 '무용지대용(無用之大用)'의 실질적 사례를 제시한다. 여기에는 사느냐[살리느냐] 죽느냐[죽이느냐]의 중차대한 문제가 들어 있다. 혜자가 먼저 장자의 거대한 무궁 세계 이야기를 비판하면서, 그것은 큰 박처럼 무용지물일 뿐 아니라 깨지고 말 것[상해를 입음]이라는 경고를 던진다. 그에 대해 장자는 풀솜

빠는 일을 하는 사람의 일화를 통해 똑같은 기능이라도 그 용처를 달리하면 그 효용성이 천양지차로 달라진다고 말하면서, 혜자가 제기한 큰 박의 다른 용처를 역발상적으로 제시한다. 즉 자신의 그 방식에 따르면, 큰 것 역시 상해를 입지 않고 그것을 쓰는 자 또한 노닐게 될 것이라는 반박이다. 큰 것을 대하는 데서든 작은 것을 대하는 데서든, 세속의 고정관념을 집요하게 고수하면서 상대를 부리거나 제압하여 이용 가치를 극대화하려고만 들 게 아니라, 상대의 특성을 제대로 알고 그것을 존중해야 서로 상해를 가하지도 않고 상해를 입지도 않을 수 있다는 것이다. 관점 변경에 의한 새로운 방식의 창안이야말로 상생[상호 살림]의 길이요 '자유의 상호 인정'이 된다는 시사점을 얻을 수 있다.

이 ── 「소요유」의 마지막 단락 앞문단이다. 첫 번째 단락에서는 붕새 이야기를 통해 위대한 무의 세계를 제시하였고, 두 번째 단락에서는 무명과 무공의 의미를 밝혔다. 세 번째 단락에서는 큰 것의 용도를 말한다. 이 문단은 큰 것의 용도에 대한 첫 번째 이야기다. 주제어는 '쓰임[用]'이고, 주제문은 '용도가 다름[所用之異]'이다. 혜시가 큰 박이 크기만 하고 쓸모없다고 부숴버리자, 장자는 혜시가 큰 것을 쓸 줄 모른다고 질책한다. 장자는 손이 트지 않게 하는 약을 써서 영지를 하사받은 사람의 일화를 통해, 큰 것은 용도가 다름을 말했다.

정 ── 이 문단과 뒷 문단에서 장자는 유용을 비판한다. 모두 세 단락으로 되어 있는 「소요유」의 마지막 단락이다. 인지의 측면에서 보자면 세상을 있는 그대로 체험하지 못하는 까닭은 상징기호 때문이라고 할 수 있다. 사람들은 상징을 조작할 수 있는 능력 덕분에 문화를 꽃피웠다. 상징을 다룰 수 있는 능력은 참으로 인간다운 능력이라고도 할 수 있다. 그러나 이 능력, 본래적이지 않은 것을 건설할 수 있는 능력은 사람들이 사태와 감응하지 못하는 근거이기도 하다. 상징이 나와 사태를 가로막기 때문이다. 이 경우 나는 나로서가 아니라 특정한 상징적 존재로 지각된다. 그러므로 상대는 나를 온전히 체험하지 못하고, 나도 그러하다. 인공물로서 상징은 유용성을 추구하는 마음과 밀접하게 관련되어 있다. 유용성을 추구하므로 적극적으로 상징을 사용하고, 상징을 사용할 수 있는 능력을 가지고 있으므로 사람은 더 많은 유용성을 추구한다. 결국 사람은 타인뿐 아니라 자신도 기능적 존재로 규정한다. 그러나 역할이 없다면 우리는 사회에서 살아갈 수 없다. 그러므로 무용은 단순히 유용을 비판하는 것이 아니다. 특정한 유용에 얽매이지 않는 자신과 타인을 기능적 존재로 규정하지 않는 삶의 방식을 의미한다.

1 　惠子謂莊子曰, 魏王貽我大瓠之種.

박
혜자(惠子)는 명가의 대표적인 사상가 혜시(惠施)이다. 유명
한 영인착비(郢人斲鼻)의 고사를 거론하며 혜시가 죽자 더불
어 말할 사람이 없어졌다고 장자 스스로 고백했을 만큼,[131] 장
자와 막역한 관계에 있던 인물이다. 위왕(魏王)은『맹자』에
나오는 양혜왕(梁惠王: B.C. 400~B.C. 334)을 가리킨다. 진(秦)
나라의 세력에 밀려 B.C. 361년 수도를 기존의 안읍(安邑)에
서 대량(大梁)으로 옮겼기 때문에 양혜왕이라고 부른다.

유
'혜자(惠子)'는 혜시(재위 B.C. 370~B.C. 334)이다. 혜자에 관한
역사적 기록을 놓고 볼 때, 그의 친구인 장자는 맹자(B.C.372~
B.C.289)와도 동시대 사람이라고 추정할 수 있다. 장자의 생
애에 관해 마서륜(馬叙倫)은 B.C. 369년~B.C. 286년에 해당
한다고 추정한다.[132] 혜자는 한때 위나라의 재상을 지내면서
새로운 제도를 시행하였으나, 십 년도 못 돼 장의(張儀)에게
배척당했다. 혜자에 관한 이야기는『순자』·『한비자』·『여
씨춘추』·『전국책』·『설원』등에 단편적으로 기록되어 있다.
혜자는 장자의 유일한 절친이었던 것으로 보이는데,『장자』
에는 혜자가 장자와 논변을 벌인 이야기가「소요유」외에도
「덕충부」·「추수」·「지락」·「서무귀」·「외물」·「우언」에 8
가지나 더 기술되어 있다. 혜자 사상의 일부가『장자』「천하」

에 소개되어 있고, 그에 대한 평가도 제시되어 있다. 혜자가 죽은 후 장자는 우연히 그의 무덤가를 지나다가 제자들에게 "나는 이제 함께 이야기할 상대가 없구나!"[133]라며 탄식했다고 한다. 혜자와 장자는 몇 가지 공통점을 갖고 있기는 하지만, 철학사상에서는 물론 인생관에서도 항상 대립적이었다. 『회남자』에서는 "혜자가 수레 백 승을 뒤따르게 하면서 송나라의 맹제 땅을 지나갈 때, 장자는 그런 과시적인 꼴을 보고서 자신에게 남아 있는 물고기마저 버렸다."[134]라고 하였다. 혜자는 실리주의적이며 출세 지향적인 성향을 지녔고 사치와 과시를 즐겼던 것으로 보인다. 혜자는 자신이 위나라의 재상을 지낸 적이 있기에, 위나라 왕(梁惠王 魏罃)에게서 거대한 박이 열리는 씨앗을 선물로 받았다는 이야기를 지어냈을 것이다.

이 혜자는 혜시를 말하며, 송나라 출신이다. 전국시대에 공손룡과 함께 명가(名家)를 대표하는 인물로서 위나라 재상을 지냈다. '위왕'은 사마표에 따르면 양혜왕이다. 위나라는 안읍이 수도였는데, 뒤에 대량으로 천도했기 때문에 양(梁)나라로 부르기도 한다. 이(貽)는 '주다'이며, 대호는 큰 호리병박이다. 위나라 왕이 혜시에게 거대한 호리병박의 씨앗을 하사한 것을 말한다.

정 혜자 즉, 혜시가 위나라의 재상을 지냈다는 해석의 적극적 근거는 없다. 장자와 관련된 어떤 이야기도 불확실하다. 『장자』의 기본적 성격은 이야기 철학집이다. 혜시의 사상이 어떤 것

인가에 관해서도 분명하지 않다. 일반적으로는 명가라고 할
수 있지만, 그저 깨달은 이에 대한 평범한 이처럼 묘사되기도
한다. 혜시가 겸애와 전쟁의 반대라는 주제에서 묵자와 닮았
다고 볼 수도 있다. 「덕충부」의 성인무정(聖人無情)논변에서
장자는 혜시가 견백의 논의에 빠져있다고 비판한다.[135] 혜시는
명가라고 볼 수 있지만, 다른 해석도 가능하다. 그러나 일관된
모습이 있다. 『장자』 전편에서 두드러지는 혜시의 모습은 특
정 가치, 기준, 성향을 견지하는 입장이다. 이곳에서도 마찬가
지다. 그는 효율성이라는 가치기준을 절대시하고 있다.

2 　我樹之成而實五石, 以盛水漿, 其堅不能自擧也. 剖之以爲瓢,
　　則瓠落無所容. 非不呺然大也, 吾爲其無用而掊之.

박
　　'석(石)'은 '석(秙)'의 약자이다. 『한서(漢書)』「율력지(律曆志)」
　　에는 "1약(龠)에 채워지는 기장 1,200톨의 무게를 12수(銖),
　　24수를 1량(兩), 16냥을 1근(斤), 30근을 1균(鈞), 4균을 1석
　　(石)으로 한다."라고 되어 있다. 이에 의거하면 '오석(五石)'은
　　600근에 해당한다.

유
　　'이실오석(而實五石)'의 '이(而)'는 기(其)의 의미이고, '실(實)'
　　은 동사로서 '용납하다'·'가득 채우다'라는 뜻이다. '성수장
　　(盛水漿)'에서의 '성(盛)'은 그릇에 담는다는 뜻이고, '장(漿)'
　　은 음료의 총칭이다. '자거(自擧)'는 자신을 온전한 상태로 보
　　존한다는 뜻이다. 혜자의 이 이야기가 우언 방식으로 표현된

것이라는 점에 유의해야 한다. 이것은 단순한 에피소드나 한 담이 아니다. 이는 전국시대라는 전장에서 새로운 철학사상을 펼친다는 것이 물리적 전쟁 외의 또 다른 정신상의 전쟁을 치르는 것이었다는 점을 여실히 보여준다. '백가쟁명(百家爭鳴)'이니 '백화노방(百花怒放)'이니 하는 말의 이면에 이런 참담한 실상이 들어 있다고 보아야 한다. 혜자는 현실의 유용성과 실리를 추구하며, 분석적으로 사물의 이치를 따지는 자이다. 그렇기에 그는 청빈한 삶을 산 장자와는 정반대로 위나라의 재상까지 지낼 수 있었다. 그런 혜자의 견지에서 볼 때, 장자는 우원하고 허탄한 말만을 내뱉는 이상주의자일 따름이다. 게다가 황제·요순을 위시하여 공자와 묵자까지도 신랄하게 비판할 뿐 아니라, 과도한 부귀와 명예 추구 및 현실의 무도한 정치적 권력을 정면으로 부정하는 자가 바로 장자다. 그러나 정치 현실에 몸담고 험악한 길을 걸어가는 혜자는 그래도 친구인 장자에게 일말의 연민을 가졌을지 모른다. 그리하여 세상을 변혁하려는 거대한 이상을 품고서 스스로 죽음을 재촉하지 말고 살길을 찾으라는 충고의 뜻을 비유로써 장자에게 던졌을 것이다. 기이하게 큰 박[大瓠]과 같을 뿐인 장자의 말은 결국 조각나[掊之] 배척되고 그 자신도 상해를 입고 말 것이라는 메시지이다. 상현(尙賢) 사회에서는 쓸모없는 것들은 깨지고 짓밟힌다. 이뿐 아니라 쓸모 있는 것[효용과 이익]도 얼마 못 가 축출되거나 상해를 당하고 만다. 따라서 장자 역시 혜자에게 목숨을 부지하려면 말조심해야 한다고 경

고한다. "혜자가 말했다. '지금 유가 · 묵가 · 양주 · 병자(秉
子, 公孫龍 또는 宋鈃)의 4가(四家)는 나에게 변론을 걸어와 갖
가지로 반론을 가하고, 큰소리로 내 주장을 엎어누르려고 하
지만, 이들은 나를 논파하지 못하고 있다네. 어째서 이와 같
을까?' 장자가 말했다. '…… 초나라 사람으로서 남의 집에 얹
혀사는 자가 있었는데, 그는 불구자로서 문지기 노릇을 하였
다네. 어느 날 그 불구자 문지기가 다른 사람들이 없는 한밤
중에 배 위에서 뱃사람과 맞붙어 언쟁하였지. 배가 물가 언덕
을 떠나기도 전에 사공의 원한을 사게 된 것이라네.'"[131] 혜자
는 그 누구든 자기를 논파하지 못하고 있다고 여기고서 우쭐
거렸다. 그에 대해 장자는 송나라 출신으로서 위나라의 재상
자리에 있으면서 논쟁을 즐기는 것, 즉 변설(辯說)을 통해 이
름이나 날리려는 것은 오히려 자기의 목숨을 위태롭게 만드
는 일일 따름이라고 경고하였다.[136]

이
—
수(樹)는 '심다'이다. 성(成)은 씨가 자라 호리병박이 열린 것
을 말한다. '실오석'은 두 가지 해석될 수 있다. 하나는 '실'을
씨로 보고 열매 안에 들어 있는 씨가 다섯 섬이라는 것이고,
다른 하나는 '실'을 용량으로 읽고 용량이 다섯 섬이라는 것
이다. '호락'은 간문제(簡文帝)의 글에 따르면 확락(廓落)과 같
다. '확락'은 속이 비어 큰 모습이다. 유월(俞樾)에 따르면 '효'
는 효(枵)이니, '텅 비다'이다. '효연'은 '텅 빈 모습'이다. 혜시
는 쓸모가 없어서 호리병박을 깨버렸다는 말로 장자의 주장
이 쓸모없음을 비유하였다. 혜시의 행위는 무용(無用)을 대하

는 보통 사람의 태도를 대변한다.

정 혜시가 대상을 생각하는 방식이 잘 드러난다. 혜시는 박을 자신에게 쓸모있는 무엇으로 만들려 하고 있다. 이로써 박은 박으로서 존재하지 못하고, 혜시는 진정한 쓰임 즉, 무용의 유용에도 접근하지 못한다.

---

3 莊子曰, 夫子固拙於用大矣.

박 혜시가 '대(大)'를 실용적 관점에서만 그 쓸모를 따지기에 '서툴다[拙]'고 한 것이다.

유 장자는 혜자에 대해 극도의 존칭인 '부자(夫子)'라는 호칭까지 사용하면서, 정작 그의 충고에 대해서는 일단 '큰 것을 사용하는 데 고루할 정도로 옹졸하다.'라는 한 마디로 면박한다. 그러면 이 '옹졸함'의 반대말은 무엇일까? 교묘함이나 지모(智謀) 또는 과감함이라고 말하는 것은 장자의 답이 아니다. 큰 것을 제대로 사용하려면 먼저 그만한 자기 역량을 지녀야 한다. 그런 역량은 분석적 지력을 통한 개념적 지식이나 대량의 정보처리, 결단의 과감성 같은 것이 아니다. 장자에 따르면, 내적 순수[純粹素朴, 眞]에서 발하는 '명(明)'·'보광(葆光)'·'조철(朝徹)'·'첨명(瞻明)'·'천광(天光)'·'조광(照曠)', '허실생백(虛室生白)', '염염(炎炎)', '현주(玄珠)' 등의 빛이 있어야 한다. 보이는 것 너머에 있는 것을 볼 수 있는 능력을 활성화하여 자기가 그만큼 커져야 하는데, 그런 큼의 궁극이 '무기(無己)'이다. "마음[宇]이 태연하고 안정된 자는 '천광'을 내뿜는다. 천광을 내뿜는다는 것은, 인간이 참된 자기를 드러냄이고 사물이 그 본래 모습을 드러냄이다."[137] 이런 차원에서 서로를 알고 대하는 것이 '용대(用大)'라고 할 수 있다.

이 혜시가 큰 것을 쓸 줄 모른다고 질책한 것이다. 장자는 대붕 이야기를 통해 큰 것과 작은 것의 차이를 말했고, 여기서는 큰 것의 쓰임에 대해 말한다.

정 대상을 대붕의 큰 경지에서 접근하지 못하고 작은 매미나 비둘기의 수준에서 접근함으로써, 그 가능성을 제대로 보지 못함을 비난하는 말이다.

---

4 宋人有善爲不龜手之藥者, 世世以洴澼絖爲事. 客聞之, 請買其方百金.

박 춘추전국시대에 송나라 사람은 종종 어리석음의 상징으로 그려졌다. 생각과 행동이 어리석은 사람을 가리킬 때 인용하는 '송양지인(宋襄之仁)'과 '수주대토(守株待兎)'의 고사 역시 모두 송나라 사람이 주인공이고, 앞서 월나라에 장보(章甫)를 팔러 간 이도 송나라 사람이다.

유 '병벽(洴澼)'은 빨래하는 것, '광(絖 즉 纊)'은 고운 솜[풀솜]이다. 솜을 물에 씻어 하얗게 바래는 것을 뜻한다. 물 일을 많이 하는 사람의 손이 트지 않게 하는 약은 비방으로서 큰 가치를 갖고 있다. 여기의 송나라 사람도 소자(小者)로서 그려지고 있다. 장자의 이 이야기는 우언이면서 동시에 치언 방식으로 구성된 것이다. 특히 치언이라는 점에 유의할 필요가 있다. 즉 이는 장자가 혜자를 설득하기 위해 자기 위주가 아니라 혜자의 관심사와 깜냥에 맞추어 만든 비유이다. 따라서 이 이야기의 실제 주인공은 혜자인 셈이다.

이 균(龜)은 '피부가 트다'다. 병벽은 '빨래하다'고, 광(絖)은 솜이다. 방(方)은 약방문이다. 진벽허(陳碧虛, 이름은 景元)의 『장자궐오(莊子闕誤)』에 인용된 강남(江南) 고장본(古藏本)에는 '방' 뒤에 이(以)자가 있다. 이이(李頤)에 따르면 금(金)은 사방 1치 크기에 무게가 1근이다. '금'은 구리로 만든 화폐의 단위이다. 백금은 100근이다.

정 이곳의 송인은 혜시처럼 특정한 쓰임에 구애되고 있는 존재를 상징한다.

---

5 聚族而謀曰, 我世世爲洴澼絖, 不過數金. 今一朝而鬻技百金, 請與之.

박 '기(技)'는 솜 빨래하는 기술을 가리킨다. 「양생주」의 포정해우(庖丁解牛) 일화와 「달생」에 등장하는 많은 기예의 달인들의 경우에서 보듯이, 장자사상에서 '기(技: 기예/기술)'는 도(道)로 나아가는 주요한 통로이다. 그러나 이 일화에서는 기(技)가 그와 같은 맥락에서 논의되고 있지 않다.

유 여기의 '기(技)'는 비방으로서의 기술을 뜻한다. 장자는 기술을 몰가치적인 것, 즉 가치중립적인 것으로 본 것일까? 오로지 '금[일확천금]'만 더 가질 수 있다면 그것을 사려는 자가 누구든, 그것의 용처가 어디든 아무런 상관이 없다는 얘기일까? 기술만능, 아니 '돈신' 시대인 오늘날에는 이런 견해에 대해 어떻게 평가해야 할까? 아니면 비유를 그냥 비유로서만 이해하는 것이 저자의 뜻을 존중하는 일일까? 그러나 이 이야기가 우언이자 동시에 치언이라는 점을 기억한다면, 장자의 견해에 대한 위와 같은 의문은 바로 해소될 것이다. 아무튼 혜자는 위와 같은 일을 마다할 인물이 아니다. 혜자의 비방적 기술은 '변설'이다.

이
정

육(鬻)은 '팔다'이다.

장자는 장인을 이상적으로 묘사하고 기술을 특별한 인지를 가능하게 하는 절차 혹은 수단으로 생각한다. 그런데 이곳에서 송나라 사람은 약 만드는 기술을 단순히 돈을 벌기 위한 수단으로 보고 있다. 장자의 이야기는 쉬어갈 곳이 없다. 특정 주제를 말하는 이야기 속에서 또 다른 주제를 말하기도 한다.

---

6   客得之, 以說吳王. 越有難, 吳王使之將, 冬與越人水戰, 大敗越人, 裂地而封之.

박
유

'說'의 음은 '세'이다. '유세한다'는 뜻이다.

이것은 적합한 사례라고 인정받을 수 있는 것일까? 정의라든가 정당성이라든가, 인명의 살상에 대한 문제의식 같은 게 전혀 없지 않은가? 이기기만 하면 그만이라는 결과주의식으로 읽힐 수 있는 이야기에 불과하지 않은가? 언뜻 무슨 병가나 법가의 이론을 대하고 있다는 착각이 들 정도다. 대박의 용도 변경, 손이 트지 않게 하는 약의 용처 변경에 따른 '쓰임새[용도, 이익]'에 대해 어떻게 평가해야 할까? 어쨌든 장자는 쓰임새를 부정하지 않고 있는데, 이는 무엇인가를 수단화한다는 점에서는 동일한 것이 아닌가? 그러나 생각해보면, 이는 목전의 자기 이익에만 관심을 두는 자들에게 더 크고 근본적인 이익[단지 공리주의적인 것만은 아님]이 무엇일지를 생각해보도록 하는 방편적인 비유이다. 즉 장자의 치언에 해당하는 것이다. 여기서 혜자는 변설을 자기 방식대로만 사용하여 겨우 일국의 재상 자리나 차지할 뿐 제후[왕] 이상이 될 수는 없는 자이다.

이 '세(說)'는 '유세하다'이다. 왕수민에 따르면 유(有)는 위(爲)와 같다. '월유난'은 월나라가 군대를 동원해서 오나라를 침공하였다는 말이다. 장(將)은 '거느리다'이니, 병사들을 지휘했다는 뜻이다.

정 '월유난(越有難)'은 월나라에 난이 있다는 의미로 해석될 수도 있다. 월나라에 난이 있고 이로 인해 정세가 어지러워져 다툼이 있었다는 식으로 볼 수도 있기 때문이다.

박
— '소용지이(所用之異)'는 혜시와 장자가 지향하는 삶은 서로 층위가 다름을 말한다. 당연히 앞의 요와 허유의 경우에도 적용된다.

유
— 똑같은 기능을 하는 사물도 그 '용처를 다르게 하면' 결과가 현격히 달라진다는 말이다. 이것을 혜자에게 적용하면, 똑같은 변설이라도 그것의 용처를 달리 하면 자신이나 한 나라만이 아니라 적어도 천하 범위에까지 유익함을 줄 수 있다는 의미가 될 것이다. 그렇지만 이것이 다는 아니다. 장자는 이제 다음 구절에서 천하도 넘어서서 진정으로 노닐 수 있는 차원, 즉 자기가 말하고자 하는 궁극의 경지를 제시한다.

이
— 용도의 차이가 천양지차의 결과를 낳음을 말했다. 솜 빨래하는 송나라 사람과 영지를 하사받은 길손의 일화는 크게 쓸 줄 아는 사람과 그렇지 못한 사람의 차이를 보여준다.

정
— 귀수(龜手)는 손이 갈라지는 것이다. 장자의 전략 중에 기준의 상대성을 지적하는 것이 있다. 이곳에서는 유용성 판단의 상대성을 보여주고 있다. 그러나 장자가 상대주의자는 아니다. 그는 상대성을 지적함으로써 특정 기준에 구애되는 상태에서 벗어나야 한다고 말할 뿐이다. 요지는 유용성에 근거해서 존재를 기능적으로 간주하는 것은 자연 즉, 진리적 태도가 아니라는 것이다.

今子有五石之瓠, 何不慮以爲大樽而浮乎江湖, 而憂其瓠落無
所容? 則夫子猶有蓬之心也夫!

박

'려(慮)'는 '터(攄)'의 의미로 보아 '연결하다'는 뜻으로 새기기
도 한다. 첸구잉(陳鼓應)은 이를 받아들여 고주(古注)에서 '려
(慮)'를 '생각하다[思]', '모색하다[謀]'의 의미로 해석한 경우
가 있는데, 이는 옳지 않다고 말한다.[138] 성현영 또한 "려(慮)
는 끈으로 연결하여 묶는다는 뜻이다.[慮者, 繩絡之也.]"라고
하여 이 의미로 풀이한다. 그러나 '이위대준(以爲大樽)'에서
'이(以)'의 생략된 목적어를 '박[瓠]'으로 보면, "박으로 큰 술
통을 만들어 강과 호수에 띄울 생각은 하지 않고[不慮]"라고
해석할 수 있어 '려(慮)'를 글자 그대로 '생각하다'는 의미로
풀어도 뜻이 통한다.

유

'대준(大樽)'은 큰 술통이라는 뜻이다. '려(慮)'를 얽어매다, 줄
로 묶다라는 뜻으로 풀이하여[139] '박을 허리춤에 줄로 묶어 강
호를 건너가는 데 사용한다'라고 보기도 하지만, 이렇게 해석
하는 것은 무리다. 려(慮)는 글자 그대로 '생각하다, 꾀하다'의
의미이다. '하불려이위대준이부호강호(何不慮以爲大樽而浮乎
江湖)'를 '어째서 그것을 큰 술통 같은 것으로 만들어 강호에
띄어놓고 부유할 생각은 하지 않는가.'라고 번역할 수도 있
을 것이다. '대준으로 삼는다(以爲大樽)'란 박을 반으로 가르
지 않고 통째로 속을 텅 비워 큰 술통 모양의 부유물로 만든
다는 뜻이다. 큰 박에도 작은 표주박의 용도를 그대로 적용하

려 드는 것은 순물(順物) 방식이 아니다. 큰 박의 경우에는 그의 밖에다 물을 두어 그것이 둥둥 뜨도록 하는 승물(乘物) 방식이 요구된다. 이는 큰바람에는 날리거나 휩쓸리기만 할 수 있다는 소자(小者)들의 견지를, 정반대로 큰바람을 타거나 모는 방식으로 전환한 대붕의 경우에서 이미 보았던 역발상 사유법을 적용한 것이다. 장자의 이런 방식을 실행하면 큰 박을 가르거나 산산이 조각내지 않고 살려둘 수 있으며, 또한 그것과 '함께'[여기에는 관계와 소통이 개재함] 유유히 강호를 떠도는 자유로운 삶도 가능해진다.

'봉지심(蓬之心)'은 매우 중요한 의미를 담고 있다. 살리느냐 죽이느냐를 결정하는 근저에 대한 장자 자신과 혜자 간의 관점 차이를 이 한 단어로 압축하였기 때문이다. 이것은 장자가 사용하는 「제물론」의 '성심(成心)', 「인간세」의 '사심(師心)'과 같은 계열의 말이다. 다만 사람의 마음 상태를 사물에다 비유한 것이기에 그냥 '봉심'이라 하지 않고 '봉지심'[즉 飛蓬之心]이라고 하였을 것이다. 장자는 당시의 통속적인 비유를 나름 변용한 것으로 보인다. 그 의미를 선산쩡(沈善增)의 견해를 참고하여[140] 다음과 같이 풀어볼 수 있다. '봉(蓬)'은 본래 다북쑥을 뜻하지만, '흐트러지다·떠돌다'라는 확장된 의미를 지니고 있다. '봉(蓬)'은 곧게 자라는 '호(蒿)'와는 달리 짧고 굽은 형태의 다북쑥이다. 잎만 무성할 뿐 크게 자라지는 못하며, 고갱이가 깊숙이 숨어 있고, 뿌리보다 잎이 훨씬 크다. 이런 다북쑥은 "가을이 되면 말라 뿌리가 끊기며 바람을 만나면 날리어 휘돌게 된다. 그래서 '비봉(飛蓬)'이라고도 부른다."135 다시 말해 '비봉'이란 가을이 되면 바람에 날리는 엉클어진 다북쑥 덩이를 뜻한다.141 선진시기에 '비봉'을 은유로 사용한 예들이 있다. "내 님이 동쪽으로 떠난 후, 내 머리는 날리는 다북쑥 덩이[飛蓬] 같아졌네. 어찌 기름 바르고 감지 못하랴만 누굴 위해 화장할꼬!"142 말하자면 봉두난발(蓬頭亂髮)인 쑥대머리는 하나의 다북쑥 덩이가 바람에 날리는 모습이라는 것이다. 『관자』에는 "바람에 날리는 다북쑥 덩이처럼 뿌리 없는 뜬 소문을 퍼트리는 자를 빈객으로 들일 바 없고, 제비와 참새 같은 떼거리의 소인배들을, 큰 도를 행하는 자는 돌아보지 않는다."143라는 구절이 있다. 『상군서』에 "지금 저 나는 다북쑥 덩이가 표풍을 만나 천 리를 가는 것은 바람이 실어주는 기세 때문이다."144라는 구절이 있다. 한편 전한(前漢)의 사마천이 기술한, 노자가 공자에게 해주었다는 말 가운데 "게다가 군자는 올바른 때를 만나면 관직에 나아가고, 때를 만나지 못하면 다북쑥 덩이처럼 엉클어져 떠도는 법이오."145라고 한 것이 있다. 여기의 '봉루이행(蓬累而行)'은 그 내적 의미가 앞의 용례들과 다르기는 하지만, 그 외적 형상에서는 서로 같음을 말한 것이다. 이 같은 용례들의 의미를 종합해서 생각해볼 때, 장자가 말한 '봉지심'은 주변의 소문[뿌리 즉 근본이 없는 상식적 가치]에 휘둘려 이리저리 떠다니기만 하는 것 같은 협소하고 근시안적인 견해를 뜻한다. 즉 장자는 비봉의 모습을 가지고 혜자가 세속에서 정해놓은 견지에 휘둘리고 집착하는 것에 대해 비유적으로 질타한 것이다. 혜자는 작은 표주박의 획일화된[굳어진] 용도에만 집착하여 큰 박의 특성 자체에 따르는 큰 용도가 무엇인지를 알아내지 못한다. 소지(小知)에 집착하여 대지(大知)를 가질 수 없기 때문이다. 대붕의 비상과 대비되는 날아다니는 작은 존재들의 계열[아지랑이, 티끌, 매미, 작은 비둘기, 메추라기]이 여기의 '비붕'에까지 일관되게 이어지고 있음을 볼 수 있다. 혜자의 봉지심을 날아오르게 만드는 바람[風]이 국내외 현실 정치에서의 실제적 이익의 향배임에 반해, 장자의 대붕과 이상적 인격이 타고 모는 바람은 대풍[유월식]이요 천지지정[일기]이며 육기이다[운기, 비룡]. 혜자의 봉지심은 일차적으로 비붕(飛鵬)의 제물 관점과 대비되는 것이고, 다음으로 접여가 말하는 정신세계와 대비되는 것이며, 궁극적으로는 장자의 심재 · 좌망 · 상아 등에 의한 지인무기(至人無己) 경지와 대비되는 것이다.

외물을 좇는 다수자인 대중이 현상적 · 단기적으로 유용 · 실리라고 간주하는 것만이 진리다. 이런 협소하고 굽은 진리관 및 가치관에 닫혀 있는 속에서 그것만을 극도로 추구하고 관철하려는 마음이 바로 '봉지심'이다. 앞에서 견오가 한 말을 되돌아보자. '(장자의 견해를 대변한 접여의 말은) 크기만 하고 경험적 현실 또는 사리에 들어맞는 것이 없다[大而無當]'라고 하였다. 이것이 뒤에서는 혜자가 장자의 큰 말에 대해 '대이무용(大而無用)'이라고 비판하는 것으로 이어진다. 또한 '왕이불반(往而不返)'이란 신기한 세계에 관한 얘기를 거창하게 떠벌릴 뿐, 그것이 어떤 현실성·실용성을 갖는가에 관해서는 말하지 않는다는 뜻이라는 점도 거론하였다. 그러나 「천하」에는 이와 반대되는 의미로 사용된 '백가왕이불반(百家往而不反), 필불합의(必不合矣)'라는 말이 있는데, 이는 전국시대의 백가가 각자의 작은 지류[一察 즉 方術]로 치달아가 지리멸렬해졌을 뿐 근본[道術]으로 돌아오지 않아 반드시 도(道)와 만나지 못하게 되었다는 뜻이다. 『장자』「천하」의 작자가 피력한 견해에 따르면, 백가 중에서도 혜자가 가장 심각한 지경에 빠진 중증 환자다. 혜자는 '뿌리 없이' 현상의 사물만을 분석하는 데로 치달아간 자다. 그런 혜자에 대한 평가의 키워드는 '물(物)'이다.[146] "혜시는 다방면의 방술(方術, 道術이 아님)을 추구하여 서책이 다섯 수레나 되었지만, 그 도리가 잡박하고 그 말도 천지의 도에 들어맞지 못하였다. …… 덕에는 미약하고 사물의 이치를 궁구하는 데만 힘썼으므로 그가 걸어간 길은 구불구불하다. '천지의 도'라는 차원에서 혜시의 능력을 살펴볼 때, 그것은 한 마리의 모기나 등에가 앵앵대며 애쓰는 것이나 마찬가지다. 이런 미력이 사물들에게 무슨 도움이 되겠는가! …… 정신을 만물에 흩뜨려가는 데에 물릴 줄을 몰라, 변론에 뛰어나다는 이름이 난 것으로 생애를 마쳤다. 애석한 일이로다! 혜시의 재능은 제멋대로 뻗쳐나가기만 하여 도를 터득하지 못하고, 만물을 좇아가기만 하고 그것의 근본으로 돌아올 줄은 모르는 것이니, 이는 메아리를 좇으려고 소리를 지르는 것이며, 몸뚱이가 그림자와 경주를 벌이

는 꼴이다. 비통한 일이로다!"[147] 장자의 철학사상과 비교해
보면, 혜자는 도(道)를 터득하지 못하였고 덕(德)을 구현하지
도 못하였으며 심(心) · 정(精) · 기(氣) · 신(神) · 허(虛)의 세
계도 말할 수 없었다. '뿌리[근원]'가 없는 사상이기에 수양도
말하지 못한 것이다. 혜자는 단지 외물 차원의 천지만물에 대
해 변설하고 실용을 추구한 결과로 '변론에 뛰어나다'라는 이
름이나 났을 따름이다. 장자의 견지에서 볼 때, 이런 혜자는
결코 자유인[遊]일 수 없다. 『장자』 내편 중의 「덕충부」에서
도 이렇게 기술하고 있다. "혜자가 말했다. '생명을 연장하려
고 애쓰지 않는다면, 어떻게 그 몸을 보존할 수 있겠나?' 장자
가 말했다. '도(道)가 용모를 주었고 하늘이 형체를 주었으면,
좋아하고 싫어하는 감정을 가지고 안으로 자기 자신을 해쳐
서는 안 된다네. 지금 자네는 자네의 신(神)을 밖으로 향하게
하고 자네의 정(精)을 고달프게 하여, 나무에 기대어 읊조리
다가는 오동나무 안석에 기대어 졸기나 하잖나. 하늘이 자네
의 형체를 선정해주었음에도, 자네는 견백론이라는 궤변만
을 늘어놓을 텐가!'"[148] 혜자는 내적으로 수정응신(守精凝神)
할 줄 모르는 자라는 점이 여기에서 이미 지적되었다.

이   '준(樽)'은 술잔처럼 생긴 호리병박이며, 허리에 차고 헤엄치
는 데 쓴다. 남쪽 지방에서는 요주(腰舟)라고 하였다. 장태염
(章太炎)에 따르면 '려(慮)'는 락(落)이며, '락'은 '묶다'이다.
'려이위대준(慮以爲大樽)'은 거대한 호리병박에 몸을 묶어 커
다란 요주로 만든다는 말이다. 거대한 호리병박이 쓸모없다

고 평가한 혜시에 대해, 장자는 쑥밭처럼 꽉 막힌 마음의 소유자라고 질책한다. 장자가 큰 것을 쓸 줄 모르는 이유를 '마음(心)'으로 말한 점에 주목할 필요가 있다. 이는 장자가 왜소한 삶의 원인을 마음에서 찾을 것임을 짐작하게 한다.

정
'봉지심(蓬之心)'은 장자의 성심(成心)과 통한다. 특정 문화적 가치기준에 구애된 일반인의 내적 상태를 이른다.

원문 11

쓸모없음으로 소요하라

惠子謂莊子曰, "吾有大樹, 人謂之樗. 其大本擁腫而不中繩墨, 其小枝卷曲, 而不中規矩, 立之塗, 匠者不顧. 今子之言, 大而無用, 衆所同去也." 莊子曰, "子獨不見狸狌乎? 卑身而伏, 以候敖者, 東西跳梁, 不辟高下, 中於機辟, 死於罔罟. 今夫斄牛, 其大若垂天之雲. 此能爲大矣, 而不能執鼠. 今子有大樹, 患其無用, 何不樹之於無何有之鄕, 廣莫之野, 彷徨乎無爲其側, 逍遙乎寢臥其下? 不夭斤斧, 物無害者, 無所可用, 安所困苦哉!"

번역

혜자가 장자에게 말했다. "내게 큰 나무가 있는데, 사람들은 그것을 가죽나무라 부른다오. 그 나무의 밑줄기에는 혹이 붙어 있어 먹줄에 들어맞지 않고, 가지는 구불구불해서 그림쇠와 곱자에 들어맞지 않소. 길가에 서 있어도 목수가 거들떠보지도 않소. 이제 그대의 말은 크기만 할 뿐 쓸모가 없으니 사람들이 돌아보지도 않는 거요." 장자가 말했다. "그

대만이 족제비를 보지 못했소? 몸을 낮춰 엎드려서 돌아다니는 것들을 노린다오. 그러다 이리저리 뛰고 높고 낮은 곳을 가리지 않다가 덫에 걸리고 그물에 걸려 죽소. 저 검은 소는 마치 하늘에 드리운 구름처럼 크오. 이것은 크기는 하지만 쥐를 잡지는 못하오. 그대는 큰 나무가 있는데도 쓸모없음을 걱정만 하는구려. 어찌 그것을 아무것도 없는 곳, 광막한 들에 심어두고 그 옆에서 유유자적하며 무위하고 그 아래에서 소요하며 잠들지 않소? 도끼에 일찍 잘리지 않고 다른 것에 해를 입지 않는 것은 쓸모가 없기 때문이니 어찌 곤경을 겪겠소?"

박 셋째 단락의 두 번째 문단이다. 앞문단에서 말한 '무용지용'으로서의 삶을 이루기 위한 실천적 방법을 제시하고 있다. '먹줄에 맞아들지 않고' '그림쇠와 곱쇠에 맞아들지 않는' 것, 즉 기존 질서를 끊임없이 거부하는 것이 그것이다. 부국강병이라는 목적을 위해 백성의 삶을 법의 통치 아래 일사분란하게 구속시키고자 하는 한비자류의 저술 속에 '규구준승(規矩準繩: 걸음쇠[컴퍼스]·곱자[기역자]·수평기·먹줄)'에 맞출 것을 요구하는 내용이 많이 등장하고 있음을 생각하면, 이 말의 정치적 의미가 분명해진다.

유 장자는 앞서 혜자에 대해 '봉지심'을 지닌 자라고 비판하였던 것을 이어, 그에 대한 대안으로써 '무하유지향'과 '광막지야'에서 방황하고 소요하는 방식을 제안한다. 그래야 한쪽은 그 어떤 것에도 상해를 입지 않을 수 있고, 그와 관계하는 다른 한쪽인 자신도 곤고롭지 않을 수 있다는 것이다. 이는 앞에서 요임금이 "망연히 그 천하의 일을 잊고 말았다."라는 것으로 설명된 '신인무공(神人無功)'의 경지를 바탕으로 하는 것으로서, 궁극적으로 '지인무기(至人無己)'의 경지가 어떤 것인지를 실제 삶과 관련하여 은근히 내비치는 것이다. 어떤 것이 쓸모 있고 어떤 것이 쓸모없는 것인가? 쓸모 있는 것은 좋기만 하고, 쓸모없는 것은 어쨌든 나쁜 것인가? '쓸모'라는 말을 굳이 하려 든다면, '무용지대용(無用之大用)'이라야 의미가 있다.

이런 대용의 구현은 '지인무기'의 경지에서야 가능한 일이다. '이물관지(以物觀之)' 수준에 안주하고 있는 혜자를 일깨우기 위해, '이도관지(以道觀之)' 차원에 있는 장자는 현해(懸解)의 방식이 무엇인지를 혜자의 비유 자체를 활용하여 제시한다.

이 큰 것의 용도에 대한 두 번째 이야기다. 주제어는 방황(彷徨)·소요(逍遙)이고(방황과 소요는 같은 말), 주제문은 '그 옆에서 유유자적하며 무위하고 그 아래에서 소요하며 잠들다[彷徨乎無爲其側, 逍遙乎寢臥其下]'다. 장자는 여기서 무용(無用)의 효용, 쓸모없음의 쓸모를 말하고 있다. 혜시가 가죽나무 이야기에 빗대서 장자의 말이 쓸모없다고 비판하자, 장자는 쥐잡이의 사례를 들어 쓸모있음과 쓸모없음을 대비시켜서 반박한다. 쓸모있음을 추구하는 삶과 족제비는 결국 요절한다. 반면에 쓸모없음은 우리를 무(無)의 세계로 이끌어 유유자적하면서 안식하게 해준다. 이것이 쓸모없음의 쓸모[無用之用]다. 쓸모가 없으면 요절하지 않고 해치는 것이 없기 때문에 곤고(困苦)할 일이 없다. 곤란을 당하거나 괴로울 일이 없다는 것이 쓸모없음의 효과다. 「소요유」의 마지막이 곤고(困苦)할 일이 없다는 말로 끝나는 것은 의미심장하다. 장자철학이 삶의 괴로움에서 벗어나 안식을 추구함을 보여준다.

정 앞단락에 이어 유용을 비판하고 무용을 제시한다. 혜시가 추구하는 유용은 특정한 가치기준에 고착된 쓰임이며, 단순한 쓸모는 아니다. 어떤 존재도 쓸모없이 존재할 수는 없다. 이 점은 「인간세」 편의 상수리나무 이야기에서도 알 수 있다.

'장석이라는 목수가 제나라에 가다가 토지신을 섬기는 제당에 심겨 진 상수리나무를 보고 그 나무는 크기는 하지만 쓰일 데가 없어서 저리 오래 살았다고 평가했다. 그날 밤에 상수리나무가 꿈에 나타나 자신이 무용하여 오래 살았다고 말했다. 그 이야기를 들은 장자의 제자는 상수리나무는 사를 지키는 나무로 살았으니 무용한 것이 아님을 지적한다. 그러자 장자는 그것이 깃들어 사는 것임을 말한다.' 우리의 삶은 모두 무엇인가에 의지한다. 그 의지함으로 인해 당연히 쓸모를 추구한다. 이런 쓸모와 혜시가 주장하는 쓸모는 다르다. 혜시의 쓸모는 다른 것을 위한 쓸모요, 자신의 공명하는 생명을 위한 쓸모가 아니다.

1 　惠子謂莊子曰, 吾有大樹, 人謂之樗. 其大本擁腫而不中繩墨,
其小枝卷曲, 而不中規矩, 立之塗, 匠者不顧.

박
　대본옹종(大本擁腫)과 소지권곡(小枝卷曲)은 외형적 부제(不
齊: 가지런하지 않음)가 내면의 결함을 의미하지 않음을 가리
킨다. 이 문제의식을 인간 사회에 적용한 것이 「덕충부」이다.

유
　'대본(大本)'은 나무의 밑줄기를 뜻한다. '옹종(擁腫)'은 혹이
나서 울퉁불퉁하게 붙어 있는 것을 뜻한다. '구규(規矩)'란 원
형과 각진 물품을 만드는 데 사용되는 도구로서 잣대를 뜻한
다. 장자는 앞서 '상고시대에 팔천 년을 봄으로 삼고 팔천 년
을 가을로 삼았다는 대춘(大椿)이라는 나무'를 예로 제시한
바 있다. 혜자는 그것을 겨냥하여 자신이 큰 나무[大樹]인 가
죽나무를 소유하고 있다는 비유를 들었을 것이다. 그런데 그
나무는 사실상 장자의 거창한 말[大知, 정신세계]을 풍자하는
것이다. 그것은 크기만 해서, 혜자 자신의 관점으로 보기에
는 아무런 쓸모가 없는 것이기에 목수[즉 賢能者를 찾아서 부
리기에 혈안인 권력자들]조차 거들떠보지 않을 것이라는 말이
다. 그러나 혜자는 큰 나무의 겉모양만 관찰하고 그것의 한정
된 쓰임새를 따지기에 몰두하고 있다. 그 나무의 진정한 생
명, 즉 뿌리가 무엇인지는 안중에도 없다. 그래서 봉지심으로
무장한 혜자가 소유한 큰 나무는 무근수(無根樹)일 따름이다.

이는 혜자가 장자의 정신세계를 완전 왜곡하였음을 의미한다. 장자의 큰 나무들[「인간세」·「산목」 등의 不材之木]은 상해를 입지 않고 장구한 생명을 유지할 뿐 아니라 타자들에게 그늘을 줄 수 있는 굳건한 뿌리를 갖고 있다. 혜자가 제시한 비유가 그 자신의 것이라면, 이는 어설픈 이야기다. 그가 그토록 큰 쓸모없는 나무를 소유하고 있다는 것 자체가 어불성설이다. 그런 나무라면 그로서는 이미 대박[大瓠]을 부숴버렸듯이 진작에 베어 없앴을 것이다. 혜자는 자기를 기르는 방법으로 새를 기르려고 할 뿐 새를 기르는 방식으로 새를 기를 사람이 결코 아니기 때문이다.[149]

이 성현영에 따르면 '저(樗)'는 냄새가 고약한 가죽나무다. '대본(大本)'은 나무 몸통을 말한다. 왕수민에 따르면 '옹(擁)'은 옹(癰)의 가차자고, '종(腫)'도 옹(癰)이다. '옹종'은 나무에 종기처럼 옹이가 져서 울퉁불퉁한 모습이다. 왕수민에 따르면 '입지도(立之塗)'는 식어도(植於塗)와 같으니, '길가에서 자라다'이다.

정 이곳의 목수는 특정한 쓰임에 구애된 이다. '저(樗)'는 장자의 논설을 상징한다. 혜시가 볼 때는 쓸 곳이 없다는 뜻이다.

---

2 今子之言, 大而無用, 衆所同去也.

박 장자사상이 사람들에게 비실제적인 것으로 받아들여지고 있음을 지적한 말이다. 장자와 같은 시대를 살았던 맹자가 "현

실과 동떨어지고 실제적인 일에 어둡다."[150]라는 평을 받았던 일과 비교된다. '천하'의 새로운 주인이 되기 위해 제후들이 국가 역량을 총동원하여 각축하던 전국시대의 상황에서 이들의 주장이 시대와 어떻게 그리고 왜 불화했는지를 엿보게 하는 평가들이다.

유 　'대이무용(大而無用)'은 앞에서 말한 '대이무당(大而無當)'을 이어 장자에 대한 비판의 의미를 담은 말이다. 혜자가 보기에, 장자의 '신인무공' 이야기는 너무나 허황하여 아무짝에도 쓸모가 없기에 대중이 관심을 보이지 않는다는 것이다. 이것을 확장해 보면, 대중에게 버림을 받거나 그들의 제거 대상이 되고 말 것이라는 추측도 가능하다. 그러나 「외물」에서는 이렇게 말한다. "혜자가 장자에게 말하길, '자네의 말은 무용한 것이야'라고 했다. 장자가 말하길, '무용이 무엇인지를 알아야 비로소 더불어 유용을 말할 수 있을 것이라네. 천지는 넓고 큰 것이지만, 사람이 쓰는 것은 자기 발을 들여놓을 땅만큼일 따름이라네. 그런즉 발을 들여놓은 이외의 땅을 황천에 이르기까지 모두 파서 없애버리고, 사람이 서 있는 작은 땅만을 두고 유용한 것이라고 말할 수 있겠는가'라고 했다. 혜자가 말하길, '무용하지'라고 했다. 장자가 말하길, '그런즉 무용한 것이 오히려 쓰임이 된다는 것도 이로써 분명해졌다네'라고 했다."[151]

이 　혜시는 장자의 주장을 가죽나무에 비유하였다. 그의 말은 터무니없이 크기만 하고 쓸모없어서 사람들에게 외면당한다는 것이다.

정 특정한 가치기준에 고착되어 특정한 유용성을 주장하는 혜
시로서는 장자의 고착되지 않은 유용성을 이해할 수 없다. 일
반인들도 대부분 자신의 신념과 성향을 고집하는 경향이 있
으므로, 장자의 고착되지 않는 유용 즉, 무용을 이해하지 못
한다.

3 莊子曰, 子獨不見狸狌乎? 卑身而伏, 以候敖者, 東西跳梁, 不
   辟高下, 中於機辟, 死於罔罟.

박 '오(敖)'는 '오(遨)'의 뜻이다. '오자(敖者)'는 이리저리 왔다갔
   다하고 날아다니는 것들을 가리킨다. "이리저리 뛰고 높고 낮
   은 곳을 가리지 않다가 덫에 걸리고 그물에 걸려 죽는다."라
   는 것은 기성의 이름-자리의 체계에 구속되어 그것이 요구하
   는 '쓸모[用]'를 추구하느라 타고난 수명을 온전히 누리지 못
   하고 삶을 그르침을 가리킨다.

유 '이성(狸狌)'을 살쾡이와 족제비로 보기도 하지만, 여기서는
   혜시의 큰 가죽나무 한 그루[大樹]에 대응하여 '작은 족제비'
   를 제시한 것으로 볼 수도 있다.[152] 혜자가 큰 나무를 비유로
   든 것에 대해, 장자는 작은 족제비의 예를 비유로 들어 응수
   한다. 목전의 작은 이익만을 노리다가 더 큰 이익을 노리는
   자들에게 이용당하거나 잡혀 죽는 먹이사슬의 한 면을 묘사
   한 것이다. 사람들이 일반적으로 가치를 부여하여 추구하는

것은 재물[부], 권력, 명예[도덕, 명성], 사랑, 장수 등이다. 사람들은 이런 것을 많이 가질수록 그만큼 자신이 유능하고 행복한 존재라고 믿는다. 그러나 사기, 배신, 추락, 오욕, 과로 그리고 무엇보다도 비교 열위 및 '보답[대가] 의식'이라는 역리적 심리가 그들을 기다리고 있다. 층층으로 경쟁하는 속에서 이익이 클수록 상해의 위험도 그만큼 커진다. 남에게 손해를 끼치는 것으로 시작한 자기 이익의 결과는 자기의 더 큰 상해다. 「산목」에서는 이런 이욕(利欲)의 먹이사슬에서 벗어나는 것이 얼마나 어려운 일인가를 보여준다. 장자는 어느 날 조릉(雕陵)의 울타리 안에서 어슬렁거리다가 퍼뜩 놀라 혼잣말을 했다. "아! 만물은 모두 이익 때문에 서로를 얽어매, 서로 다른 종류들이 서로를 노리면서 붙좇는 것이로구나." 그런데 이런 사실을 깨달은 장자 자신은 어떠한가? "나는 사물의 표면에 사로잡혀서 내 몸을 잊어버렸고, 흐린 물만을 볼 뿐 맑은 연못은 보지 못하고 있었다."[153] 장자는 자신의 뒤에서 다시 자신조차도 먹이사슬 속에 집어넣는 자가 있다는 것을 재차 깨달았기에 이렇게 말한 것이다. '(이슬) ← 매미 ← 사마귀 ← 까치 ← 장주 ← 밤나무 숲 주인 ← ?' 이는 성찰에 대한 재성찰이 요구된다는 점을 절실하고도 절묘하게 표현한 것이다. 이 이야기는 장자 당시까지의 제자백가와 위정자들의 행태를 압축해 놓은 것이라고 할 수 있다. 춘추전국 시대에 인재(人材)라고 인정받아 등용된 자들로서 제 수명을 누린 자가 과연 몇 명이나 될까? 유가와 묵가는 현명한 자를 선발하고 능력 있는 자를 임용해야 한다고 외쳤다. 그러나 장자는 현덕(賢德) · 지모(智謀) · 재능(才能)이 많은 사람일수록 더욱 쉽게 공격당하고 모함받으며 살육되고 마는 잔혹성 · 잔학성을 통감하였다. 세속에서의 유용은 도리없이 타인과 더불어 공(功)을 다투게 만든다. 『장자』 가운데의 「인간세」 · 「도척」 · 「산목」 · 「거협」 뿐 아니라 거의 모든 편에서 이런 점이 거론된다. 시대 상황과 관련한 장자의 문제의식이 무엇인지를 깊이 살펴야 하는 이유가 여기에 있다.

이 왕수민에 따르면 '독(獨)'은 하(何)와 같으니, '자독(子獨)'은 '그대는 어찌~'이다. '리성(狸狌)'은 삵과 족제비다. 왕수민에 따르면 '오(敖)'는 속자(俗字)로서 정자(正字)는 오(遨)다. '오'는 '놀다'이다. 차오추지에 따르면 '량(梁)'은 량(踉)과 통한다. '도량(跳梁)'은 도랑(跳浪)으로 쓰기도 하며, '펄쩍펄쩍 뛰다'이다. 차오추지에 따르면 '기벽(機辟)'은 짐승 잡는 도구로서 내부에 여닫이 장치가 있다.

정 기벽은 덫이고 망고는 그물이다. 덫에 걸려 잡히거나 망고에서 죽는다는 뜻일 수도 있지만, 덫에 걸려서 잡히면 사람들이 그것을 그물로 덮어서 잡아 죽인다는 뜻일 수도 있다. '중(中)'과 '사(死)'의 점증적 어감상 후자의 의미로 쓰였을 것이다.

---

4 今夫斄牛, 其大若垂天之雲. 此能爲大矣, 而不能執鼠.

박 '기대약수천지운(其大若垂天之雲)'은 이 편의 첫머리에 등장하는 대붕을 다시 호출하는 역할을 한다. "이것은 크기는 하지만 쥐를 잡지는 못한다."라는 말은 앞문단의 '소용지이(所用之異)'의 다른 표현이다.

유 '이우(犛牛)'는 하늘의 거대한 뭉게구름과 같은 큰 몸집을 가진 존재이지만, 작은 쥐조차 잡지 못한다. 그러나 중요한 것은 그가 남들을 상해하지 않기에 자신에게도 상해를 입는 일이 일어나지 않는다는 점이다.

이 성현영에 따르면 '이우(犛牛)'는 모우(旄牛)이니, 서남 지방에 사는 털이 긴 들소다. '이우'처럼 큰 것은 작은 일에는 능하지 않음을 말했다.

정 큰 소는 혜시가 말하는 유용성의 기준에서 벗어난 존재다. 장자는 이것을 말함으로써 매우 유용한 것이 오히려 유용하지 못하다고 인식될 수 있음을 지적한다.

5 今子有大樹, 患其無用, 何不樹之於無何有之鄉, 廣莫之野, 彷徨乎無爲其側, 逍遙乎寢臥其下.

박 '무하유지향(無何有之鄉)'과 '광막지야(廣莫之野)'는 인위적 목적에 의해 질서화되지 않은 삶의 장소를 뜻한다. 무위(無爲)와 소요(逍遙)의 삶이 가능하기 위한 현실적 조건이다. 성현영은 '방황(彷徨)'을 '종임(縱任)'으로 풀었다. 어디에도 매이지 않고 마음 가는 대로 한다는 뜻이다. '전국(戰國: 싸우는 나라들)'이라는 시대명이 극명하게 보여주듯이, 장자가 살던 시대는 '천하'의 새로운 주인이 되기 위해 제후들이 국가 역량을 총동원하여 각축하던 때이다. 따라서 국가가 요구하는 '규구준승(規矩準繩)'을 거부하고 이와 같은 모습의 삶을 지향하는 것은 그 자체로 대단히 불령(不逞)스러운 행위일 수밖에 없다. 장자사상의 저항적 성격을 읽게 해주는 대목이다.

우선 이 구절의 내용을 다음 구절과 합쳐서 정리해볼 수 있다. 즉 '이런 내[장자] 방식대로 하면 자네[혜자]가 큰 박에 대해서 한 것처럼 자네의 그 큰 나무는 자네 같은 자들의 옹졸함에 의해 도끼에 찍혀 요절하는 일이 없을 뿐 아니라, 그 무엇도 그에게 상해를 끼치지 못할 것이라네. 자네처럼 한 나라에만 쓰이는 일이 없어졌는데, 어찌 곤고로움이 있겠는가! 나의 말도 자네의 그 큰 나무처럼 사람들의 안식처로서 작용할지언정 제거당하는 일은 결코 없을 것이라네.' '무하유지향'은 「산목」의 '도덕지향(道德之鄕)'이기도 하다. 종태(鍾泰)는 『장자발미(莊子發微)』에서 "'무하유지향'은 곧 '무기(無己)'의 경지이다."라고 해석하였다. '무하유'는 '조건·의지함·제지·제어·장애가 없음', '누(累)와 현(懸, 縣)이 없음', 특정한 의지와 목적이 없음을 뜻한다. 즉 두 번째 대붕 이야기에서 말한 "푸른 하늘을 짊어져 제지하거나 가로막는 것들이 없게 되었다."는 것이 이에 가까운 상태이며, 혜자의 '봉지심'에 대비되는 '무기'의 마음 상태이다. 『장자』의 다른 편들에서 말하는 다음과 같은 것이 일차적인 참고자료가 될 수 있다. "나는 이제 조물자와 더불어 친구가 되고자 하는데, 이는 세상일에 싫증이 나서 이제는 또 저 높은 하늘을 나는 새를 타고 천지 사방의 밖으로 날아가 아무런 장애가 없는 본향에서 노닐고, 드넓은 광야에 거처하고자 하는 것이다. 그런데도 자네는 무슨 뾰족한 수가 있다고 천하를 다스리겠다면서 내 마음을 움직이려 드는 것인가?"[154] "시험 삼아 서로 더불어 아무런 장애가 없는 궁궐에서 노닐어, 만물을 같은 것으로 보아, 논함에서 끝이 없는 데까지 가보자. 한번 서로 더불어 무위에 들고, 맑고 고요한 경지, 적막하고 청허하고 조화되고 한일(閒逸)한 마음을 가져볼까나! 이런 경지에 든다면 마음이 고요하게 빌 것이다. 그리하여 가도 다다를 곳을 알지 못하고, 떠나고 돌아와도 머물 곳을 알지 못한다. 나는 이런 가고 옴을 거듭할 뿐 언제 어디서 끝날지 그 끝날 바를 알지 못한다. 광대하고 공허한 경지에 방황하며 노니는 것이니, 거기에는 큰 앎이 들어와서 다할 바를 모른다."[155] 공간적 표현인 '광막지야'의 다른 말로서 「응제왕」의 '광은지야(壙埌之野)', 「재유」의 '무극지야(無極之野)', 「산목」의 '무인지야(無人之野)' 등이 있다. '방황(彷徨)'은 목적의식 없이, 정처 없이 왔다 갔다 하는 것을 뜻한다. 「도척」의 '배회'[與道徘徊]도 이와 같은 의미이다.

이 '무하유'는 무(無)를 말하고, '광막'은 광대(廣大)이다. '아무것도 없는 곳, 광막한 들'은 무(無)의 세계에 대한 은유다. 왕수민에 따르면 '방황'은 방양(彷佯)과 같으니 '노닐다'이다. 장자는 혜시에게 무의 세계에 들어가 가죽나무 옆에서 하릴없이 노닐며, 그 아래에서 소요하며 안식하는 데 쓸 것을 권하고 있다. 「대종사(大宗師)」에서는 "멍하니 더러운 세속 밖에서 노닐며, 무위의 일에서 소요한다"[156]고 하였다. 무의 세계에서 무위하며 쉬게 해주는 것이 쓸모없음의 쓸모다.

정 무위는 장자적 삶의 기술 즉, 장자 윤리학을 대표하는 개념이다. 그것은 다양하게 표현될 수 있는데 이곳에서는 자신의 고착된 가치기준에 근거해서 대상에 접근하는 방식과 다른 것으로 묘사되고 있다.

---

6 不夭斤斧, 物無害者, 無所可用, 安所困苦哉!

박 외물로부터 해를 입지 않는다는 것은 궁극적으로 타고난 자연적 수명을 온전히 누리는 것임을 분명히 하고 있다. "하늘이 하는 일과 사람이 하는 일을 아는 이는 지극한 경지에 도달한 사람이다. 하늘이 하는 일을 아는 이는 자연 그대로 살아가고, 사람이 하는 일을 아는 이는 자신의 앎이 아는 것을 가지고 자신의 앎이 알지 못하는 것을 길러나간다. 그렇게 하여 타고난 수명을 온전히 누려 중도에서 요절하지 않는 것, 이것이 앎의 궁극이다."[157]라고 한 「대종사」의 말과 통한다. 이 편의 서두를 장식한 대붕의 비상 우화와 연결하여 고찰하면, 장자가 추구하는 삶의 이상인 대붕의 경지는 이처럼 외물로부터 해를 입지 않고 자연적 수명을 온전히 누리는 것으로 귀결된다. 그런데 '외물'은 '타인', '제도', '재화' 등 사람이 살아가면서 늘 조우하는 대상들이다. 따라서 '사람 사는 세상'

속에서 살아 가는 한 '외물로부터 해를 입지 않는다'는 것은 아큐(阿Q) 식의 정신승리법으로는 달성될 수 없다. 이 점에서, 장자가 추구하는 '자유'의 성격과 그것을 위해 요청되는 실천적 행위에 대한 메시지를 담고 있는 단편으로 「소요유」의 의미를 읽어내는 작업이 필요하다. 지금까지 살펴본 대로, 「소요유」는 그 메시지를 바람직한 삶의 이상(첫째 단락)과 그것의 정치적 맥락(둘째 단락) 그리고 그것의 구현을 위해 요청되는 실천적 행위(셋째 단락)라는 구조로 전달하고 있다. 전체적으로 볼 때, 내편의 나머지 단편들 역시 「소요유」에서 제기된 이 문제의식을 각각의 주제로 이어받아 심화시키는 역할을 한다. 이것을 일별하면, 「제물론」은 '이름-자리'의 체제를 만들어내는 기성(旣成)의 기표들의 체계가 지닌 본질적인 속성을 폭로하면서 '서로 되기[物化]'를 통한 만물제동의 공동체의 가능성을 제시하고 있고, 「양생주」는 이를 구현하는 데 선결되어야 할 성심의 해체 문제를, 「인간세」는 그렇게 하여 변형된 자아의 세상살이 방식을, 「덕충부」는 그러한 삶의 정치적 효과를, 「대종사」는 시선을 좀더 근원적인 데로 돌려 우리의 삶을 지배하는 '자연'과 '인간'이라는 양대 범주의 구별과 화해를, 그리고 끝으로 「응제왕」은 이 모든 문제의식이 투영된 이상적 정치방식을 각각 주제화한다.

유 앞구절에서 큰 나무와 더불어 방황하고 소요하는 사람을 말
하였으므로, 이 구절 역시 혜자의 큰 나무에 대해서만 말한
것이라기보다, 그것을 크게 사용하는 자의 경지까지 함께 말

한 것이라고 이해할 수 있다. "'불요근부(不夭斤斧), 물무해자(物無害者)'는 나무에 대해 말한 것이고, '무소가용(無所可用), 안소곤고재(安所困苦哉)'는 인간에 귀결시켜 말한 것이다."[158] 다음과 같이 풀어볼 수 있다. 어째서 그 큰 나무를 '아무런 장애가 없는 본향[無何有之鄕]', '가로막는 것이 없는 광막한 들판[廣莫之野]'에다 심어놓고서, 무위로 그 곁에서 방황하고 그 그늘에 드러누워 소요하려 하지 않는 건가? 그렇게 한다면 그 나무는 도끼에 찍혀 요절하는 일이 없고, 그에겐 그 무엇도 해를 끼치지 못할 것이다. 또한 그 나무와 더불어 방황하고 소요하는 자도 쓰일 데가 없게 된 것인데, 어찌 그에게 곤고로움이 있겠는가! 이는 요임금의 정치 범위[천하] 및 그의 정치 행위와 극명하게 대비되는 세계의 일이다. '곤고(困苦)'는 '노고(勞)'·'폐폐(弊弊)', 「응제왕」의 '노형출심(勞形怵心)'과 같은 뜻이다. 내용상 '외물이 상해를 끼침이 없음[物無害]'과 '곤고로움이 없음[無困苦]'이 핵심이다. 세상살이에서 상해를 입지 않고 곤고롭지 않은 속에서 생명을 잘 유지해야 한다. 이것이 곧 무위·소요가 낳는 더 높은 차원에서의 큰 공효[大功]이다. 이처럼 대용(大用) 즉 대공(大功)의 핵심은 생명 보존의 문제에 있다. 한편으로는 특정하지 않은 존재들에게 적절한 유익을 주고, 동시에 자기에게는 상해를 입지 않는 결과가 있는 것이다. '각자도생(各自圖生)'이라는 멋대로의 결투가 낳는 전방위적 상해가 아니라 '함께 소요함으로써의 노닒'인 것이다. 이런 삶의 방식의 근저에 '지인무기'의 차원이 자리한다. 무기 차원에 있는 자는 사물에 내재한 도의 차원에서 사물의 쓸모를 직관한다. 이것이 곧 '이도관지(以道觀之)'이다. 「산목」에서는 '재여부재지간(材與不材之間)'을 말하는 끝에서 도적(道的) 차원의 경지를 제시한다. "장자는 웃으면서 이렇게 말한다. '나는 쓸모 있는 것과 쓸모없는 것의 중간에 처하고 싶다. 그런데 쓸모 있는 것과 쓸모없는 것의 중간에 처한다는 것도, 사실은 최고의 입장과 닮기는 한 것이지만 진짜는 아니다. 그러므로 이런 태도로써는 아직 세상의 누를 면할 수 없다. 그러나 만약 도덕을 타고서 부유(浮遊)하는 경지에 도달한 자라면 그렇지 않다. …… 어느 때는 떠오르고 어느 때는 잠겨 듦으로써 조화하는 것을 행위의 준칙으로 삼아 만물의 최고 근원에서 부유한다. 만물이 만물일 수 있도록 하여 만물에게 하나의 물(物)로써 지배받지 않는다면, 어찌 얽매이는 것이 있겠는가! 이것이야말로 신농이나 황제가 처세의 법칙으로 삼았던 것이 아니겠는가. 그런데 세상 만물의 실정과 인사 변화의 과정은 그렇지 않다. 만나면 반드시 헤어지고, 이루어지면 반드시 헐리고, 모난 것은 반드시 꺾이고, 지위가 높아지면 비평을 받고, 무언가를 행하려 하는 자는 방해받고, 현능(賢能)하면 모해(謀害)를 당하고, 어둡고 어리석으면 속아 넘어가게 된다. 그렇다면 세상의 얽매임에서 벗어나려고 한들 어찌 그것이 가능할 수 있겠는가! 슬픈 일이 아닐 수 없다. 제자들이여, 잘 기억해두게나. 세상의 위해를 면하는 길은 오직 도덕의 본향[도가 행해지는 세계]에만 있다는 것을'이라고 했다."[159] '무용지대용'에 관해서는 「소요유」 외에도 「인간세」·「산목」·「거협」·「외물」·「서무귀」 등의 관련 내용을 참고할 수 있다. 특히 「인간세」에서는 무용지대용을 '심재(心齋)'와 연결하여 설명한다. 그런데 '무기'는 자기라고 할 게 전혀 없는 상태를 뜻하는 개념이 아니다. 장자는 '상아(喪我)'[160]·'망아(忘我)'·'좌망(坐忘)'·'망기(忘己)'만이 아니라, '독(獨)'이라는 독특한 개념도 말한다. 「대종사」의 "견독(見獨)"과 더불어 "천지사방에 드나들고, 온 천하 안을 노닐어, 홀로 가고 홀로 오니, 이런 경지를 독유(獨有)라고 한다."[161]와 "홀로 천지의 정신과 더불어 왕래한다."[162]라는 말의 뜻을 음미할 필요가 있다. 장자의 '무기'는 자기와 외물이 대립하지 않고 소통하게 된 근원 차원의 자기이다. 근원[道]에서 하나로 된, 즉 도적(道的) 자기가 곧 '독'이고 '무기'인 것이다.

이 쓸모없음의 효과를 말했다. 쓸모없기 때문에 어떤 것도 해치지 않으니 곤란하거나 고달프지 않다는 것이다.

정 특정 가치 기준에 종속된 유용성은 가치 기준의 변화에 따라 바뀐다. 이곳에서 쓸모 있던 모자가 다른 곳에서는 쓸모가 없다. 앞에서 보았던 송나라 사람의 장보(章甫)가 이런 예이다. 남방의 옷조차 제대로 입지 않은 이들에게는 예의를 갖춘 모자가 불필요하다. 그러나 이런 특정 쓸모에 고착되지 않는 존재는 쓰이지 않을 곳이 없다. 장자는 마음 세계를 대하는 마음의 상해를 말하고 있다. 사람은 자신의 신념과 성향을 고집하는 태도 때문에 상해를 입는다. 자신을 기능적 존재로 가정하지 않는 이들도 무엇인가를 하면서 살아간다. 그러나 그것은 그저 하는 것이지 기능적으로 하는 것이 아니다. 마치 장인이 다른 생각 없이도 자신이 마주한 상황에서 가장 적합하게 대처해나가는 상황과 같다. 양자의 차이는 분명하다. 그저 하는 이들은 목표가 없으므로 실패가 없고 따라서 실패로 인한 상실, 분노 등을 느끼지도 않는다. 그는 해를 입지 않는 존재다.

1 羅根澤, 『說諸子』(上海: 上海古籍出版社, 2001)., 關鋒, 『莊子內篇解釋和批判』(北京: 中華書局, 1961)., 劉笑敢, 『莊子哲學及其演變』(北京: 中國社會科學出版社, 1993)/ 최신석 옮김, 『장자철학』(서울: 1990, 소나무. — *이 번역서는 中國社會科學院博士論文文庫 간행본을 저본으로 하고 있어 中國社會科學出版社에서 펴낸 간행본의 출간연도보다 빠르다.)., 崔大華, 『莊學硏究』(北京: 人民出版社, 1992)., A.C. Graham, Chuang-tzǔ: The Inner Chapters(Indianapolis: Hackett Publishing Company, Inc., 2001)/ 김경희 옮김, 『장자: 사유의 보폭을 넓히는 새로운 장자 읽기』(서울: 이학사, 2014)., 강신주, 『장자의 철학』(서울: 태학사, 2004).

2 『莊子篇目考』(臺北: 臺灣中和書局, 1971[民國60])를 쓴 張成秋의 통계이다. 이에 따르면, 내편은 13,239자, 외편은 28,089자, 잡편은 23,278자이다. 각 편별 글자수를 포함한 추가적인 정보는 이 책 1~3쪽을 참조하라.

3 『呂氏春秋』「必己」, "莊子行於山中" 구문의 注, "莊子名周, 宋之蒙人也. 輕天下, 細萬物, 其術尙虛無. 著書五十二篇, 名之曰『莊子』.[장자는 이름이 주(周)이고, 송나라 몽 지방 사람이다. 세상일을 가볍게 여겼고, 만물의 이치에는 세밀하였으며, 그 학술은 허무를 숭상하였다. 저서 52편이 있으니, 이름하여 『장자』라 한다.]"

4 『隋書』는 636년 長孫無忌와 魏徵 등이 唐太宗의 명을 받아 찬술하였다. 陸德明이 활동하던 시대와 거의 동시대이다.

5 『隋書』권34 「經籍志」 '經籍三(子部)' 참조. 실전된 것은 '亡', 일부만 전하는 것은 '闕'로 표기되어 있다.

6 사마천이 「장자열전」에서 언급되고 있는 『장자』의 단편은 '「漁父」, 「盜跖」, 「胠篋」, 「畏累虛」, 「亢桑子」 다섯 편이다. 이 가운데 「畏累虛」와 「亢桑子」는 통행본에는 들어 있지 않다.(「亢桑子」는 통행본의 「庚桑楚」로도 본다.) 이밖에 통행본에서 빠진 것으로 추정되는 단편들로는 「關奕」, 「意脩」, 「危言」, 「遊鳧」, 「子胥」, 「惠施」, 「馬捶」, 「莊

子略要」, 「莊子后解」 등이다. 이에 대해서는 張成秋, 『『莊子篇目考』, 174~177쪽을 참조하라.

7 이에 대해 崔大華는 내편과 외편으로 처음 나눈 사람은 劉向이고, 외편을 다시 외편 과 잡편으로 나눈 것은 司馬彪에서 시작되어 郭象에서 최종 완성되었다고 고증한다. 『莊學硏究』, 52~62쪽.

8 원문은 "周嘗爲蒙漆園吏"이다. '漆園'에 대해서는 '옻나무 농장'으로 보기도 하고, '漆 器 제작 공장'으로 보기도 하며, 지역을 가리키는 고유명사로 보아 '칠원 지방'의 의미 로 풀기도 한다.

9 「장자연표」는 마서륜의 『莊子義證』에 부록으로 들어 있다.

10 "其學無所不闚, 然其要本歸於老子之言.……以詆訿孔子之徒, 以明老子之術."

11 "夫小大雖殊, 而放於自得之場, 則物任其性, 事稱其能, 各當其分, 逍遙一也. 豈容勝 負於其間哉!"

12 약 313~366. 중국 陳留(지금의 河南省 開封市) 출신으로, 성은 支이고 이름은 遁 이며, '道林'은 그의 字다. 東晉 시기의 고승으로 불교학자면서 문학자다. 『聖不變之 論』, 『道行旨歸』, 『学道戒』, 『安般経注』 및 『本起四禅序』를 저술했다.

13 중국 琅邪(지금의 諸城) 출신으로, 성은 王이고 이름은 叔之이며, '穆夜'는 그의 字 다. 5호16국 시대 東晉부터 남북조시대 宋에 이르는 시기에 활동한 학자이다. 저서 로는 『장자의소(莊子義疏)』 3권이 있다.

14 『莊子』「山木」, "物物而不物於物."

15 『莊子』「逍遙游」, "乘天地之正, 而御六氣之辯, 以遊无窮."

16 焦竑, 『莊子翼』, "冥, 海也. 水黑色, 謂之冥."

17 『爾雅』「釋魚」에서 "鯤, 魚子"라고 한 것에 대해, 郭璞의 注에서는 "물고기의 알을 총 칭하여 鯤이라고 한다(凡魚之子總名鯤)"라고 하였다.

18 김항배, 『불교와 도가사상』, 220~222쪽 참조.

19 『莊子』「大宗師」, "汝夢爲鳥而厲乎天, 夢爲魚而沒於淵."

20 『孟子』「萬章上」·「離婁下」의 '齊東野人之語' 일화 참조.

21 鐘泰, 『莊子發微』 참조. 선진시기의 고적에서 제나라 사람들은 사리에 맞지 않는 일 을 하거나 그러한 말을 하는 자의 예로 많이 등장한다. '齊言'은 제나라의 방언을 뜻 하는데, 초나라 광자(狂者)의 말을 초언(楚言)이라고 부르듯이, 제나라 광자의 말을

제언이라고 불렀다.(『漢語大詞典』)

22　김충열, 『노장철학강의』, 258~263쪽.

23　宣穎, 『南華經解』, "息是氣息. 大塊噫氣也, 卽風也."

24　『莊子』「外物」, "大魚 … 鶩揚而奮鬐, 白波若山, 海水震蕩."

25　『莊子』「齊物論」, "夫大塊噫氣, 其名爲風."

26　『莊子』「大宗師」, "其息深深, 眞人之息以踵, 衆人之息以喉."

27　A.C. Graham, 김경희 옮김, 『장자: 사유의 보폭을 넓히는 새로운 장자 읽기』, 99쪽.

28　외편의 마지막 단편인 「知北遊」에 나오는 구절이다. "生也死之徒, 死也生之始. 孰知
　　其紀! 人之生, 氣之聚也; 聚則爲生, 散則爲死. 若死生爲徒, 吾又何患! 故萬物一也, 是
　　其所美者爲神奇, 其所惡者爲臭腐; 臭腐復化爲神奇, 神奇復化爲臭腐. 故曰 '通天下
　　一氣耳.' 聖人故貴一."

29　朴世堂, 『南華經註解删補』逍遙遊 第一, "野馬塵埃, 以其輕微之至故, 爲息所吹而能
　　飛."

30　『詩經』「王風 · 黍離」.

31　『莊子』「齊物論」, "民溼寢則腰疾偏死, 鰌然乎哉? 木處則惴慄恂懼, 猨猴然乎哉? 三
　　者孰知正處? 民食芻豢, 麋鹿食薦, 蝍且甘帶, 鴟鴉耆鼠, 四者孰知正味? 猨, 猵狙以爲
　　雌, 麋與鹿交, 鰌與魚游. 毛嬙 · 麗姬, 人之所美也, 魚見之深入, 鳥見之高飛, 麋鹿見
　　之決驟. 四者孰知天下之正色哉?"

32　『시경』「패풍 · 천수」의 "聊與之謀"에 대해, 箋에서 "요는 차략지사(且略之辭)이다."
　　라고 풀이하였다.

33　成玄英, 『莊子注疏』, "且者假借, 是聊略之辭."

34　朴世堂, 『南華經註解删補』逍遙遊 第一, "芥之爲舟於杯水也, 亦猶野馬塵埃之爲息所
　　吹也."

35　안동림, 『莊子』, 30쪽 참조.

36　郭慶藩 編, 『莊子集釋』內篇 逍遙遊 第一, "王念孫曰: 培之言馮也. 馮, 乘也."

37　絶頂望都城, 浩浩萬人海. 小屋何容言, 大屋正如塊. 可憐路上人, 蟻奔塵土內. 經營覓
　　何利, 意各有所掛. 區區蠻觸間, 死生哀樂在. 安得出其中, 遊於六合外.

38　郭慶藩, 『莊子輯釋』「逍遙遊」에서 재인용.

39　『說文解字』권5「鳥部」, "鸒, 䨄鸒, 山鵲. 知來事鳥也."

40 福永光司, 정우봉 옮김,『후쿠나가 미츠지의 장자 내편』, 21쪽.

41 『老子』제19장, "絶仁棄義, 民復孝慈.", 제67장, "一曰慈, 二曰儉, 三曰不敢爲天下 先. 慈, 故能勇; 儉, 故能廣; 不敢爲天下先, 故能成器長. 今舍慈且勇, 舍儉且廣, 舍後 且先, 死矣! 夫慈, 以戰則勝, 以守則固. 天將救之, 以慈衛之.", 제13장, "吾所以有大 患者, 爲吾有身, 及吾無身, 吾有何患! 故貴以身爲天下, 若可寄天下, 愛以身爲天下, 若可託天下.", 제27장, "是以聖人常善救人, 故無棄人; 常善救物, 故無棄物, 是謂襲 明. 故善人者, 不善人之師; 不善人者, 善人之資. 不貴其師, 不愛其資, 雖智大迷, 是 謂要妙.", 제31장, "吉事尙左, 凶事尙右. 偏將軍居左, 上將軍居右, 言以喪禮處之. 殺 人之衆, 以悲哀(哀悲)泣之. 戰勝以喪禮處之."

42 『大戴禮記』「易本命」, "有羽之蟲三百六十, 而鳳皇爲之長: 有毛之蟲三百六十, 而麒 麟爲之長; 有甲之蟲三百六十, 而神龜爲之長; 有鱗之蟲三百六十. 而蛟龍爲之長; 有 裸之蟲三百六十, 而聖人爲之長. 此乾坤之美類, 禽獸萬物之數也."

43 『爾雅』「釋蟲」의 "有足謂之蟲, 無足謂之豸"에 대해, 邢昺의 疏에서는 "此對文爾, 散 文則無足亦曰蟲"이라고 하여 발이 없는 것 역시 蟲이라고 보았다. 宋代의 辭書인 『集韻』에서 "蟲, 李陽冰曰: ‘裸毛羽鱗介之總稱’"이라고 하였다. 즉 裸蟲 · 毛蟲 · 羽 蟲 · 鱗蟲 · 介蟲을 총칭하여 ‘蟲’이라고 부른다는 말이다.

44 郭象, 『莊子注』, "二蟲, 謂鵬蜩也." 이에 대해 郭慶藩은 『莊子集釋』에서 俞樾의 "二 蟲卽承上文蜩 · 鳩之笑而言, 謂蜩 · 鳩至小, 不足以知鵬之大也."를 인용하고, 곽상 의 주에서 "二蟲, 謂鵬蜩也"라고 한 것은 잘못된 이해라고 하였다. 그렇지만 유월이 매미와 작은 비둘기가 ‘붕새의 큼’을 알 수 없다고 한 것에는 동의하기 어렵다.

45 林希逸, 周啓成 校注, 『莊子鬳齋口義校注』, "二蟲者, 蜩 · 鳩也. 言彼何足以知此. 故 曰又何知."

46 『老子』제41장, "上士聞道, 勤而行之; 中士聞道, 若存若亡; 下士聞道, 大笑之, 不笑 不足以爲道.", 제50장, "出生入死. 生之徒十有三; 死之徒十有三. 人之生動之死地, 亦十有三. 夫何故? 以其生生之厚.", 제76장, "人之生也柔弱, 其死也堅强. 萬物草木 之生也柔脆, 其死也枯槁. 故堅强者死之徒, 柔弱者生之徒."

47 『莊子』「齊物論」, "近死之心, 莫使復陽也.『莊子』「田子方」, "夫哀莫大於心死, 而人 死亦次之."

48 『列子』「湯問」, "朽壤之上有菌芝者, 生於朝, 死於晦. 春夏之月, 有蠓蚋者, 因雨而生,見陽而死."

49 羅勉道,『南華眞經循本』,"冥靈者, 冥海之靈龜也." *『爾雅』「釋魚」에서 "一曰神龜, 二曰靈龜, 三曰攝龜, 四曰寶龜, 五曰文龜, 六曰筮龜, 七曰山龜, 八曰澤龜, 九曰水龜, 十曰火龜."라고 하였다. 또한 "龜, 俯者靈"이라고 한 것에 대해 '머리를 구부리고 다니는 거북이다(行頭低)'라고 주한 것이 있다.

50 『列子』「湯問」, "荊之南有冥靈者, 以五百歲爲春, 五百歲爲秋. 上古有大椿者, 以八千歲爲春, 八千歲爲秋."

51 『莊子』「大宗師」, "彭祖得之, 上及有虞, 下及五伯."

52 『孟子』「公孫丑上」, "孟子曰: 人皆有不忍人之心. 先王有不忍人之心, 斯有不忍人之政矣. 以不忍人之心, 行不忍人之政, 治天下可運之掌上."

53 "湯之問棘, 亦云物各有極, 任之則條暢, 故莊子以所問爲是也."

54 陳鼓應,『莊子今注今譯(上)』, 15~16쪽 참조.

55 劉辰翁,『莊子南華眞經點校』, "寓言之意, 託之齊諧而不足, 又託之湯, 謂如不信, 更質之人也."

56 朴世堂,『南華經註解刪補』, "前引齊諧, 此又引湯, 一說而反覆之, 以示若有可徵者. 是已者, 謂與齊諧所傳無異也."

57 『列子』「湯問」, "其體稱焉. 世豈知有此物哉! 大禹行而見之, 伯益知而名之, 夷堅聞而志之."

58 嚴靈峰,『列子章句新編』(臺灣商務印書館, 1977)., 鄭良樹,『諸子著作年代考』(北京圖書館出版社, 2001) 참조.

59 『七略別錄佚文』, "此書頗行於世, 及後遺落, 散在民間, 未有傳者."

60 班固,『漢書』「藝文志」, "列子八篇. / 名圄寇, 先莊子, 莊子稱之."

61 『列子』「湯問」, "物有巨細乎? 有脩短乎? 有同異乎?"

62 『列子』「湯問」, "終北之北有溟海者, 天池也, 有魚焉. 其廣數千里, 其長稱焉, 其名為鯤. 有鳥焉. 其名為鵬, 翼若垂天之雲, 其體稱焉."

63 『海內十洲記』「聚窟洲」, "圓海, 水正黑, 而謂之冥海也. 無風而洪波百丈."

64 『列子』「湯問」, "終髮北之北, 有溟海者, 天池也. 有魚焉, 其廣數千里, 其長稱焉, 其名爲鯤. 有鳥焉, 其名爲鵬, 翼若垂天之雲. …….

65 "治者, 理也. 俗多與辨不別. 辨者, 判也."

66 "各以得性爲至, 自盡爲極也. 向言二蟲殊翼, 故所至不同, 或翺翔天池, 或畢志楡枋, 直各稱體而足, 不知所以然也. 今言小大之辯, 各有自然之素, 旣非跂慕之所及, 亦各安其天性, 不悲所以異, 故再出之."

67 郭慶藩, 『莊子集釋』「逍遙遊」, '篇名 주석', "鶪以在近而笑遠, 有矜伐於內心. …… 若夫有欲當其所足, 足於所足, 快然有似天眞, 猶饑者一飽, 渴者一盈, 豈忘烝嘗於糗糧, 絶觴爵於醪醴哉! 苟非至足, 豈所以逍遙乎!"

68 앞과 같은 곳 참조.

69 郭象, 『莊子注』, "小大雖殊, 逍遙一也. / 齊大小."

70 郭象, 『莊子注』, "蓬, 非直達者也. 此章言物各有宜, 苟得其宜, 安往而不逍遙也. / 夫心之足以制一身之用者, 謂之成心. 人自師其成心, 則人各自有師矣. 人各自有師, 故付之而自當."

71 朴世堂, 『南華經註解删補』, "效, 辦也. 比, 比合也."

72 郭慶藩, 『經典釋文』「莊子」, "而徵一國, 釋文及郭注無訓, 成疏讀而爲轉語, 非也. 而字當讀爲能, 能而古聲近通用也. 官·鄕·君·國相對, 知·仁·德·能亦相對, 則而字非轉語詞明矣."

73 『莊子』「人間世」, "德蕩乎名, 知出乎爭. 名也者, 相軋也; 知也者, 爭之器也. 二者凶器, 非所以盡行也."

74 『莊子』「庚桑楚」, "請嘗言移是. 是以生爲本, 以知爲師, 因以乘是非; 果有名實, 因以己爲質; 使人以己爲節, 因以死償節. 若然者, 以用爲知, 以不用爲愚, 以徹爲名, 以窮爲辱. 移是, 今之人也, 是蜩與學鳩同於同也."

75 成玄英, 『莊子注疏』, "姓榮氏, 宋人也.

76 『韓非子』「顯學」, "宋榮之寬 / 宋榮之恕 / 宋榮子之議, 設不鬪爭, 取不隨仇, 不羞囹圄, 見侮不辱, 世主以爲寬而禮之."

77 郭慶藩, 『經典釋文』「莊子」, "崔·李云: 猶, 笑貌. 案謂猶以爲笑."

78 『漢語大詞典』, "微笑自得之貌."

79 이에 관해서는 선산쩡(沈善增), 『還吾莊子』, 85~93쪽을 참고하였다.

80 "樹, 立也, 未立至德也."(『경전석문』에서 재인용).

81 『莊子』「天下」, "其爲人太多, 其自爲太少."

82 『論語』「爲政」, "吾十有五而志于學."

83 『列子』「黃帝」, "列子師老商氏, 友伯高子, 進二子之道, 乘風而歸. …… 自吾之事夫子, 友若人也, 三年之後, 心不敢念是非, 口不敢言利害 …… 五年之後, 心庚念是非, 口庚言利害 …… 七年之後, 從心之所念, 庚無是非, 從口所言, 庚無利害 …… 九年之後, 橫心之所念, 橫口之所言, 亦不知我之是非利害歟, 亦不知彼之是非利害歟, 亦不知夫子之爲我師, 若人之爲我友, 內外進矣. 而後眼如耳, 耳如鼻, 鼻如口, 無不同也. 心凝形釋, 骨肉都融; 不覺形之所倚, 足之所履, 隨風東西, 猶木葉幹殼. 竟不知風乘我邪? 我乘風乎?" 이 글이 얀링펑(嚴靈峰)의 「열자장구신편」에는 "列子師老商氏, 友伯高子, 進二子之道, 乘風而歸."라고만 되어 있다.

84 "自然御風行耳, 非數數然求之也"

85 "待風而後能行, 風起則是其福."(崔大華, 『莊子岐解』, 19쪽에서 재인용.)

86 『列子』「黃帝」, "夫至人者, 上闚青天, 下潛黃泉, 揮斥八極, 神氣不變." 이 구절은 『장자』「전자방」에도 똑같이 들어 있다.

87 關鋒, 『莊子內篇譯解和批判』, 10쪽.

88 『莊子』「徐無鬼」, "夫大備矣, 莫若天地."

89 『莊子』「知北遊」, "天地有大美而不言, … 聖人者, 原天地之美, … 是故至人無爲, 大聖不作.

90 『莊子』「達生」, "天地者, 萬物之父母也."

91 『莊子』「天道」, "夫明白於天地之德者, 此之謂大本大宗."

92 『莊子』「在宥」, "天氣不和, 地氣鬱結, 六氣不調, 四時不節. 今我願合六氣之精, 以育群生, 爲之奈何?"

93 『莊子』「大宗師」, "與造物者爲人, 而遊乎天地之一氣."

94 『莊子』「齊物論」, "天地與我並生, 而萬物與我爲一."

95 "邈姑射之山, 有神人居焉, …… 乘雲氣, 御飛龍, 而遊乎四海之外."(「소요유」)., "乘雲氣, 騎日月, 而遊乎四海之外." "遊乎塵垢之外"(「제물론」) "與造物者爲人, 而遊乎天地之一氣."(「대종사」)., "乘夫莽眇之鳥, 以出六極之外, 而遊無何有之鄉, 以處壙埌之野."(「응제왕」)., "入無窮之門, 以遊無極之野."(「재유」) "彼至人者, 歸精神乎無始, 而甘冥乎無何有之鄉."(「열어구」).

96 『莊子』「山木」, "若夫乘道德而浮遊則不然. 无譽无訾, 一龍一蛇, 與時俱化, 而无肯專爲; 一上一下, 以和爲量, 浮遊乎萬物之祖; 物物而不物於物, 則胡可得而累邪!"

97 『莊子』「在宥」, "頌論形軀, 合乎大同, 大同而無己, 無己, 惡乎得有有!"

98 『莊子』「知北遊」, "物物者, 非物."

99 『莊子』「庚桑楚」, "有實而無乎處者, 宇也; 有長而無本剽者, 宙也."

100 "至言其體, 神言其用, 聖言其名. 故就體語至, 就用語神, 就名語聖, 其實一也."

101 『道德經』32장, "始制有名, 名亦旣有, 夫將知止."

102 『道德經』28장, "大制不割."

103 『莊子』「大宗師」, "遊乎天地之一氣."

104 『莊子』「天地」, "堯之師曰許由, 許由之師曰齧缺, 齧缺之師曰王倪, 王倪之師曰被衣."

105 司馬遷, 『史記』「伯夷列傳」, "而說者曰堯讓天下於許由, 許由不受, 恥之逃隱. 及夏之時, 有卞隨·務光者. 此何以稱焉? 太史公曰: 余登箕山, 其上蓋有許由冢云. 孔子序列古之仁聖賢人, 如吳太伯·伯夷之倫詳矣. 余以所聞由·光義至高, 其文辭不少槪見, 何哉?"

106 『莊子』「徐無鬼」, "將逃堯. …… 夫堯, 畜畜然仁, 吾恐其爲天下笑. 後世其人與人相食與!"

107 『莊子』「庚桑楚」, "大亂之本, 必生於堯舜之間, 其末存乎千世之後. 千世之後, 其必有人與人相食者也."

108 『莊子』「大宗師」, "固有無其實而得其名者乎?"

109 『莊子』「秋水」, "…… 而吾未嘗以此自多者, 自以比形於天地而受氣於陰陽, 吾在天地之間, 猶小石小木之在大山也, 方存乎見少, 又奚以自多! 計四海之在天地之間也, 不似礨空之在大澤乎? 計中國之在海內, 不似稊米之在大倉乎? 號物之數謂之萬, 人處一焉; 人卒九州, 穀食之所生, 舟車之所通, 人處一焉. 此其比萬物也, 不似豪末之在於馬體乎? 五帝之所連, 三王之所爭, 仁人之所憂, 任士之所勞, 盡此矣. 伯夷辭之以爲名, 仲尼語之以爲博, 此其自多也, 不似爾向之自多於水乎?"

110 『莊子』「讓王」, "余立於宇宙之中. … 日出而作, 日入而息, 逍遙於天地之間而心意自得.

111 『莊子』「應帝王」, "天根遊於殷陽, 至蓼水之上, 適遭無名人而問焉, 曰: '請問爲天下.' 無名人曰: '去! 汝鄙人也, 何問之不豫也! 予方將與造物者爲人, 厭則又乘夫莽眇之鳥, 以出六極之外, 而遊無何有之鄕, 以處壙埌之野. 汝又何帠以治天下感予之心爲?' 又復問. 無名人曰: '汝遊心於淡, 合氣於漠, 順物自然, 而無容私焉, 而天下治矣.'"

112 『莊子』「大宗師」, "肩吾得之, 以處太山; 黃帝得之, 以登雲天."

113 成玄英, 『莊子注疏』, "接輿者, 姓陸, 名通, 字接輿, 楚之賢人, 隱者也, 與孔子同時, 而佯狂不仕, 常以躬耕爲務."

114 『莊子』「逍遙遊」, "知效一官, 行比一鄉, 德合一君而徵一國者."

115 『설문해자』에서 "年, 穀孰(熟)了."라고 하였다. 『춘추곡량전』에서는 "오곡이 다 여문 것을 풍년이라고 한다.[五穀皆熟謂有年.]"(桓公 3년)., "오곡이 다 잘 여문 것을 대풍년이라고 한다.[五穀皆大熟謂大有年.]"(宣公 16년)라고 하였다. 『좌전』에는 "年穀和熟."(昭公 1년)이라는 표현도 있다.

116 『列子』「黃帝」, "列姑射山在海河洲中, 山上有神人焉. 吸風飲露, 不食五穀; 心如淵泉, 形如處女. 不偎不愛, 仙聖爲之臣; 不畏不怒, 愿慤爲之使; 不施不惠, 而物自足; 不聚不斂, 而己无愆. 陰陽常調, 日月常明, 四時常若, 風雨常均, 字育常時, 年穀常豐; 而土无札傷, 人无夭惡, 物无疵厲, 鬼无靈響焉."

117 여기의 '神'은 '身-心-精-氣(虛)-神-道'라는 구도에서의 神 차원일 것이다.「달생」의 '其神無郤', '其神全也', '用志不分, 乃凝於神' 등과 연관되는 것이라고 할 수 있다.

118 『山海經』, "其首曰招搖之山."

119 "若夫乘天地之正, 而御六氣之辯, 以遊无窮者."

120 『莊子』「大宗師」, "夫盲者無以與乎眉目顏色之好, 瞽者無以與乎青黃黼黻之觀."

121 "至德者, 火弗能熱, 水弗能溺, 寒暑弗能害, 禽獸不能賊. 非謂其薄之也, 言察乎安危, 寧於禍福, 謹於去就, 莫之能害也."

122 "夫醉者之墜車, 雖疾不死. 骨節與人同而犯害與人異, 其神全也. 乘亦不知也, 墜亦不知也, 死生驚懼不入乎其胸中."

123 『莊子』「達生」, "至人潛行不窒, 蹈火不熱, 行乎萬物之上而不慄. …… 是純氣之守也, 非知巧果敢之列. …… 則物之造乎不形, 而止乎無所化, 夫得是而窮之者, 物焉得而止焉! 彼將處乎不淫之度, 而藏乎無端之紀, 遊乎萬物之所終始, 壹其性, 養其氣, 合其德, 以通乎物之所造. 夫若是者, 其天守全, 其神無郤, 物奚自入焉!"

124 『莊子』「列禦寇」, "孔子曰: 凡人心險於山川, 難於知天; 天猶有春秋冬夏旦暮之期,人者厚貌深情."

125　『莊子』「在宥」, "崔瞿問於老聃曰: '不治天下, 安藏(臧)人心?' 老聃曰: '汝愼無攖人
　　　心. 人心排下而進上, 上下囚殺, 淖約柔乎剛强. 廉劌彫琢, 其熱焦火, 其寒凝冰. 其
　　　疾俛仰之間, 而再撫四海之外, 其居也淵而靜, 其動也縣而天. 僨驕而不可係者, 其唯
　　　人心乎! …… 昔者黃帝始以仁義攖人之心, 堯·舜於是乎股無胈, 脛無毛, 以養天下
　　　之形, 愁其五藏以爲仁義, 矜其血氣以規法度. 然猶有不勝也. 堯於是放讙兜於崇山,
　　　投三苗於三峗, 流共工於幽都, 此不勝天下也夫!'"

126　『莊子』「大宗師」, "吾師乎! 吾師乎! 韲萬物而不爲義, 澤及萬世而不爲仁, 長於上古
　　　而不爲老, 覆載天地刻彫衆形而不爲巧."

127　『양왕』「讓王」, "道之眞以治身, 其緖餘以爲國家, 其土苴以治天下."

128　郭慶藩은 "諸, 於也. …… 李楨曰: 諸越, 猶云於越"(『莊子集釋』)이라고 하였으나,
　　　『장자』에서 '適'자를 '가다'의 뜻으로 사용하면서 바로 뒤에 '於' 또는 '諸'자를 사용
　　　한 다른 용례는 없다. '適莽蒼者'와 '適南冥也'(「소요유」), '適越而昔至'(「제물론」),
　　　'孔子適楚'(「인간세」), '仲尼適楚'(「달생」), '溫伯雪子適齊'(「전자방」), '適越而昔
　　　來'(「천하」) 등에서 모두 '於'나 '諸'를 사용하지 않았다.

129　안동림, 『장자』, 40쪽, "일설로는 '諸越'은 越나라에 많은 부락이 있으므로 이를
　　　통틀어 諸越이라 하고, 후세에「百越」이라고 함과 같다고 함." 그리고 다음의 사이
　　　트를 참고할 수 있다. https://www.52lishi.com/article/73505.html

130　「天地」, "堯之師曰許由, 許由之師曰齧缺, 齧缺之師曰王倪, 王倪之師曰被衣."

131　『莊子』「徐無鬼」, "莊子送葬, 過惠子之墓, 顧謂從者曰: '郢人堊慢其鼻端若蠅翼, 使
　　　匠石斲之. 匠石運斤成風, 聽而斲之, 盡堊而鼻不傷, 郢人立不失容. 宋元君聞之, 召
　　　匠石曰: 嘗試爲寡人爲之. 匠石曰: 臣則嘗能斲之. 雖然, 臣之質死久矣. 自夫子之死
　　　也, 吾無以爲質矣, 吾無與言之矣.'"

132　馬叙倫, 『莊子義證』.

133　『莊子』「徐無鬼」, "自夫子之死也, 吾無以爲質矣, 吾無與言之矣."

134　『淮南子』「齊俗訓」, "惠子從車百乘, 以過孟諸, 莊子見之, 棄其餘魚."

135　『莊子』「德充符」, "子以堅白鳴."

136　『莊子』「徐無鬼」, "惠子曰: '今夫儒墨楊秉, 且方與我以辯, 相拂以辭, 相鎭以聲, 而
　　　未始吾非也, 則奚若矣?' 莊子曰: '齊人蹢子於宋者, 其命閽也不以完, 其求鈃鍾也以

束縛, 其求唐子也而未始出域, 有遺類矣夫! 楚人寄而蹢閽者, 夜半於無人之時而與舟人鬪, 未始離於岑, 而足以造於怨也.'"

137 『莊子』「庚桑楚」, "宇泰定者, 發乎天光. 發乎天光者, 人見其人, 物見其物."

138 司馬彪, 馬敍倫, 劉文典, 王叔岷 등이 이에 해당한다. 陳鼓應, 『莊子今注今譯』, 33~34쪽 참조.

139 成玄英, 『莊子注疏』, "慮者, 繩絡之也.", "以繩結縛."

140 沈善增, 『還吾莊子』, 181쪽.

141 『漢語大詞典』, "秋枯根拔, 遇風飛旋, 故又名'飛蓬'."

142 『詩經』「衛風 · 伯兮」, "自伯之東, 首如飛蓬. 豈無膏沐, 誰適爲容!"

143 『管子』「形勢」, "飛蓬之問, 不在所賓; 燕雀之集, 道行不顧."

144 『商君書』「禁使」, "今夫飛蓬, 遇飄風而行千里, 風乘之勢也."

145 司馬遷, 『史記』卷63 「老子傳」, "且君子得其時則駕, 不得其時則蓬累而行."

146 『莊子』「天下」, "厤物之意.", "强於物.", "散於萬物而不厭.", "卒以善辯爲名.", "逐萬物而不反."

147 『莊子』「天下」, "惠施多方, 其書五車, 其道舛駁, 其言也不中. …… 弱於德, 强於物, 其塗隩矣. 由天地之道觀惠施之能, 其猶一蚊一虻之勞者也. 其於物也何庸! …… 散於萬物而不厭, 卒以善辯爲名. 惜乎! 惠施之才, 駘蕩而不得, 逐萬物而不反, 是窮響以聲, 形與影競走也. 悲夫!"

148 『莊子』「德充符」, "惠子曰: '不益生, 何以有其身?' 莊子曰: '道與之貌, 天與之形, 無以好惡內傷其身. 今子外乎子之神, 勞乎子之精, 倚樹而吟, 據槁梧而瞑. 天選子之形, 子以堅白鳴!'"

149 『莊子』「至樂」, "以己養養鳥也, 非以鳥養養鳥."

150 『史記』「孟子荀卿列傳」, "孟軻, 騶人也. …… 游事齊宣王, 宣王不能用. 適梁, 梁惠王不果所言, 則見以爲迂遠而闊於事情."

151 『莊子』「外物」, "惠子謂莊子曰: '子言无用.' 莊子曰: '知无用而始可與言用矣. 天地非不廣且大也, 人之所用容足耳. 然則厠足而墊之致黃泉, 人尚有用乎?' 惠子曰: '无用.' 莊子曰: '然則无用之爲用也亦明矣.'"

152 『莊子』「秋水」에 "捕鼠不如狸狌."이라는 구절이 있다.

153 『莊子』「山木」, "噫! 物固相累, 二類相召也. …… 吾守形而忘身, 觀於濁水而迷於清淵."

154 『莊子』「應帝王」, "予方將與造物者爲人, 厭則又乘夫莽眇之鳥, 以出六極之外, 而遊無何有之鄕, 以處壙垠之野. 汝又何帠以治天下感予之心爲?"

155 『莊子』「知北遊」, "嘗相與游乎無何有之宮, 同合而論无所終窮乎! 嘗相與无爲乎! 澹而靜乎! 漠而淸乎! 調而閒乎! 寥已吾志, 无往焉而不知其所至, 去而來而不知其所止, 吾已往來焉而不知其所終; 彷徨乎馮閎, 大知入焉而不知其所窮."

156 「大宗師」, "芒然彷徨乎塵垢之外, 逍遙乎無爲之業."

157 "知天之所爲, 知人之所爲者, 至矣. 知天之所爲者, 天而生也; 知人之所爲者, 以其知之所知, 以養其知之所不知, 終其天年而不中道夭者, 是知之盛也."

158 鐘泰, 『莊子發微』, 해당 구절 주석 참조.

159 『莊子』「山木」, "莊子笑曰: '周將處乎材與不材之間. 材與不材之間, 似之而非也, 故未免乎累. 若夫乘道德而浮遊則不然. …… 一上一下, 以和爲量, 浮遊乎萬物之祖; 物物而不物於物, 則胡可得而累邪! 此神農黃帝之法則也. 若夫萬物之情, 人倫之傳, 則不然. 合則離, 成則毀; 廉則挫, 尊則議, 有爲則虧, 賢則謀, 不肖則欺, 胡可得而必乎哉! 悲夫! 弟子志之, 其唯道德之鄕乎!'"

160 徐復觀은 「소요유」의 '無己'는 곧 「제물론」의 '喪我'라고 보았다. 『中國人性論史: 先秦篇』(臺灣商務印書館, 1969), 395쪽.

161 『莊子』「在宥」, "出入六合, 遊乎九州, 獨往獨來, 是謂獨有."

162 『莊子』「天下」, "獨與天地精神往來."

참고문헌

본문에 인용된 참고 서목이다. 검색의 편의를 위해 나라별로 구분하고 저자, 서명 순으로 배열하였다. 동양인명은 가나다, 서양인명은 알파벳 순이고, 〈일러두기〉의 예에 따라 중국 인명의 경우 신해혁명 (1911) 이후 출생한 사람은 중국어 발음으로 표기하였다.

중국

| 선진(先秦) |

『맹자(孟子)』
· 공자가 창시한 유가의 사상을 더욱 발전시킨 전국 중기의 맹자(孟子: B.C. 약 372~B.C. 약 289)의 저서. 제자들이 맹자의 글을 편찬한 책이라는 설도 있다.

『한비자(韓非子)』
· 전국시대 말기의 사상가 한비(韓非: B.C. 약 280~B.C. 약 233)의 저서. 법가사상 을 집대성한 책이다.

『이아(爾雅)』
· 문자의 뜻을 고증하고 설명한 중국의 가장 오래된 자전(字典). 유교 13경(十三經) 가운데 하나이며, 저자는 불명이다. 청대(淸代)의 고증학자들이 중시하였다.

| 한(漢) |

대덕(戴德), 『대대례기(大戴禮記)』
· 동한(東漢) 시대 경학가 대덕이 지은 예서(禮書). 초기 유학연구의 기본 자료이다.

동방삭(東方朔), 『해내십주기(海內十洲記)』

· 『산해경(山海經)』을 모방한 중국 고대 지괴(志怪) 소설집. 한대의 동방삭이 지었
다고 전하나, 서진(西晉) 이후에 만들어진 위작이라는 것이 정설이다.

반고(班固), 『한서(漢書) · 예문지(藝文志)』

· 후한(後漢)의 역사가 반고(32~92)가 전한 시기의 역사를 기술한 『한서(漢書)』 제
30권에 들어 있는 도서 목록집. 유흠(劉歆)의 『칠략(七略)』을 바탕으로 하였다.

사마천(司馬遷), 『사기(史記)』

· 전한(前漢) 시대의 역사가 사마천(司馬遷)이 지은 사서. '본기(本紀)', '세가(世
家)', '열전(列傳)' 등의 형식을 취하는 기전체(紀傳體) 사서의 효시로서 열전에는
춘추전국시대 사상계의 흐름을 살필 수 있는 자료들이 풍부하다.

허신(許愼), 『설문해자(說文解字)』

· 후한(後漢) 시대 경학가 허신(30~124)이 지은 문자학 저서. 중국 고문자 연구의
길잡이 책이다. 주석으로는 청나라 때의 훈고학자 단옥재(段玉裁, 1735~1815)의
『설문해자주(說文解字注)』가 유명하다.

| 위진(魏晉) · 남북조(南北朝) |

왕필(王弼) 등, 『노자사종(老子四種)』

· 『노자왕필주(老子王弼注)』, 『노자하상공주(老子河上公注)』, 『마왕퇴백서노자(馬
王堆帛書老子)』, 『곽점죽간노자(郭店竹簡老子)』를 1999년 타이베이(臺北)의 대
안출판사(大安出版社) 편집부가 합간(合刊)한 책이다.

곽상((郭象), 『장자주(莊子注)』

· 서진(西晉) 시대 곽상(약 252~312)이 지은 주해서. 『장자』의 편제를 오늘날처럼
33편으로 처음 확정한 주석서로 알려져 있다. 같은 시대 활동한 상수(向秀)의 장
자주를 표절했다는 설도 있다.

사마표(司馬彪), 『장자주(莊子注)』

· 서진(西晉) 시대 사마표(?~306)가 지은 주해서. 『경전석문』「서록(敍錄)」의 『장
자』 주석서 목록에 '『사마표주』21권 52편'으로 되어 있다. 지금은 전하지 않는다.

장읍(張揖), 『광아(廣雅)』

· 삼국시대 위(魏)나라 때의 훈고학자 장읍이 지은 자전(字典). 『이아(爾雅)』의 체
제를 본떴으며, 고서(古書)의 어휘 18,150개를 수집하여 주석하였다.

| 수(隋) · 당(唐) |

성현영(成玄英), 『장자주소(莊子注疏)』

· 당(唐)나라 때 도사(道士) 성현영(608~669)의 저서. 중현학(重玄學)의 관점에서
『장자』와 곽상의 『장자주(莊子注)』를 풀이하였다.

육덕명(陸德明), 『경전석문(經典釋文)』

· 당나라 때의 음운학자이자 훈고학자인 육덕명(약 550~630)이 지은 책. 14종의
경전에 등장하는 글자의 음과 뜻에 관한 역대의 주해와 글자의 동이(同異)에 관
한 자료를 수집하여 엮었다. 전30권 가운데 제26~28권이 『장자』를 다룬 「장자음
의(莊子音義)」이다. 육덕명의 이름은 원랑(元朗)이고, 덕명(德明)은 자이다.

| 송(宋) · 원(元) |

유진옹(劉辰翁), 『장자남화진경점교(莊子南華眞經點校)』

· 송말원초(宋末元初) 시기에 활동한 사상가이자 문학비평가인 유진옹(1232~
1297)의 저서. 임희일(林希逸)의 『장자권재구의(莊子鬳齋口義)』를 저본으로 삼
아 유학자의 입장과 불교의 의리(義理)로써 『장자』를 이해하였으며, 짧은 비평을
위주로 하는 평점(評點)을 달았다. 『장자점교(莊子點校)』로도 불린다.

임희일(林希逸),『장자권재구의(莊子鬳齋口義)』

· 남송(南代) 때 학자 임희일(1193~1271)이 지은 주해서. 유학에 토대를 두면서도 도가와 불가의 이론도 수렴하는 회통적 관점에서『장자』를 주해한 것이 특징이다. 우리나라 조선시대에 많이 읽혔다. '구의(口義)'란 당대의 구어체, 즉 백화(白話)로 의미를 풀이했다는 뜻이다.

진경원(陳景元),『장자궐오(莊子闕誤)』

· 북송(北宋) 때 도사 진경원(1025~1094)이『장자』의 여러 판본의 동이(同異)를 비교한 글. 그가 지은『남화진경장구(南華眞經章句)』에 부록으로 실려 있다. 진경원은 호가 벽허자(碧虛子)인 까닭에 진벽허(陳碧虛)라는 이름으로도 많이 알려 있다.『장자궐오』는 초횡(焦竑)의『장자익(莊子翼)』에 부록으로 실려 있다.

| 명(明) · 청(靑) |

감산(憨山),『장자내편주(莊子內篇注)』

· 명나라 때 승려 감산(1546~1623)의 저서. 불교적 관점에서『장자』내편을 주석하였다. 감산의 법명은 덕청(德淸)이다.

곽경번(郭慶藩),『장자집석(莊子集釋)』

· 청나라 말기의 학자 곽경번(1844~1896)의 저서.『장자』곽상주와 성현영소,『경전석문(經典釋文)』의「장자음의(莊子音義)」전문을 수록하고 청대 학자들의 연구성과를 집성하였다.

나면도(羅勉道),『남화진경순본(南華眞經循本)』

· 명나라 때 학자 나면도의 주해서.『장자』의 본지(本旨)를 추구한다는 뜻에서 '순본(循本)'이라 하였다. 나면도의 생졸년과 생애는 알려져 있지 않다.

선영(宣穎),『남화경해(南華經解)』

· 명말청초(明末淸初) 시대의 학자인 선영(宣穎)의 저서. 유학을 중심으로 하되 유학과 도가는 일치한다는 관점에 주해를 달았다. 선영은 인적 사항은 분명치 않으

나, 70세 이후에 이 책을 저술한 것으로 알려져 있다.

왕선겸(王先謙),『장자집해(莊子集解)』

· 청(淸)나라 때 학자 왕선겸(1842~1917)의 저작. 일생을『장자』연구에 바친 왕선 겸의 역작으로, 앞선 주석가들의 성과를 집약하면서 자신의 새로운 해석을 제시 하였다.

왕인지(王引之),『경전석사(經典釋詞)』

· 청대의 훈고학자 왕인지(1766~1834)가 경전 가운데 나타나는 허사(虛詞)를 해 석한 책. 단음 허사를 위주로 160개의 허사를 다루었다. 중화서국(中華書局)과 악 록서사(岳麓書社)에서 출간되었다.

유월(俞樾),『제자평의(諸子平議)』

· 청나라 말기의 학자 유월(1821~1907)의 저서.『장자』를 비롯하여 선진(先秦)· 한대(漢代)의 제자서 15종에 대한 주해가 실려 있다. 제자학에 대한 훈고학적 해 석의 결정판이라는 평을 받는다.

초횡(焦竑),『장자익(莊子翼)』

· 명(明)나라 때 학자 초횡(1540~1620)의 저작. 곽상(郭象), 여혜경(呂惠卿), 저백 수(褚伯秀), 나면도(羅勉道), 육서성(陸西星) 5인의 주석을 위주로 하여, 역대 주 석들을 수록하였다.

| 근 · 현대 |

관펑(關鋒),『장자내편역해화비판(莊子內篇譯解和批判)』

· 중국 학자 관펑(1919~2005)의 저서. 마르크스의 역사유물주의 관점에서 장자철 학을 몰락한 노예주 귀족의 이해관계를 반영한 유심주의 철학으로 해석하였다.

류샤오간(劉笑敢),『장자철학급기연변(莊子哲學及其演變)』

· 장자철학에 대한 체계적인 분석 그리고 외 · 잡편의 사상 성분에 대한 명확한 분 류로 유명한 류사오간의 저서. 그의 박사학위논문을 토대로 한 것이다. *『장자철

학』이라는 제목(최진석 옮김)으로 1990년 소나무에서 번역서가 간행되었다.

마서륜(馬叙倫),『장자의증(莊子義證)』

· 청말 근대 시기 학자 마서륜(1885~1970)의 저서.『장자』에 대한 문자 교감과 불교적 해석이 특징이다.

서복관(徐復觀),『중국인성론사(中國人性論史): 선진편(先秦篇)』

· 현대 신유가의 한 사람인 서복관(1903~1982)이 치밀한 문헌 고증을 바탕으로 선진시기 중국의 인성론을 종합적으로 해설한 저술. 1963년 타이완(臺灣)의 퉁하이대학(東海大學)에서 초판이 간행되었다.

선산쩡(沈善增),『환오장자(還吾莊子)』

· 현대 전업 작가인 선산쩡(1950~)이『장자』가운데의「소요유」와「제물론」을 집중적으로 분석한 저술. 곽상의『장자주(莊子注)』와 첸구잉(陳鼓應)의『장자금주금역(莊子今註今譯)』의 견해를 조목조목 비판한 것이 특징이다.

엄령봉(嚴靈峰),『도가사자신편(道家四子新編)』

· 무구비재(無求備齋) 주인 엄령봉(1904~1999)이 노자 · 양자 · 열자 · 장자의 저서들에 대한 장구신편(章句新編)을 합간한 저술. 이 가운데「열자장구신편(列子章句新編)이 들어 있다. 1977년 타이완(臺灣)의 상무인서관(商務印書館)에서 간행되었다.

왕수민(王叔岷),『장자교전(莊子校詮)』

· 대만의 역사언어학자 왕수민(1914~2008)의 저서. 속고일총서(續古逸叢書)의 영인 송간본(宋刊本)을 저본으로 삼아 역대『장자』주석들을 비판적으로 집성하고 그 오류를 바로잡았다.

유무(劉武),『장자집해내편보정(莊子集解內篇補正)』

· 근대 학자 유무(1883~1957)의 저서.『장자』내편에 대한 왕선겸(王先謙)의『장자집해(莊子集解)』의 내용을 보완 · 정정하였다.

유문전(劉文典),『장자보정(莊子補正)』

· 근대 학자 유문전(1889~1958)의『장자』주해서. 곽상주와 성현영소,『경전석문』

의 주석을 전재하는 한편, 원문의 의미가 불분명한 부분이나 오탈자 등에 대해 고증하였다. 자(字)가 숙아(叔雅)인 까닭에 1971년 대만에서 나온 신문풍출판공사(新文風出版公司) 간행본은 저자가 유숙아(劉叔雅)로 표기되어 있다.

장청치우(張成秋), 『장자편목고(莊子篇目考)』

· 대만 국립신주사범대학 교수를 역임한 장청치우(1941~)의 저서. 『장자』 각 편명의 의미에 대한 역대 주석가들의 견해들을 소개하고 문단구조와 요지, 평가 등을 정리하였다.

저우치청(周啓成), 『장자권재구의교주(莊子鬳齋口義校注)』

· 송대(宋代) 임희일(林希逸, 1193~1271)의 『장자권재구의(莊子鬳齋口義)』에 대해 현대의 저우치청(1958~)이 교주(校注)한 저술. 1997년 베이징(北京)의 중화서국(中華書局)에서 간행되었다.

전목(錢穆), 『장자찬전(莊子纂箋)』

· 현대 신유학자인 전목(1895~1990)의 저작. 곽상(郭象)부터 현대 왕수민(王叔岷)까지의 『장자』 주석을 선별해서 실었다.

정량수(鄭良樹), 『제자저작년대고(諸子著作年代考)』

· 홍콩중원대학(香港中文大學) 교수를 역임한 정량수(1940~2016)가 선진시기 고전에 관한 자신의 논문들을 모아 간행한 저술. 2001년 베이징(北京)의 북경도서관출판사(北京圖書館出版社)에서 초판이 간행되었다.

종태(鐘泰), 『장자발미(莊子發微)』

· 현대 학자 종태(1888~1979)의 저서. 장자사상의 자연주의적 경향을 드러내면서, 회통적 관점에서 내 · 외 · 잡편을 주해하였다.

차오츄지(曹礎基), 『장자천주(莊子淺注)』

· 화둥(華東)사범대학 교수 차오츄지(1937~)의 저작. 마르크스주의에 입각하여 유물론과 계급투쟁론의 관점에서 장자사상을 해석하였으며, 간결한 주석이 돋보인다.

첸구잉(陳鼓應),『장자금주금역(莊子今注今譯)』

· 대만의 노장철학 연구자 첸구잉(1935~)의『장자』주해서. 1974년 대만상무인서
관(臺灣商務印書館)에서 초판이 나온 이후 최신 장자연구 성과를 반영한 수차례
개정판이 나왔다.

추이다화(崔大華),『장자기해(莊子岐解)』

· 추이다화(1938~2013)의 저서.『장자』의 자구와 사상에 대한 역대 주석가들의 해
석을 종합하여 비교하였다.

팡용(方勇) · 루용핀(陸永品),『장자전평(莊子詮評)』

· 루용핀(1936~)이 골격과 체제를 짜고 팡용이 초안을 작성한 주해서.『장자』에
대한 최근 연구와 새로운 해석을 담고 있다. 1998년 중국 파촉서사(巴蜀書社)에
서 초판이 3권으로 간행되었으며, 2007년 개정판이 2책으로 출판되었다.

팡용(方勇),『장자찬요(莊子纂要)』

· 화둥(華東)사범대학 교수 팡용(1956~)의 저서.『장자』각 편에 대한 역대 주석가
들의 해석을 먼저 싣고 이어 본문에 대한 자신의 주석과 교감을 진행하였으며, 말
미에는 역대 문헌자료 중『장자』와 관련된 서(序) · 발(跋)과 시문을 집성하였다.

한어대사전편집위원회(漢語大詞典編輯委員會),『한어대사전(漢語大詞典)』(전 12권)

· 현대 중국의 대표적인 자전(字典). 한어대사전출판사(漢語大詞典出版社)에서
1994년 간행되었다.

해동(奚侗),『장자보주(莊子補注)』

· 근대 학자 해동(?~1939)의 저서. 곽상 이래『장자』해석에서 이보다 나은 주해서
는 없다는 평을 받았다.

한국

| 조선(朝鮮) |

박세당(朴世堂), 『남화경주해산보(南華經註解刪補)』
· 조선시대 유학자 박세당(1629~1703)의 『장자』 주석서. 중국 역대 주석가 40여
  명의 견해를 소개하며 자신의 생각을 피력하고 있는데, 그 중 곽상(郭象)과 임희
  일(林希逸)을 가장 많이 인용하고 있다. 제목은 "남화경(南華經)의 주석과 해설
  [註解]을 삭제하고 보충했다[刪補]"는 뜻이다.

『현토구해남화진경(懸吐口解南華眞經)』
· 중국 남송(南宋)의 임희일(林希逸, 1193~1271)의 『장자』 주석에 우리말 현토를
  붙인 작품.

| 근 · 현대 |

김충열, 『김충열 교수의 노장철학강의』
· 한국 동양철학계 2세대를 대표하는 학자 김충열의 노장철학 개론서. 장자 부분은
  계간 《과학사상》에 연재된 것을 중심으로 엮었다. 1995년 예문서원에서 초판이
  간행되었다.

김학목 옮김, 『장자 곽상주 해제』
· 『장자』 내편 원문과 곽상주를 우리말로 옮긴 책. 학고방에서 2020년 초판이 간행
  되었다.

김학주 옮김, 『열자(列子)』
· 서울대학교 교수와 중국어문학회 회장을 역임한 김학주의 번역 주석서. 2000년
  을유문화사에서 초판이 간행되었다.

김항배, 『불교와 도가사상』

· 동국대학교 교수를 역임한 김항배가 불교와 도가사상의 연관성에 관해 탐구한 자
  신의 논문들을 모아놓은 저술. 1999년 동국대학교 출판부에서 초판이 간행되었다.

김항배, 『장자철학정해(莊子哲學精解)』

· 동국대학교 교수를 역임한 김항배가 『장자익(莊子翼)』 중 내편에 대한 주해들을
  선별하여 소개하고 그에 대한 자신의 견해를 제시한 해설서. 불교적 해석을 모색
  하였다. 1992년 불광출판부에서 초판이 간행되었다.

안동림 역주, 『장자』

· 청주대 영문학과 교수를 역임한 고전번역가 안동림의 『장자』 번역서. 1973년 현
  암사에서 '신역(新譯) 장자'라는 제목으로 내편이 처음 출간되었고 이어 1978
  년 외 · 잡편이 출간되었다. 국내의 초창기 장자연구에 지대한 역할을 한 책이다.
  1993년 '장자'라는 제목의 통합본으로 재출간되었다.

안병주 외, 『역주 장자』

· 성균관대 명예교수 안병주와 제자 전호근, 김형석이 공저한 『장자』 주해서. 전 4
  권으로 구성되어 있다. 전통문화연구회에서 2001년과 2004년, 2005년, 2006년에
  차례대로 간행되었다.

이강수 · 이권 옮김, 『장자』

· 한국의 도가철학연구 2세대를 대표하는 연세대 이강수 교수와 제자 이권 박사가
  공역한 『장자』 번역서. 내 · 외 · 잡편 3권으로 구성되어 있으며, 도서출판 길에서
  2005년(내편)과 2019년(외편, 잡편)에 각각 간행되었다.

이강수, 『노자와 장자』

· 연세대 교수를 역임한 이강수의 노장철학 해설서. 1부 노자철학과 2부 장자철학
  으로 구성되어 있으며, 초심자와 전공자 모두에게 필독서가 된 역작이다. 1997년
  도서출판 길에서 초판이 간행되었다.

이효걸, 『이효걸의 장자강의』

· 안동대 교수를 역임한 이효걸의 『장자』 「내편」 주해서. 2013년 홍익출판사에서
  초판이 간행되었다.

일본

후쿠나가 미츠지(福永光司), 『장자(莊子): 내편(內篇)』

일본 도쿄대학, 간사이대학 등의 교수를 역임한 일본 학계 도교 연구의 선구자 후쿠나가 미츠지(1918~2001)의 『장자』 내편 해설서. *『후쿠나가 미츠지의 장자 내편』(정우봉 · 박상영 옮김)이라는 제목으로 2020년 문진에서 번역서가 간행되었다.

서양

A.C. Graham, *CHUANG-TZŬ: The Inner Chapter*
· 영국 태생의 중국고전 학자 그레이엄(A.C. Graham)의 저서. 장자사상의 특징에 대한 개괄과 내편 완역 그리고 장학(莊學)에 대한 자신의 분류기준에 따른 외 · 잡편 선역(選譯) 등으로 이루어져 있다. 1981년 George Allen & Unwin(London)에서 초판이 출판되었다. *『장자: 사유의 보폭을 넓히는 새로운 장자 읽기』(김경희 옮김)라는 제목으로 2014년 이학사에서 번역서가 간행되었다.

Burton D. Watson, *The Complete Works of Zhuangzi*
· 영미권의 대표적인 한학(漢學) 번역가인 미국 학자 왓슨(Burton D. Watson)의 『장자』 번역서. Columbia University Press(New York)에서 1968년 초판이 출판되었다.

B. Ziporyn, *ZHUANGZI: The Complete Writings*
· 중국철학 · 종교 및 비교철학 연구자인 미국 시카고대학 교수 지포린(B. Ziporyn)의 『장자』 번역서. 2020년 Hackett Publishing Company(Indianapolis)에서 초판이 출판되었다.

Robert E. Allinson, *Chuang-tzu for spiritual transformation : an analysis of the inner chapters*

· 홍콩중원대학(香港中文大學) 교수를 역임한 로버트 앨린슨의 저서. '자기 변화(self-transformation)'라는 시각에서 장자철학을 해석하였다. 1989년 State University of New York Press(Albany)에서 초판이 출판되었다. *『장자 영혼의 변화를 위한 철학』(김경희 옮김)라는 제목으로 2004년 그린비에서 번역서가 간행되었다.

찾아보기